华为管理变革

THE MANAGEMENT TRANSFORMATION OF HUAWEI

吴晓波　[德]约翰·彼得·穆尔曼（Johann Peter Murmann）　黄灿　郭斌　等◎著

中信出版集团 | 北京

图书在版编目（CIP）数据

华为管理变革 / 吴晓波等著 . -- 北京：中信出版社，2017.10 （2025.5 重印）
ISBN 978-7-5086-7945-7

I. ①华… II. ①吴… III. ①通信企业 – 企业管理 – 深圳 IV. ① F632.765.3

中国版本图书馆 CIP 数据核字（2017）第 182934 号

华为管理变革

著　　者：吴晓波　等
出版发行：中信出版集团股份有限公司
（北京市朝阳区东三环北路 27 号嘉铭中心　邮编　100020）
承 印 者：嘉业印刷（天津）有限公司

开　　本：880mm×1230mm　1/32　印　　张：11　字　　数：261 千字
版　　次：2017 年 10 月第 1 版　印　　次：2025年 5 月第 16 次印刷
书　　号：ISBN 978-7-5086-7945-7
定　　价：62.00 元

目录

第二章　高管团队与组织变革：基于制度化变革视角的解读　041

第三章　华为的集成产品开发变革　071

序一

自18世纪工业文明以降，基于“工厂制度”的“企业”迅速成为各国经济博弈大舞台上的主角。在中国，自1865年9月成立江南制造局以来，历经150多年的奋斗：洋务运动、民族资本、买办、公私合营、156个苏联援建项目和苏联专家、大炼钢铁、“大跃进”、鞍钢宪法、工业学大庆、自力更生……学英国、学日本、学德国、学美国、学苏联、靠自己……改革开放，学遍了地球上的先进企业，历经了非凡的曲折，国人奋起直追！中国制造的规模从60年前并不成功的“超英赶美”，到真正超过英国、意大利、法国、德国……直至越过日本、美国。在曲折中有那么一股劲儿，那么一种自强不息的精神。从追赶到追赶超越，终于有一批能与世界企业领袖齐肩的中国企业站起来了！

在今天的书店和图书馆所陈列的图书中，在更多的网络平台、纷杂迷眼的自媒体平台上，众多生动的“企业故事”异彩纷呈，可谓“乱花渐欲迷人眼”。作为学者，当我们回首过去，回味着从追赶到追赶超越的成就时，在兴奋之余，仍不禁要问：成功追赶背后的“之所以然”是什么？

当工业文明源起英国之时，有亚当·斯密的《国富论》（1776）和“劳动分工理论”；在法国，有亨利·法约尔的《工业管理与一般管理》（1916）和“十四项管理原则”；到了德国，有马克斯·韦伯的《新教伦理与资本主义精神》（1904）和“官僚组织理论”；在美国，有泰勒的《科学管理原理》（1911）、梅奥的“人际关系理论”、马斯洛的“需求层次理论”、西蒙的“决策理论”、德鲁克的“现代管理理论”、波特的“竞争战略”等；在日本有威廉·大内的《Z 理论》（1981）和美国人基于日本企业的管理实践而提出的“全面质量管理”“精益生产”等。亦有那些基于著名的企业管理实践总结分析而成的影响世界的管理书籍，如：美国斯隆的《我在通用汽车的岁月》（1963）、钱德勒的《看得见的手：美国企业的管理革命》（1977）、日本藤本隆宏教授的《丰田制造体系的演进》（1999）……这些影响工业文明进程和现代企业管理的“之所以然”之著述不胜枚举。

如今，当我们回首中国企业的崛起之路时，总有一个强烈的声音在回荡：“是时候了！”是学者们用科学的、客观的、抽象的研究方法从中国企业活生生的管理实践中提炼并概括出具有普适性的管理规律并影响世界的时候了！

回顾 2014 年 5 月与任正非先生和田涛先生于杭州西子湖畔的一

席畅谈，古今中外、上下五千年之变迁，在令人唏嘘、感叹之中，亦感中国企业的非凡崛起自有一番特别的心得和自信。尤其是改革开放以来企业的跃升之路，既全面学习西方先进管理科学，又未必走与西方企业类似的寻常路，亦非西方现代管理理论所能完美解释；既深切融会东方传统文明的阴阳辩证和灰度，又未必能明明白白地知行合一，亦非大中华“儒商”说所能恰当地诠释。30 年压缩了西方企业百年的历程，中国企业在这波澜壮阔的时代中后来居上式的崛起，从量变到质变，从削足适履到进入无人区，从追赶到追赶超越，个中自有其科学真理的存在，而这正是当下我辈学人的责任：深入企业，沉到底、顶到天，用科学的态度和方法去揭示真理、诠释真理、普及真理。

秉此初心，在田涛先生和众多华为前任高管的支持下，浙江大学管理学院睿华创新管理研究所应运而生。本人与田涛先生担任联席所长，一帮志同道合者和学子集聚在一起，开启了华为管理四季论坛，一季一集，坐而论道。华为管理变革的亲历者和推进者与学者们，与更多的企业家共同探讨企业成长之道，开展批评与自我批评，辨析经验与教训，论证规则和原理，升华理论与方法。

三十而立的华为，已然屹立在众多企业领袖云集的世界顶端舞台之上！让世界看到了“布鞋院士”李小文的认真与执着，布满了伤痕却坚强地伫立着的芭蕾脚，在激流中运用高超技巧捕鱼的、拥有坚定毅力的瓦格尼亚人[①]……在这成功的“厚积薄发”中蕴藏了些什么？

就如以帕累托最优为核心的微观经济学，百余年来，管理学的核

① 此处的“布鞋院士”“芭蕾脚”“捕鱼的瓦格尼亚人”分别指的是华为的三则平面广告。——编者注

心思想是建立均衡有效的分工与协作体系。建立和竭力维护稳定的平衡是企业通过管理实现并提升绩效的核心命题。而华为的管理实践告诉我们：当变革成为新常态，当打破平衡成为一种主动的管理行为，当迭代、试错、流动、不确定性、灰度等干扰项不再是管理制度和机制中的例外，当人与物不再是“非黑即白”，我们真得重新审视我们已经习以为常甚至曾经奉为圭臬的众多管理“圣经”了。本书的意义在于它不仅仅是打开华为管理的“黑箱”，而是翻开了用另一种逻辑实现非线性成长的新型企业管理体系的一角。本书只是我们致力于梳理中国企业非线性成长理论，形成“C 理论”[①] 体系的一个新的开始。

历时三年，通过阅读、访谈、梳理、论证、整理，我们力图从众多事实、忠实而客观的史实描述中，找到客观规律，从时与势、变与稳、建立平衡与打破平衡的动态过程中找到关键的节点，揭示华为成功背后的科学原理。当然，想象着用一本书就能对华为的管理变革进行全面而深入的研究并揭示其成败的关键，进而上升为完整的理论，显然是不现实，也是不可能的。本书远非完美，但是，我们确实想把它写成一部完整论述华为管理变革的严肃意义上的书。总结过去是为了打造更好的未来，但是未来不会是过去的简单重复。正如任正非先生在 2016 年的全国科技创新大会上所说的“华为正在本行业逐步攻入无人区，处在无人领航，无既定规则，无人跟随的困境。华为跟着人跑的‘机会主义’高速度，会逐步慢下来，创立引导理论的责任已经到来”。未来的华为将有更多的挑战和更多的重大创新。我们的努

① C 理论：基于中国企业实践 (Chinese firm’s practice)，以变革（change）、互补（complementary）、追赶超越（catch-up and beyond）、共演（co-evolution）等为核心命题的管理理论体系。

力是巨大的，成果则需要由读者来评判。我们相信，揭示所以然背后的“之所以然”才是普适性的、可以被学习的，并且能够被学习者在运用中演绎和发展。长期以来，中华文明有着极其悠久的归纳传统，而在科学昌明的时代，基于“之所以然”的演绎能力的形成则是基于“所以然”的归纳所不能及的境界。亦是中国企业从追赶到追赶超越所必须逾越的大坎。这就需要学者为探究“之所以然”而努力奋斗！

随着我们对华为的了解逐步深入，我们在认识、辨析华为的管理体系、机制、结构的同时，更深深感受到了体现在诸多华为人身上并最终体现为公司整体风貌的特质。在本书的写作过程中，总有一种特别的气场感染着我们，这种特别的气场背后是特别的情怀。那种浸入骨髓和灵魂的“奋斗者情怀”让我们感动不已！但是作为学者，我们还是得竭力挣脱这种“基于情感的气质”。我们要坚持用客观、理性的科学精神，用更加客观、冷静的目光去探究、剖析“华为熔岩”背后的哲理。

特别感谢田涛先生和胡彦平先生等10余位华为前任高管的支持和帮助。没有他们的无私相助，本书就是无米之炊。正是与他们20余次、总计几百小时的正式和非正式访谈，铸就了本书的事实基础。更有意义的是，他们身上都闪耀着一种华为人的特质：理想主义与现实主义的完美结合，谦虚又直率、开朗而务实，永不言败、永不屈服，总有一种乐于做“不可能完成之任务”的乐观主义精神。在本书初稿形成后，他们分别就事实给予了详细的审核，就某些观点与我们进行了严谨的商榷。尽管在许多观点上我们仍固执己见，但正是他们的批评和挑战使本书变得更加理性和强壮。向他们致以崇高的敬意！

感谢本书的主要作者和组织者黄灿教授、郭斌教授，他们的认真、热诚与全身心的投入保证了此书的质量，又增添了本书的韵味。特别感谢本书的核心作者之一约翰·彼得·穆尔曼（Johann Peter Murmann）教授，他的参与使得本书成为第一部由“跨国作者团队”撰写的华为书。作为知名的管理学者和重要管理学术期刊《管理与组织评论》（*Management and Organization Review*）的资深副主编，他为本书带来了一个更加客观的视角，他的学术素养、研究功底和组织能力塑造了本书“冷静”的特质，把本书带入了一种用“世界的学术语境”来阐述客观的描述和分析的境界，从而进入更为广泛的世界，形成了更大的格局。也感谢中国国家自然科学基金和澳大利亚社会科学院对我们研究工作持续的资助。

感谢参与本书撰写的博士生们，就像我在华为大学做“引导员”时所看到的华为的青年干部们，你们年轻而富有朝气，你们勇于挑战自己，勇于承担“不可能完成之任务”，在努力完成任务的过程中成长，在不完美中塑造着更加完美，在不寻常的挑战中赢得了不一般的成绩。感谢你们！也祝福你们！

感谢中信出版社在本书的出版过程中给予的支持和帮助。特别感谢李玫女士的耐心、细致而又热情、周到的具体建议和指正。相信有他们的专业支持，本书的质量会有专业的保障。

本人与华为结缘亦有近 20 年，对华为管理实践背后的“真理”之真正认识亦有一相当长的形成过程。日前在电脑里翻到了 1999 年 9 月我去深圳给华为员工做讲座的 PPT（演示文稿），现在看来实属幼稚；5 年前本人亦曾有幸去华为大学做“引导员”，切身感受到了华为的企业文化和员工勤于学习的特质。时过境迁，令人感慨万千。大家都在“干中学”，在“游泳中学会游泳”，个人如此，企业亦如此。而今我们总结经验、提升理论又何尝不是为了让更多的人、更多的企业运用科学的指引而少走弯路?

由于职务关系，本人承担了大量的行政及其他工作，投入研究的时间实属有限。只是初心未泯，承蒙各位团队成员的信任，挑头发起并组织了此书的讨论、访谈、论证、撰写工作。但是，与各位参与者的工作相比，实属当之有愧。但是，作为“始作俑者”，本人对本书的不完备之处负有完全的责任。

尽管本书由学者写就，但是有实践者参与讨论和批判的特别撰写过程，因此，我们认为，研究者和实践者皆可从中“渔利”。华为成功的一大原因是，始终坚持批评与自我批评。我们效之，敬请各位读者大声地批评。

本书亦只是我们团队系统研究中国企业，进而提炼出源自中国企业管理实践的一般意义上的管理理论——“C 理论”的探索成果之一。后续，将有更多进一步研究华为及其他中国企业的系列成果产生。

在这百花齐放的时代，让我们共同努力!

吴晓波

2017 年 5 月于求是园

序二

恐惧是变革的最大动力

这是第一本系统论述华为变革的专著。四位中澳管理学家率领几位中青年管理学者，历时三年，阅读了大量关于华为的国内外各类素材、文件、论著，并访谈了部分华为前高管和员工，尤其是主导或参与过华为变革的内外部专家，同时又进行了多轮、多种方式的结构梳理和细节讨论，在此基础上才分头动笔。此书具有很强的学术性，亦不乏细节与故事所带来的生动性。

毫不夸张地说，华为的30年发展史即是一部波澜起伏的变革史。中西杂糅的变革理念、因时因势的变革方略、渐次推进的变革节奏、领导者的变革勇气与谋略，以及以开放为旗帜的自我批判等，从整体上带来了华为从原始积累期的混乱与活力并存走向规范化与秩序化，进而带来华为的全球化成功。华为在前30年的变革探索，其理论与实践对发展中的中国企业无疑是有借鉴意义的。同样，华为的一系列变革举措对西方语境背景下的企业也不无启示性，尤其是近8年来华为针对大企业病、针对人性悖论所衍生的组织悖论所进行的一系列变革尝试。

一切制度的缺陷皆源于人性的缺陷，个体对财富、权力、成就感的贪婪，对未知的不安全感，追求舒适与惰怠的本能，既在某些方面构成组织存在的前提和动力，又对组织的制度设计、制度运行构成多元威胁。华为是一个罕见的不断“折腾”自身的组织，正是源于创始人任正非对人性的深刻洞察，以及对人性异化和组织异化的深刻恐惧，而恐惧是变革的最大动力。

当组织的领导层普遍缺乏对内外部的警觉意识、缺失对面向未来的危机感时，一种温水煮青蛙式的思想和文化麻痹将不可避免地把组织带向衰落。

时空纠缠，注定了永无完美。华为早期的10年，高速增长的背后充满了激情与活力，但也充满了混沌与紊乱，“遍地英雄下夕烟”，遍地是狼烟，主义多元，山头丛立，如果没有《华为公司基本法》这样的以凝聚共识为主要目的的思想变革，没有“削足适履”式的全面向西方、向美国企业学习的制度与流程体系的组织变革，华为将会依然停留在“头扎白毛巾，手持盒子炮”的游击管理时代，很难想象华为的国际化、全球化扩张会有什么样的结局。正是“理想主义＋实用主义＋拿来主义”的开放思维，正是对基于理性、基于数据、基于端到端（客户到客户）的西方科学管理［以学习IBM（国际商业机器公司）为核心］的无保留的拥抱，才有了华为在全球通信设备领域的世界级地位。

然而，时间支配组织，时间是永恒与美好的天然杀手，时间注定了组织领袖必须承担起“永动机”的角色——永远与自我战斗，与组织悖论和人性悖论战斗。当华为进入所谓“历史上最好的时期”——管理日趋完善、经营遍及全球时，一种人类任何组织都逃脱不了的宿疾也或多或少地困扰着华为：规范化慢慢走向烦琐哲学、浮夸的形式主义、制度化逐渐衍化成叠床架屋的教条主义、财富增长带来的富营养症、对客户的傲慢自大、唯上唯书唯流程而非目标导向和结果导向，以及活力的降低和惰怠现象的滋长……因此，“简化管理”又成为华为自 2009 年以来的变革主基调。应该说，向大企业病宣战，简化和优化管理，通过持续的换血与输血以永续组织活力，使组织远离“舒适区”，将是华为今天和未来变革的长期目标与方向。事实上，华为的领导层关于这方面的许多认知以及近 8 年来的一系列变革举措更具系统性、创新性，更值得学术界关注和研究——这其实也是迄今为止企业界、管理学界尚未完全攻入的“无人区”，华为也仍处于探索与试验之中。

宇宙在 137 亿年前大爆炸时是高度有序的低熵状态，正是“时间之矢”将任何事物推向了终极的无序与混乱。理论物理学家所揭示的这一铁定法则同样适用于人类组织，但人类并非无可奈何地听任自然铁律的摆布，自我批判—创新—变革所构成的三位一体的人类思想与实践的结晶，正代表着几千年来人类群体对宿命的抗拒，对熵增的斗争，而且不断激扬着人类历史的进步。华为不过是其中一分子罢了，但华为总裁任正非强大的自信心与“非此即彼的不安全感”的两极对冲的特质、理想家的勇气与坚持，华为领导层一以贯之的思想与组织层面的变革立场、前瞻性、一整套的方式论等，无疑是值得深入探讨和借鉴的。

“当恒星死亡时，便把种子抛向太空。”同样，人类单个组织的生命更是有限的，组织领袖的所有努力都是让组织活得更长久些、更健康些，避免早夭或出现严重的病态。但无形的管理却是有持久的生命力和传播力的。唯愿华为在持续创造有形的物质价值的同时，也能在管理思想的创新和实践方面对人类有所贡献。

《华为管理变革》出版之际，是为序。

田　涛

2017 年 2 月 16 日于香港

第一章

华为管理变革：概述[①]

① 本章内容由约翰·彼得·穆尔曼完成，本书作者感谢中国国家自然科学基金科研项目（项目编号 71232013、71372054 和 71402161）和澳大利亚社会科学院（Academy of the Social Sciences in Australia）的资助。

1.1 引言

华为技术有限公司（以下简称“华为”）已经成为中国最杰出的跨国公司之一。2016 年，华为销售额达到 751 亿美元，实现了在 170 多个国家和地区运营，且拥有约 18 万名员工。其中，45% 的员工从事研发工作，为公司强大的技术能力奠定了基础（Huawei, 2016b）。华为已经超越爱立信和诺基亚，成为全球最大的通信设备公司。

无论学界、商界还是政界，都对华为是如何从深圳一个不起眼的销售进口模拟交换机的小公司成长为一个全球运营的巨型信息与通信技术解决方案供应商的十分感兴趣。正因为像华为这样能够把自己变身为国际领先、研发实力很强的中国公司实为凤毛麟角，华为现在频频出现在国际知名商业杂志的封面（Economist, 2012），或者成为国外商学院的教学案例（Hitt, Ireland & Hoskisson, 2008; Peng, 2010）。

迄今为止，写一本关于华为的学术著作依然是很困难的，因为华为依然是一个神秘的私营企业。直到 2010 年，华为都没公布它的治理结构，更不用说公开一些有助于深入了解华为运营的信息。而当华为意识到保持神秘会阻碍其未来的国际扩张时，华为在近几年开始让自己变得越来越开放。任正非，作为华为的创始人和领导者，开始接受西方记者的采访（Pullar-Strecker, 2013; Economist, 2014a）。

华为允许公司长期的咨询顾问田涛先生和中国人民大学吴春波教授查阅华为公司的内部资料，并允许他们采访现任和前任的华为高管。基于他们的研究，田涛和吴春波出版了《下一个倒下的会不会是华为》（中信出版社 2012 年 11 月出版）这本中文专著，随后又出版了该书的英文版 *The Huawei Story*（2015）。这本书描述了华为自 1987 年以来详尽的发展历程，并展示了华为的管理哲学和价值观。正是这些管理哲学和价值观指导着公司发展，使其成长为通信技术行业中的领导者。

在田涛先生的帮助下，浙江大学管理学院建立了睿华创新管理研究所，研究和总结华为为什么能够打败这么多国内和国际竞争者，成长为业界的领先公司。之前，人们对华为成功的解读强调了中国的成本优势，坚持以客户为中心的价值观，在核心市场竞争之前先打入边缘市场，逐渐建立强大的技术能力，正是这些使得华为成为下一代 5G 移动技术的领导者（Fu, 2015; Zhang & Zhong, 2016）。但是，随着我们在睿华创新管理研究所的研究工作的深入，我们发现，华为成功的一个很重要的原因是它能够不断进行管理变革，突破自身的组织桎梏，不断向前发展。更有意义的是，华为用制度化的方式主动地将"变革"融入了组织，使其成为所有员工的共识，进而形成了华为极其独特的组织文化和"常态"。

基于这一发现，我们决定写一本关于华为公司自1987年成立起所进行的管理变革的书。我们认为，打破旧制度和制定新制度对于管理变革来说至关重要，因此我们在本书中采用基于制度的组织能力的视角来阐述我们的观点（Nelson & Winter, 1982; Murmann, 2003; Winter, 2003; Becker, Lazaric, Nelson & Winter, 2005; Szulanski & Jensen, 2008; Parmigiani & Howard-Grenville, 2011; Nigam, Huising & Golden, 2016）[①]。我们参考了斯坦福大学罗伯特·伯格曼（Robert Burgelman）教授的研究工作，他对英特尔公司的研究帮助我们更深入地理解组织变革的演化过程（Burgelman, 1991; Burgelman, 2002; Burgelman & Grove, 2007）。

我们的目标是使这本书成为对学者和经理人都有用的书。关注管理变革或中国企业管理实践的学者能够通过本书了解华为变革的细节。而期望在全球范围内实现公司快速成长的企业家，或者希望将自己管理的中国公司变成跨国企业的经理人，通过阅读本书可以了解华为是如何做到这一点的。为了使这本书对两种不同读者都有益，我们充分描述和分析了华为公司管理变革的细节。

理论是用抽象的概念进行定义，并以此来解释我们观察到的真实世界中事物之间的关系。然而，管理学的文献往往缺乏的不是理论。学术界在过去100多年已经创造出了大量的出色的理论来解释组织发展过程，但是人们并不知道这些理论中哪个更贴近实际，以及这些理论在什么情况下才适用。我们其实更需要知道的是一个企业开展变革

---

① 关于制度理论的文献综述请参见帕尔米贾尼（Parmigiani）和霍华德–格伦维尔（Howard-Grenville, 2011）。最新的综述请参见《组织科学》（*Organization Science*）的特刊（Feldman et al., 2016）。

活动的细节。只有了解了这些信息，我们才能对哪个理论在什么情况下适用有更准确的判断。对于经理人来说，了解华为公司遇到的问题，以及华为公司是如何解决这些问题的会很有益处。经理人能够比较其所管理的企业面临的挑战与华为碰到问题的相似程度，进而进行类比推理（Gavetti, Levinthal & Rivkin, 2005）。如果他们与华为遇到的问题和情景很类似，华为的做法也许能够为他们提供一个范本。如果问题和情景很不一样，他们需要十分小心地应用从华为案例中得到的启示。

我们的书不应该被看成是官方版本的华为的历史，我们也不是华为公司现任和前任高管的代言人。作为学者，整个研究团队是独立开展研究工作的，书中的观点是我们原创的。当然，我们得益于对华为前任高管的采访和能够接触到的华为公司的内部资料，包括前任高管在睿华创新管理研究所季度论坛上的发言（见本书的参考文献）。在附录B中，我们提供了接受采访的高管的名单和他们在华为曾任的职位。

1.2 华为历史简介

20世纪70年代，当意识到香港的经济比内地的发展得好后，中国领导人邓小平迫切希望变革与提振中国经济（Vogel, 2013）。因此1980年5月，当全国还处于计划经济体制下，中国政府率先在深圳设立了第一个经济特区，以鼓励企业自主经营与吸引外国资本投资。在这个背景下，任正非于1987年在深圳创办了华为。

华为的成长和深圳逐渐成为中国经济中心之一的历程是同步的。深圳人口从1980年的30万增长到今天的1 500万，成为中国人口密度最高的城市（Shenzhen Standard, 2014）。早期入伍成为基建工程兵的任正非复员后创立了华为，彼时中国政府正开始在国内大力进行通信基础设施建设。1978 年，中国只有 200 万电话用户，局用电话交换机总用量只有 405 万门（Tian & Wu, 2015）。而到 2015 年，中国一共有 13 亿手机用户（Statista, 2016a）。只过了一代人的时间，手机在中国从奢侈品变成了生活中的必需品。当你今天访问中国的城市时，你会发现几乎每个人手中都有一部智能手机。为了使得所有中国人都能够用上电话，中国对于通信技术基础设施建设进行了巨大的投资。

华为在成立初期，即同时面临着来自本土和外国企业的激烈竞争。华为现在很成功，以致人们很容易落入这样的思维定式，认为华为的成功是注定的，以及它的崛起是轻松和理所当然的。1987 年当华为作为一个电话交换机进口商进入该行业时，国外技术先进的公司——爱立信、阿尔卡特、西门子、美国电话电报公司（后来是朗讯公司）、北方电信、日本富士通和日本电气公司——都在中国运营并争抢订单（Tian & Wu, 2015）。此外，在 20 世纪 80 年代中期，很多中国创业者和国企的管理者都认为通信设备市场有很大的发展前景。根据田和吴（2015）所述，在那个时候至少有 400 家企业进入这个行业，所以在低端市场的竞争也十分激烈。

研究过其他国家产业发展情况的学者很容易发现，随着中国的改革开放，进入中国市场的企业数量远远大于其他国家。克莱珀（Klepper, 2015）提供了关于美国产业的翔实数据。穆尔曼（Murmann, 2013）提供的其他国家的数据也说明了这个事实。在对中国纺织染色行业的研究中，江和穆尔曼（Jiang & Murmann, 2002）发现，至少有 800 家中国新创企业在 1980—1990 年进入该行业。最近的一个例子，除了中国最有名的手机品牌——华为、联想、HTC 和小米，2015 年至少还有 445 家智能手机制造商活跃在市场上（Ibisworld, 2015）。没有其他任何一个国家会有如此多的企业在同一个市场竞争。形成这种情况的一个重要原因就是中国有 13 亿人口，是西方国家中最大市场美国人口数量的四倍。

尽管全球通信设备市场规模从 1993 年的 1 190 亿美元（U.S. International Trade Commission, 1998）增长到 2011 年的 3 540 亿美元（Statista, 2016b），华为在这 30 年自始至终面临着激烈的行业竞争。尤其是在 2001 年互联网泡沫破裂后，很多通信设备公司在过剩的产能上挣扎。从那个时候起，很多公司由于不能再靠单打独斗来赢得竞争而逐渐走向合并。在 2006—2016 年，诺基亚、西门子、阿尔卡特和美国朗讯公司的电话设备业务合并在诺基亚公司名下（Nokia, 2016），借此希望能够更好地和华为竞争。而经过多年的发展，华为也已经从简单的制造设备转向提供系统解决方案的服务商。在 2013 年，华为成为世界上最大的电话网络设备供应商。

当华为赶上了西方竞争者之后，从这些公司手中再夺取更多的市场份额变得越来越难。各国政府都不会允许华为成为垄断的设备供应商。这也成为华为开展多元化发展的一大动因。在 2002 年，它开始制造手机并作为白色家电制造商生产相关的消费品。从 2009 年开始，华为开始销售装载有安卓系统的自有品牌手机（Gedda, 2009）。从那时起，手机业务成为华为增长最快的业务，使华为成为在国外知名度仅次于联想的中国消费品牌。2016 年，华为以 1.39 亿余台的年出货量，9.5% 的市场份额位列全球第三大手机制造商，仅次于三星和苹果（IDC, 2017）。华为的企业 ICT（信息和通信技术）设备业务，提供从公司网络、存储和安全系统、路由器、IP 电话和视频会议系统到云解决方案的通信技术服务（Huawei, 2016c）。在这一业务领域，思科是它主要的竞争对手（Reckoner, 2013）。从相对规模来说，运营商业务单元依然是华为的主要收入来源，占据 55.7% 的销售额，接着是消费者业务单元（大部分是手机）占据 34.5%，企业业务单元占据 7.8% 的销售额（Huawei, 2016）。

员工数量和销售收入的演变清楚地反映出华为快速成长的轨迹（图 1–1）。在过去 30 年里，华为在 1995 年之前销售额增长幅度较小。到 2003 年，公司迎来第二轮大幅度的增长（华为每年的营业额请见附录 A）。华为能够取得这样的增长率并不能简单地解释为得益于有利的市场环境，毕竟外部市场环境对于所有竞争者来说都是一样的。华为的不少中西方竞争对手在过去 15 年里衰退了，而华为则变得越来越强。

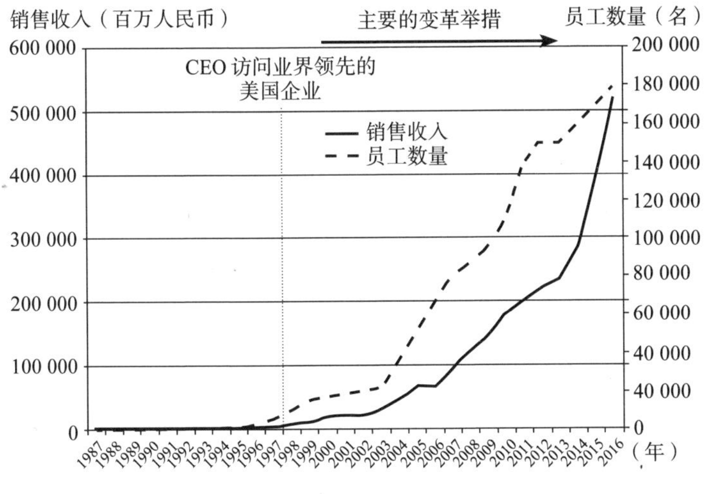

图 1–1　华为 1987—2016 年的销售收入和员工数量，及主要变革举措开始时间

本书的各个章节将详细介绍并分析华为若干重要的管理变革。为了给后续章节的论述做铺垫，本章接下来将讨论华为管理的关键特点，帮助读者理解华为管理变革的背景。

1.3 华为管理哲学和企业文化的主要特点

当一个公司像华为这样成功，或是拥有像华为这样强大的文化时，人们很容易误以为它从成立就有了这样的文化与价值观。然而，即便创始人一开始就有这样的价值观，也不能保证后来所有加入这个企业的员工都愿意主动地树立同样的价值观。华为从 1991 年 50 名员工增长到 1997 年 5 600 名员工的过程中，遇到了明显的管理问题。员工增长了 100 倍，耗散了原来初创团队建立的文化和理念。因为每年都有不少新员工加入，华为公司为了创造和保持共同的企业文化和团队精神做了很多持续的努力。

剑桥大学的彼得 · 威廉森（Peter Williamson）教授是研究中国企业的知名学者（Williamson, 2010; Wan, Williamson & Yin, 2015）。当被问及全球知名的中国公司如阿里巴巴和腾讯的战略形成过程，威廉森教授解释道："战略是由中国企业领导人基于企业的发展情况因时因势制定的。"（Williamson, 2015）不像西方公司，在中国极富变化的市场环境中，对于私营企业来说并不存在一个可以遵循的蓝图。尽管中国在 1988 年的宪法修正案中已经承认了私有财产的合法性，然而与西方相比，在中国，私有产权的保护还是会面对较多的不确定性。在 2004 年之前，中国法律并没有承认私营企业的合法性（Zhang,

2008; Nee & Opper, 2012）。当时的制度环境也使得西方很难预测中国政府在接下来的五年会实行什么样的私有产权政策（Lewin, Kenney & Murmann, 2016）。威廉森教授的上述描述也让我们联想到了邓小平的警句“摸着石头过河”（Vogel, 2013）。他用这句话解释了自己将中国经济从计划经济转型为市场经济的渐进式改革的方法。20 世纪八九十年代的中国企业领导人都很习惯采用这样的渐进式方法来推进改革。

许多事例表明，作为华为创始人以及长期的 CEO（首席执行官），任正非在公司从一个小型电话交换机进口商发展到全球运营的跨国企业的过程中，因时因势地制定了符合公司当时发展环境的战略。任正非也采用了与邓小平相似的管理理念，即置身于动态环境中，企业需要渐进式地改变。不同于西方战略理论研究的主流观点，詹姆斯·布赖恩·奎因（James Brian Quinn, 1980）在政治理论家林德布洛姆（Lindbloom, 1959）的研究基础上将这一理念命名为“逻辑渐进主义”。任正非承认：

> 我在技术上、管理上、财务上，基本是个半明白人，处在边学习边实践的状态。因此，我必须，也只有谦虚地团结一群人，发挥集体管理的作用去推动企业的发展。（Tian & Wu, 2015）

田和吴（2015）提到自从任正非创立了华为，他就一直广泛阅读历史、经济、政治、社会、人类、文学和艺术等各类书籍，从中找到一些如何管理华为的方法。他同时也和世界各地的精英交流，以找到在企业发展的不同阶段的最佳管理实践（Tian & Wu, 2015）。如 1997 年任正非和美国科技企业 IBM、朗讯和惠普的首席执行官进行过交流，使他更加确信华为的运作流程只有进行根本的变革，才能保证未来的可持续发展。为了能够更详细地讨论华为管理哲学的发展，追溯任正非在不同阶段提出的管理理念十分有意义。在华为30年的发展历程中，他从哪里获得这些想法，什么时候产生了这些想法并将其付诸实践，这都是很有意义的研究内容。

自1997年以来，以客户为中心、以奋斗者为本、长期坚持艰苦奋斗这三个核心的管理原则被认为奠定了华为的成功，并帮助其在行业内取得领导地位（De Cremer & Tian, 2015）。任正非把以客户为中心作为不容置疑的最重要的原则。在一次接受《福布斯》中国记者杨（Yang, 2015）的采访中，任正非解释道：

> 其实我们的文化就只有那么一点，以客户为中心、以奋斗者为本。世界上对我们最好的是客户，我们就要全心全意为客户服务。我们想从客户口袋里赚到钱，就要对客户好，让客户心甘情愿把口袋里的钱拿给我们，这样我们和客户就建立起良好的关系。怎么去服务好客户呢？那就得多吃点苦啊。要合理地激励奋斗的员工，资本与劳动的分配也应有一个合理的比例。

企业管理经常需要平衡不同的目标和不同的利益群体之间的诉求。这使得高管工作面临重重挑战，也说明了为什么电脑无法替代CEO。举一个简单的例子：如果你为了增加员工工作满意度，想给每个员工涨30%的工资，你很难在涨工资之后达到同样水平的利润。即使员工十分积极，他们也很难达到比原先高30%的效率。这意味着每一个公司都或多或少地需要在不同利益相关者（员工、股东、消费者、政府和整个社会）之间做一个平衡。

然而，当在面对不能轻易协调的多个目标时，为了指引员工为最应该关注和优先实现的目标奋斗，公司经常会将其中一个利益群体的诉求作为主要矛盾来处理。例如，在赫布·凯莱赫（Herb Kelleher, 1981—2001）的领导下，美国西南航空公司告诉所有的管理人员，他们的首要目标就是给员工提供更令人满意和愉悦的工作环境。如果能做到这一点，公司尽管只提供行业平均水平的薪资，也能吸引更多高素质的员工（Hallowell, 1996）。凯莱赫和他的团队相信心情愉悦的员工会对顾客很好，顾客满意后就会经常光顾，从而使公司为股东创造更好的收益（Gittell, 2003）。

相反，以米尔顿·弗里德曼（Milton Friedman, 1970）为代表的经济学家认为，公司应该关注增加股东利润。受这一观点的影响，很多美国公司的CEO在1980—2008年的金融危机期间把增加股东价值作为公司最重要的目标。这个方法背后的逻辑是这样的：为了获得稳定的利润，公司需要向顾客提供有价值的产品和服务，否则顾客就会离公司而去。同样，公司如果希望留住优秀的员工来为顾客提供有价值的产品和服务，公司就需要支付合理的工资给员工。但是如果不把股东利润作为最重要的目标，公司就会浪费很多有价值的资源，整个社会会变得更糟。对于社会来说，公司关注股东利润被很多学者认为是一个最理想的选择。曾在1981—2001年担任通用电气公司CEO的杰克·韦尔奇就非常关注股东利润，在他的领导下通用电气公司的市值增加了4 000%。然而，对于华为来说，关注点却很不一样：自1997年以来，所有的员工都被明确告知，客户利益高于其他一切群体的利益。

管理学家彼得·德鲁克（Drucker, 1974）认为公司应该把重心放在客户身上。这一观点背后的逻辑是：客户是最终买单的人，没有客户，公司的价值就无法实现，就没有利润给员工、股东和税务局。所以，任何一个想要发展的公司的主要任务都应该是持续地为客户提供价值。他认为如果管理者能这样做，一切都会变得相对简单。

华为在 1996 年起草《华为公司基本法》的时候首次强调了以客户为中心（《华为公司基本法》的全文请见附录 C）。基本法的目标就是让华为的所有部门都遵循同样的管理原则。并没有证据指出任正非以客户为中心的思想来自于彼得·德鲁克。据 Li（2006）所说，任正非在 1997 年拜访时任 IBM 总裁郭士纳时了解到以客户为中心的思想。郭士纳在 90 年代通过一场激进的公司变革把 IBM 从下坡路中拯救过来，因而声名鹊起，享誉全球。郭士纳后来在其自传《谁说大象不能跳舞》[①]（Gerstner, 2003）里面描述了他的变革管理方法。考虑到华为成立初期是一家贸易公司，只是后来才有了制造的业务，有可能在一开始华为创始人就有清醒的认识，认为在激烈的市场竞争中需要提供能够吸引顾客的产品。也有证据表明华为最初就采用出色的售后服务来弥补产品质量不稳定这一缺陷（Tian & Wu, 2015）。但直到 1994—1998 年的迅速扩张期间，以及在 1998 年聘请 IBM 咨询顾问帮助公司开展管理变革的时候，华为才清晰地提出“以客户为中心”这一核心价值观。

正如前文中的任正非讲话所说，华为想要灌输给员工的另一个重要的核心价值观就是艰苦奋斗。初创公司不得不为了活下来而努力工作。这对于华为来说也是一样。华为通过鼓励员工在为客户服务方面加倍努力，从而超越了西方公司。任正非承认他除了阅读和思考

① 本书中文版由中信出版社于 2010 年 1 月出版，并于 2015 年 3 月再版。——编者注

没有什么爱好（Tian & Wu, 2015）。他自己就是华为艰苦奋斗的一个活生生的例子。田和吴指出“从 44 岁到 68 岁，任正非几乎 24 小时开着手机，每年有 1/3 以上的时间在飞机上、旅途中，奔走在世界各地”（Tian & Wu, 2015）。但是，当公司规模扩大，层级越来越多也越来越成功的时候，让所有员工都始终保持艰苦奋斗显然是非常难的。从 1997 年开始，华为在合益集团（Hay Group）和其他人力资源顾问的建议下，施行对工作最努力的个人予以奖励的政策（我们会在第六章详细阐述）。与通用电气在 2016 年实行将公司绩效最差的 10% 的员工辞退类似，华为开始系统地对员工进行管理。华为也因为要求员工努力工作以至员工经常会在办公室床垫上过夜。在早期，华为分发毯子和床垫给员工午休，但是员工经常用来过夜（Tian & Wu, 2015）。2008 年，有员工自杀，华为碰到了公关危机，被媒体指责由于公司的“床垫”文化要求员工鞠躬尽瘁努力工作，使得一些员工在高压下崩溃了（Tian & Wu, 2015）。华为当时尽力向公众解释，公司希望能够和世界最优秀的跨国企业竞争，需要员工像国家最优秀的运动员一样努力（Yang, 2015）。华为持续招聘顶尖人才，给予努力工作的员工更高的工资、福利、奖金和股票。任何人为华为工作 8 年以上，便可以在 45 岁退休，同时能够继续拥有公司股份。然而，如果谁想主动离开公司或者退休后想为其他公司工作，就要放弃股份（Tian & Wu, 2015）。可以清楚地看到，如果员工不能艰苦付出，就需要放弃他们的股份。在这里需要指出的是，这种要求员工比行业平均水平更加努力工作的做法并不一定能被其他企业效仿。华为之所以能对员工提出这样的要求，是因为它能给予员工和他付出相称的收入和奖励。此外，华为现在已经是行业的领导者，对求职者有很大的吸引力，而那些更希望平衡生活和工作的人只能离开华为。

华为的另外一个特点就是，不管企业规模多大，它也不上市，它是 100% 员工持股的公司。虽然很多美国公司也分一些股权给员工，除了一些专业的法律和会计公司，大概在 1990 年的 500 万企业中（US Census Bureau, 1992），只有 2 000 家是真正的全部或者大部分员工持股的公司（Hyde, 1991）。这些公司没有一个有华为这样的规模。全员持股的公司在西方经济体中很少见。虽然我们可以假设因为全员持股的公司的所有收益都归员工所有，员工会更积极地工作，但事实是有些全员持股企业发展得并不好。对于这一现象，西方学者给出了很多解释。一个最简单的解释就是，如果公司的效益很好，员工倾向于给自己更高的薪水，而不是把资金再投资到公司的发展中，因此公司并不能保持持续的竞争力（Ginglinger, Megginson & Waxin, 2011）。还有一个原因是，当员工在公司拥有大量股份的时候，因为管理者需要不断地和不同的利益相关者进行沟通，决策的过程将变得十分复杂（Jensen & Meckling, 1976; Fama & Jensen, 1983）。然而在华为，全员持股运作得很好。我们在以下章节也会看到，我们有足够的理由相信华为变革能力受益于公司股权归员工所有。在第五章我们讨论财经体系变革时会谈到，华为从员工那里筹集了大量的资金来支持公司成长。但奇怪的是，任正非在提出这一计划的时候并没有完全预见到其将带来的益处：

> 我创建公司时设计了员工持股制度，通过利益分享，团结起员工，那时我还不懂期权制度，更不知道西方在这方面很发达，有多种形式的激励机制。仅凭自己过去的人生挫折，感悟到与员

工分担责任，分享利益。创立之初我与我父亲相商过这种做法，结果得到他的大力支持，他在20世纪30年代学过经济学。这种无意中栽的花，竟然今天开放到如此鲜艳，成就华为的大事业。

多年以来，作为创始人和CEO，任正非拥有的股权不断稀释至1.4%（Huawei, 2014）。其余的股份都是由华为投资控股有限公司工会委员会持有。据华为公司2016年年报，18万中有81 144名员工持有工会的股票（Huawei, 2016）。给员工股票是基于员工的绩效水平而不是基于每一个员工都应该有同等数量股票的平均主义。不同于由咨询公司引入的西方管理实践，员工持股计划的建立和管理是由华为领导层摸索建立起来的。全员持股制度为什么在华为能够运行良好，而在西方国家的大型公司却举步维艰？这是一个十分值得研究的问题，值得单独设立一个课题去探讨。这里，我们只能提供一些假说：也许中国集体主义的文化在其中扮演了重要角色？也许“业绩为王”是关键？也许是“以奋斗者为本”的薪酬体系起到了作用？只有表现突出的员工才能获得更多的股权？也许创始人任正非依然在位至关重要，由于他的特殊身份能够避免不同员工群体之间的争斗？这让人想起当年邓小平即使辞去正式职务，依然是中国德高望重的领导人的事实。这在西方国家是难以想象的。毫无疑问，在多年来一直稀释自己股份的创始人和长期持股的高管的团队努力下，华为能够对其管理运营做出激进的变革。

华为文化的另外一个重要特点就是长期导向。任正非的目标就是建立一个能够基业长青的商业组织。他拒绝让华为上市的一个原因就是资本市场的短视性，这种短视性往往无法让公司进行长远的战略考虑与管理（Yang, 2015）。如果一个公司能够等待 5~10 年让变革效果充分体现，那么开展管理变革会变得更加容易。几年前，迈克·戴尔决定私有化戴尔电脑公司，正是因为公司从一个个人电脑制造商转型成为一个云计算和服务的企业需要进行投资，而资本市场可能无法接受这些投资带来的短期损失（Sherr, Benoit & Thurm, 2013）。在这本书中我们分析到的诸多华为变革项目都花了不止 5 年的时间才看到变革带来的收益。一个很好的例子就是华为在 1999 年聘请 IBM 咨询团队帮助设计和实施集成产品开发（Integrated Product Development，IPD）体系，这一变革的目标就是使新产品开发更加有效率、速度更快。这次变革引起了巨大的文化变革，也给华为之后几大变革带来了信心。本书第三章将会介绍，集成产品开发变革在公司进行全方位铺开后，在 2003 年华为公司成立了集成产品开发的产品组合管理团队，接着新的产品开发流程在公司推广开来。和美国在 20 世纪 90 年代提倡的全面质量管理的理念和实践一致（Winter, 1994），华为持续地优化集成产品开发体系。集成产品开发变革开展 15 年后，仍有一项评价其产品开发改进程度的指标始终没有达到华为预设的目标，这又引来了新一轮的变革。由于环境的不确定性，很多中国公司只愿意投资那些在短期内能够看到效果的项目（Breznitz & Murphree, 2011; Chiu, Liou & Kwan, 2016）。与其他中国公司不同，自 2012 年起华为就开始投资基础研究，这类研究可能会很多年后才能开花结果。像谷歌和微软这样的知名公司，它们也都有专门负责基础研发的部门。我们将在第七章讨论华为的研发管理。

开放与向世界学习是任正非和他的管理团队想要传递的另一种公司核心文化。我们在前面提到过任正非通过广泛的阅读和与各界领袖人物交流获得灵感和想法。在 2000 年进入国际市场之前（第八章我们将详细讨论华为的国际化），华为已经引入西方公司最佳管理实践。现在的华为可以被视为东西方管理实践的融合体。任正非从毛泽东那里学习农村包围城市的想法，向邓小平学习渐进主义。邓小平派出中国的留学生到美国学习先进的技术，帮助中国追赶西方国家（Vogel, 2013），华为如果没有学习西方公司的最佳管理原则和组织构架是难以走到今天这步的。当任正非和他的管理团队在 1997 年年底拜访美国顶尖公司（如 IBM、惠普、贝尔实验室）时，他发现华为远远落后于这些公司。在圣诞节前后，他们把自己关在位于硅谷的酒店房间三天，起草了一个 100 页的文档，概述了华为要学习的主要方面（Tian & Wu, 2015）。受到 IBM 在郭士纳带领下于 1991—1996 年开展的变革的启发，任正非决定聘请 IBM 咨询团队帮助华为进行几个主要的战略变革。首先是在 1999 年开始的集成产品开发以及供应链管理（Integrated Supply Chain）变革，2007 年进行集成财经服务（Integrated Financial Services）变革。IBM 也向华为提供了供员工培训的资料。在接下来的几年，华为同样也聘请了西方管理咨询公司（如合益集团、普华永道、埃森哲、弗劳恩霍夫、美世）来帮助华为在人力资源、财务管理、营销管理、质量保证等方面建立最好的流程（Tian & Wu, 2015）。在第二次世界大战后，很多欧洲公司都聘请美国咨询公司来学习美国管理思想，如推行事业部制（Kipping & Westerhuis, 2012; McKenna, 2012），而华为聘请西方管理咨询公司来升级它的制度和组织结构的行动则更引人注目。与许多强调“量体裁衣”“因地制宜”的中国公司不同，任正非在华为推行了更为彻底的“削足适履”式的制度化。他提出了“先僵化后优化再固化”的方针，为后续的管理变革打下了扎实的基础。

与很多优秀的中国公司一样，华为一直秉承开放的原则，坚持与西方公司合作。从 1997 年开始，华为和很多西方公司，如德州仪器、微软、3Com、高通、西门子、惠普、赛门铁克等，建立了合作关系，共同开发产品和技术（Zhang, 2009）。我们需要提醒读者的是通信行业企业，非常需要合作。因为如果没有行业统一的标准，使用某个特定公司生产的电话的用户是不可能和分布于世界各地的其他用户通话的。这些行业特征都影响着华为的知识产权战略。

在任正非建立华为之前，他学习的是土木工程专业。1974 年任正非为参与建设从法国引进的辽阳化纤总厂应征入伍，成为承担这项工程建设任务的基建工程兵，直到 1983 年随国家整建制撤销基建工程兵而复员转业（Huawei, 2016a）。田和吴（2015）总结道："任正非将军队的文化移植到公司的文化中，包括纪律、秩序、服从、进攻精神、永不服输、统一意志、团队意识等。"同样可以推断，作为一个熟读历史的企业家，任正非从毛泽东和他自己 1978 年加入的中国共产党身上学会了勇气、服从、纪律和发动群众（Pullar-Strecker, 2013）。实际上，田和吴（2015）说道："任正非在 30 多年前获得过学习毛泽东著作的'标兵'称号，在毛泽东的思想典籍中，任正非无疑获得了一些重要启示。"[①] 他们同样也说任正非承认他从中国共产党身上学到了很多。但是我们需要指出的是，很多公司的领导人从来没

① 田和吴（2015）也提到，"有媒体评论，华为管理中有毛泽东思想的烙印，也是不无道理的。但是如果认为任正非是在用毛泽东思想治理华为，那是大错特错了"。我们同意田和吴的判断。像我们前面提到的那样，任正非受到很多人影响。他可能受到邓小平影响更大，邓小平强调改革和开放。但是，在我们之后的讨论中，读者也可以看到他学习毛泽东，为达成一个重要的目标积极发动和组织群众。

有参过军，但是他们依然用了很多军队语言（如建立销售队伍、召集军队、打赢战争、扼杀竞争等）。就如管理学里的战略学科的渊源可以追溯到对军事战略的研究。但是并没有很多证据表明任正非按照管理军队的方式来管理华为。毫无疑问在公司发展的早期，任正非和其他领导人鼓励每一个华为员工积极地去赢得顾客，那个时候他们经常使用军队式语言。甚至在后来，任正非说："如果我们通过任职资格审查选拔出来的干部是一种非常完美的人。这种人叫圣人，或叫和尚，外国人叫教父。这不是我们所希望的，我们希望选出来的是一支军队，是一支战斗力很强的军队。"（Tian & Wu, 2015）早期的华为如果没有进攻精神是不可能在中国 20 世纪八九十年代激烈的市场竞争环境中生存下来的。当时的中国通信网络运营市场是一个寡头垄断市场，政府不允许私营和外资公司运营通信网络。但是在 1996 年之前，政府在通信设备市场实施了迥然不同的开放政策（Li, 2006）。外国公司纷纷在中国建立合资企业，国际知名的大型通信设备公司都来到中国。与此同时，市场上出现了很多中国本土的企业，使得这个行业竞争更加激烈。

华为早期面临的市场竞争压力并没有促使其建立一个中央集权的决策体系。相反，华为当时更像是由一群游击队组成的松散的组织。公司不同部门、不同地区的管理人员有权采纳不同的管理方法。也许用任正非如下讲话能更形象地反映华为公司 1987—1997 年的情况：

> 在华为成立之初，我是听任各地"游击队长"们自由发挥的。其实，我也领导不了他们。前十年几乎没有开过办公会类似的会议，我总是飞到各地去，听取他们的汇报。他们说怎么办就怎么办，我理解他们，支持他们；听听研发人员的发散思

维，乱成一团的所谓研发，当时简直不可能有清晰的方向，像玻璃窗上的苍蝇，乱碰乱撞，听到客户一点点改进的要求，就奋力去找机会……更谈不上如何去管财务了，我根本就不懂财务，这也导致我后来没有处理好与财务的关系，他们被提拔少，责任在我。也许是我无能、傻，才如此放权，使各路诸侯的聪明才智大发挥，成就了华为。我那时被称作甩手掌柜，不是我甩手，而是我真不知道如何管。到 1997 年后，公司内部的思想混乱，主义林立，各路诸侯都显示出他们的实力。公司往何处去，我不得要领。（Tian & Wu, 2015）

直至 1997 年，华为的管理仍是一团糟。但是任正非并没有直接向军队的专家求教，相反，他率领了几位高管在 1997 年年底拜访美国的公司，试图解决经营中经常遇到的管理问题。IBM 不久后就派出 70 多名咨询顾问指导华为的管理变革工作（Tian & Wu, 2015）。华为和很多中国公司不一样的地方就在于它虚心地采纳了西方最先进的管理制度。

在 1996 年，即任正非和其他高管访问美国的前一年，华为已经着手统一不同部门的不同管理流程和制度。通过集体大讨论，华为制定了公司的《华为公司基本法》，统一了华为员工的思想。中国人民大学的彭剑锋教授及其同事当时受邀到华为公司授课，后来又被邀请帮助华为起草《华为公司基本法》（黄卫伟，2002）。[1] 整个基本法的起草过程持续了 3 年时间，即从 1996 年到 1998 年。我们认为即便是研究

---

① 据黄卫伟（2002）指出，帮助起草《华为公司基本法》的中国人民大学教授有彭剑锋、黄卫伟、包政、吴春波、杨杜、孙建敏。

管理变革的西方管理专家约翰·科特（John Kotter, 1996），也会佩服任正非带领华为高管推动变革的决心，以及建立推动变革的核心团队和系统性地长期坚持推行变革的做法。华为的独到之处就在于其能够建立新制度，并打破不再适合公司战略目标的旧制度。我们将在下一节讨论《华为公司基本法》，这个文件对于我们理解本书的中心观点十分重要。

任正非为了让公司上下接受变革，他借鉴了毛泽东统一党内思想的方法，不断地强调公司自身需要“批评”和“自我批评”（Dittmer, 1973）。田和吴（2015）解释道：

> 到 1997 年前后……任正非开始较多地提倡自我批判精神，将坚持了 10 年的民主生活会进一步制度化，并扩大到公司各个代表处和基层组织。这是典型的中国共产党的组织建设的做法，在华为的干部队伍成长、团队建设方面起到了重要作用，至今仍在坚持进行。

毫无疑问，在 1997—2005 年剧烈的管理变革中华为的权力集中到了领导层手中。任正非获得了类似于 20 世纪 90 年代比尔·盖茨在微软一样的强势地位。任正非显然把握着公司的发展方向，他把西方咨询公司引入传授管理实践。他甚至提出了“削足适履”的指示，规定除非咨询专家根据华为的情况修改了原先的变革方案，否则华为一定要不折不扣地复制西方公司的做法。任正非解释道：

> 在变革过程中，我们不要反对的人，不要耍小聪明的人，不要认为自己比 IBM 还聪明的人，要确保理解和积极投入。那些表现出自己比 IBM 更聪明的人，而且比所有人都聪明的人，

我们要把他从流程变革的队伍中请出去。（Tian & Wu, 2015）

100名中高层管理人员因为阻碍了华为的管理变革，或是离开了公司，或是被降职、裁撤。华为的发展离不开任正非，他肩上的担子也很重。当时，任正非手机全天候24小时开机，时刻排查国际业务过程中出现的突发问题。这导致他的心理和生理都出现了疾病。田和吴（1995）说任正非在1999—2006年患了“高血压、糖尿病和抑郁，并做了两次肿瘤手术”。

标志着华为权力下放的关键事件是在2004年华为重组了经营管理团队（Executive Management Tean, EMT）。第二章将会详细阐述华为经营管理团队的变革，并讨论华为是如何建立新的制度，以逐步降低对创始人的依赖的。其中最值得注意的就是在2011年建立的轮值CEO制度。任正非评论道：

这些年，我们经历了从不民主到高层民主，再到全体民主的过程，集体决策的成分多了，所以决策的速度慢了，失误也少了。一个主流的观点要一点点地渗透和深化，释放的速度很慢，我们不倡导立竿见影。但是当它真正深入人心时，就会引爆巨大的能量。（Tian & Wu, 2015）

到2005年，华为50%的销售额已经来自国际市场，这时华为公司的制度和流程也需要适应管理在国外子公司工作的外籍员工。从那时起，任正非开始强调宽容的理念。过去10年到现在，华为将对他人宽容也作为公司核心文化之一，正如任正非所说：

人与人的差异是客观存在的，所谓宽容，本质就是容忍人与人之间的差异。不同性格、不同特长、不同偏好的人能否凝聚在组织目标和愿景的旗帜下，靠的就是管理者的宽容。……宽容是一种坚强，而不是软弱。宽容所体现出来的退让是有目的有计划的，主动权掌握在自己的手中。无奈和迫不得已不能算宽容。（Tian & Wu, 2015）

既然华为在 170 个国家和地区进行运作，包容不同国家的文化对于激励非中国籍员工来说是十分重要的。近年来华为努力成为全球行业内的领先企业，任正非也将宽容他人作为激发创新的关键因素。

中国不具备产生乔布斯的文化土壤，我们的社会太缺乏宽容，对知识产权也缺乏保护。上亿的中国人悼念乔布斯，为什么就不能够对中国自己的企业家多些宽容呢？有宽容才有创新，才能够诞生伟大的商人。（Tian & Wu, 2015）

对于西方读者，可能由于西方社会几百年前就已经将宽容制度化，所以他们会认为将宽容视为企业重要的价值观很奇怪。而任正非认为在中国文化情境下，一个公司的管理者需要学会宽容，这使他们能够获得来自任何国家、地区和各个层级的好想法。

最近几年，华为鼓励宽容他人观点的一个重要措施是将反对的声音制度化。在战略发展委员会下，华为设立了“蓝军”部。“红军”[①]

① 中国和美国军队都使用“红军”和“蓝军”来分别指代演习中敌对的两方军队；中国军队红、蓝军的介绍请参考 http://www.popsci.com/great-stride-forward-chinas-best-troop-take-realistic-training；美国军队红、蓝军的介绍请参考 http://www.rense.com/general29/soubts.htm。还有一些电脑游戏也使用类似的术语，请参考 https://www.roblox.com/games/127905671/War-Game-Red-Army-vs-Blue-Army-Battle。所有以上链接在 2016 年 9 月 1 日是可以访问的。

是掌管公司的经理人，而“蓝军”的角色是从不同的角度审视红军提出的战略规划。此外，“蓝军”还举行辩论和模拟来寻找技术路线的替代方案（Tian & Wu, 2015）。最近，“蓝军”的活动范围已经从企业层的战略制定过程拓展到了各个业务单元。在各个业务单元设立了自己的“蓝军团队”。

通过上述针对华为管理哲学和文化的阐述，我们希望能够帮助读者更好地理解本书的研究情景。与其说华为一直坚持同样的价值观，我们更希望呈现的是，随着时间的变化，这些价值观会随着企业遇到的不同战略问题和竞争环境的变化而演化。最重大的变革发生在企业的决策流程上。1997—2003 年是任正非将分散在代表处的权力收拢到公司总部的时期。而在那之后，华为开始实施分权管理，战略不再是由 CEO 一人决策。公司制定了针对战略问题的讨论流程，通过集体讨论决定公司的战略。

1.4　建立和打破制度

我们不是靠人来领导这个公司，我们用规则的确定性来对付结果的不确定。

——任正非（2015）

（Yang, 2015）

本书的核心内容是华为是如何随着公司规模的不断扩大，以及面临不同的战略情境，主动打破旧有的制度，动态地创建新制度，持续开展管理变革的。华为建立新制度的最好案例当然就是在1996—1998年间制定的公司章程《华为公司基本法》。华为通过《华为公司基本法》将公司不同部门的管理原则统一固化下来。华为制定《华为公司基本法》的努力和恩斯特·阿贝（Ernst Abbe）先生在1896年为蔡司公司（Zeiss，一家光学和光电子技术公司）制定章程的做法有异曲同工之妙。蔡司公司目前仍是科学显微镜和智能手机相机镜头行业的领先公司。阿贝先生制定蔡司公司的章程的目的是为企业未来的管理制定清晰的制度，并阐述这些制度背后的理由和意图［蔡司公司的案例请看Buenstorf和Murmann（2005）］。但是蔡司和华为的案例不同点有二。第一，阿贝先生想为他去世后公司的运作制定制度，将当时已经实施的做法总结记录。华为则通过三年的上上下下集体讨论编写了《华为公司基本法》，目的是为了统一公司不同部门采纳的不同管理方法和原则，形成公司统一的制度和认识。第二，阿贝先生拥有蔡司100%的股权，并把股权转移到了一个基金会，所以该文件是由他自己编写的。尽管有中国人民大学的6位教授帮助华为起草了《华为公司基本法》，但在公布之前几易其稿，公司都将草案向员工公开并征求意见。该文件也综合了华为领导团队在1997年访问美国期间形成的理念和想法。

尽管外界已经有很多关于《华为公司基本法》的描述和讨论，但对于那些想了解《华为公司基本法》细节的读者，我们还是附上了《华为公司基本法》的全文（见附录C），在下文中综述了该文件中的重要理念，并指出《华为公司基本法》起到了帮助快速成长的华为建立标准化的制度和统一公司管理方法和原则的作用。

《华为公司基本法》的第一部分（第1~20条）以成为世界级设备

供应商的愿景开头，描述华为的价值观——很多已在前文描述，并定义实现愿景的道路上一些关键的中间目标，如拥有自主的知识产权。从第一部分至全文的结尾，该文件不仅定义了要遵循的制度，还为华为的各部门明确了发展的目标和设立这些目标的原因。在华为公司，每一个中高层的管理者都被要求熟读《华为公司基本法》，对于若干关键问题形成共识，例如华为要成为怎样的企业，达到这一目标可以使用哪些方法，不可以使用哪些方法。

第二部分（第 21~38 条）提出基本的经营政策。例如，第 25 条明确指出“顾客满意度”是评价所有工作的标准。“以客户为中心”的理念出现在第 25 条而不是第 1 条，表明“以客户为中心”并不是在早期就成为华为公司的核心价值观，而是在《华为公司基本法》实施之后才变得越来越重要的。第 26 条提出了资源分配的关键原则，即华为保证每年将至少 10% 的销售收入用于研发。这一原则使得华为有别于同行业的很多企业。这些年来，华为也一直遵循该原则，如 2016 年，华为将 14.6% 的销售收入投入研发活动（Huawei, 2016）。第 27 条提出了研发的组织结构（我们将在本书的第七章详细描述相关内容）。第 37 条明确提出公司未来不会从事非相关多元化。自 1998 年以来，华为也一直遵守该原则。

第三部分（第 39~54 条）明确指出了公司组织构架的关键特征，并设定了企业各职能部门应该具备的水平。这些条款明确表示将权力收归公司总部和不允许地方“诸侯”做大。

第四部分（第 55~73 条）明确提出人力资源政策。提出培养高素质的人才是企业成功的关键，进而阐述如何建立公平、透明的人力资源体系。我们在第六章将详细描述华为是如何实现这一目标的。在

第 72 条中《华为公司基本法》提出了一个重要制度，即高级管理人员需要轮岗以丰富工作经验。

第五部分（第 74~99 条）为企业的管理体系制定原则。这些原则背后的关键理念是强化对整个组织核心的控制。这 26 条阐述企业需要在哪些区域做出真正的变革，并明确实现以上目标需要遵守哪些原则。该部分条款指出，从 1998 年开始，公司在形成共识的基础上推行了若干重要的管理变革，这些变革包括集成产品开发、集成供应链和人力资源体系的变革。第 78 条为全面质量管理设定了目标，并明确提出华为为实现该目标将遵从 ISO9001 标准的要求。除此之外，第 79 条还设定了一个特定的目标，即每一个产品将平均无故障地运行 2 000 天。

第六部分（第 100~103 条）提出华为需要平衡的是旧制度和新制度之间的关系。该部分还讨论了公司接班人的问题（如何培养接班人），以及何时及如何修订《华为公司基本法》。第 100 条明确指出华为要在变革中发展，强调“公司必须发展和继承”。第 103 条规定《华为公司基本法》应该每 10 年修订一次。从这里我们可以看到《华为公司基本法》与蔡司公司章程的不同。后者仅会在非常特殊情况下被修改（Buenstorf & Murmann, 2005），而《华为公司基本法》则是对中短期组织愿景和关键制度的确认。《华为公司基本法》明确指出，为了成为世界级通信企业，华为需要因时因势改变其制度。

反思华为的历史，任正非指出：

> 我们总是在稳定与不稳定、平衡与不平衡的时候，交替进行这种变革，从而使公司保持活力。（Tian & Wu, 2015）

据我们所知，华为从未发布过更新版的《华为公司基本法》。但是，华为为企业的不同部门创建了工作手册。在这些工作手册中，出现了基本法的部分内容，同时也包括了不少新的制度。这些新制度代替了基本法起草前后确定的很多旧的制度。

本书的章节提供了华为打破旧制度建立新制度的鲜明案例（Edmondson, Bohmer & Pisano, 2001）。例如，1999—2003年间，华为把更多的权力集中在创始人和CEO的身上，然而这种模式在2003年被打破。在美世咨询公司（Mercer）的帮助下，华为制定了公司最高层的新的工作方式，将较多的决策权分配给了由8名高级管理人员组成的经营管理团队（EMT），由他们负责战略制定，并与CEO一起领导企业。该经营管理团队的主席每6个月轮换一次，且该主席同时担任首席运营官（Chief Operating Officer, COO）。这种组织架构从2004年开始持续到2010年。在2011年，该架构被新的决策机构取代。同时，永久CEO被轮值CEO的制度安排取代，由3名高级管理人员轮流做CEO，每6个月轮换一次。此外，这3名轮值CEO和4名常务董事组成董事会常务委员会，取代经营管理团队。现在华为董事会包含17位成员（Huawei, 2016）。（详细内容请参见第二章）

每一个初创公司在建立初期为了生存都要快速扩大运营规模。这要求初创公司从处理单个任务的常规性工作中总结出处理类似业务的制度并推广开来（Winter & Szulanski, 2001; Szulanski & Jensen, 2008; Rao & Sutton, 2014）。一开始的制度通常是通过试验产生的，或者创始人依据其工作经验从其他的公司引进的。华为在成立后的前8年间形成的制度主要是某职能部门内部的，如采购、生产、研发、销售等，而不是跨职能部门间协调的。当企业从1995年的800

名员工、15 亿人民币的销售收入（合 1.06 亿美元）增长到 1998 年的 9 500 名员工、89 亿人民币的销售收入（合 7.2 亿美元）时，原有的制度已不再有效。例如，随着产品开发时间的延长、产品开发失败率的增加，顾客不能按时收到产品，开发成本剧增。

正如前文所述，华为开始为产品开发和供应链管理有针对性地引进西方企业的最佳管理实践。在这两个变革中，所引进的跨部门协调的新制度打破了职能内部的原有制度。在集成产品开发的变革中，CEO 坚决要求华为员工精确复制 IBM 咨询顾问提供给华为的方案。英特尔公司也有精确复制策略，即建造第二家制造芯片的工厂必须精确复制第一家工厂的设计（Winter, 2010）。不同于英特尔公司的策略，在复制 IBM 的实践时，为适应中国情境下华为的情况，IBM 咨询顾问做了适当调整。华为变革之前逐步建立的旧制度将要被新体系打破，这并不意外，因为华为内部也存在对新制度的抵制。为了克服对变革的抵制，CEO 反复告诫员工"华为要削足适履"（Yu, 2013）。

在集成产品开发变革之前，产品开发遵循线性的流程，即营销和销售部门对新产品提出要求，研发部门开发出技术解决方案并将其交给制造部门，最后物流将产品交给顾客。由于缺乏职能部门间的频繁沟通，研发出的技术不能很好地满足顾客需求，经常导致产品的运行不如预期。更重要的是，不同销售和营销团队对研发部门提出相似的产品要求，而这些相似产品却被视为独立的，导致相同品类的产品被重复开发。例如，1997 年，某一个产品竟然有 1 000 多个版本号（Liu, 2015）。这导致产品开发成本急剧增加，与国际竞争对手的水平差距巨大。新的集成产品开发流程要求成立跨部门团队，这使产品开发阶段各部门间的频繁交流沟通成为现实，同时也避免了产品的重复开发。在旧流程中，由于营销部门未参与产品设计，当产品失败时，营销部门会将责任归咎于研发部门。而在新流程中，营销部门也深度参与了产品设计，不能再将责任简单地归咎于研发部门。打破旧流程后的一段时间里，产品开发效率没有提高反而降低了，但是不久后就开始大幅提升。新产品上市的平均所需时间从1999年的75周降低到了2003年的48周（Zhang, 2012）。

在华为1999年聘请IBM咨询顾问帮助其进行集成供应链管理变革之前，跨部门间缺乏协调的问题同样出现在销售、采购、生产和交付的环节上。同样，集成供应链管理的变革方案打破了部门内部的原有制度。1999年之前，华为公司在未考虑工厂是否有能力及时制造出产品的情况下，销售人员就从客户那里接收订单，这经常导致生产和物流无法实现销售部许诺的交付日期。相反，生产部无法预测需求，因此它们很难提前规划生产量。同样，采购部与供应商签约时不能预测不同类型零部件的需求量，从而导致某些零部件供过于求，而有些则供不应求。缺乏部门间的协调导致华为的及时交付率仅有50%，而全球通信设备制造商的平均水平则高达94%（第四章将详细讲述相关内容）。为提高供应链的效率，集成供应链管理方案使用跨部门流程解决了原有流程导致的“部门墙”的问题。正如产品开发效率是通过部署先进的信息技术得以提升一样，供应链上所涉及的各部门间的协调问题也通过开发和使用更先进的信息系统、资源规划和采购工具等得以改善。

与《华为公司基本法》统一全公司思想和管理原则与方法的初衷类似，华为在1998—2007年间开展了“四个统一”的财务会计管理变革。这一变革首先在中国国内的代表处和子公司实施，然后拓展到全球各地的代表处和子公司。通过招标，华为于 1998 年聘请毕马威（KPMG）会计师事务所帮助其设计和实施“四个统一”的变革项目。但是到了 2007 年，华为发现公司的财务会计制度已经不适应公司进一步发展的需要。在那时华为已从设备供应商转变为整体解决方案供应商，原有的定价流程不能有效地预测项目的收益情况。在原有的流程中，销售人员商谈合同时几乎没有财务部门的参与。此外，随着全球通信行业竞争的加剧，华为需要更加有效的现金流管理。以上问题只能通过深度整合财务和业务（如营销、销售、供应链管理等）的流程来解决。因此，为了弄清楚每个项目的收益情况、控制风险和降低流动资金需求，华为于 2007 年再次聘请 IBM 咨询顾问开展集成财经服务的管理变革项目。

华为还建立和改进了人力资源管理的制度。华为目前人力资源管理的政策已经远远超越了 1998 年《华为公司基本法》中的表述。为了不断提升华为的人力资源工作的水平，人力资源管理方法被编入培训手册（Huang, 2014），并在华为内部培训机构——华为大学上宣贯。同样，华为在建立新制度的过程中，也废除了很多旧制度。例如，为了打破华为的等级文化，防止通过工号来判断员工级别，华为停止使用基于聘用时间的员工工号，而采用随机分配工号的做法。另一个例子是，受中国法规的限制，只有中国员工能够参加员工持股计划，但事实情况是，随着华为的国际化，华为的外籍员工越来越多。为了使外籍员工能够通过类似员工持股机制分享公司发展的收益，获得与中国员工相似的薪酬待遇，华为改革了员工利益共享制度，提出时间单位计划（Time Unit Plan, TUP）（详细内容请参见第五章和第六章）。

组织结构是公司协调单个员工工作的正式方式，也是公司制度的一个重要组成部分。对组织结构的任何一个重大变革都需要打破原有制度。当华为从拥有 50 名员工发展到拥有 15 万名员工的时候，研发部门的组织结构发生了重大变革。1992 年，当华为开发产品时，研发部门仅是制造部的一部分。不久，华为注意到随着移动通信的兴起，传输越来越依赖于数字技术。1993 年，华为决定建立专门的研发部以专注于数字技术的研发，并且数字技术开发团队组成独立的部门直接向 CEO 汇报工作。随着研发活动规模的扩大，为了协调所有的研发活动，华为在 1995 年打破该组织结构建立了中央研发部。然而，当引入集成产品开发体系时该组织结构再次被打破（关于研发部门所有重大结构变革的详细内容请参见第七章）。

《华为公司基本法》明确提出了发展自主技术和自主知识产权的目标。1995 年以前，华为未申请过任何专利。2016 年，华为欧洲专利申请量跃居第二（European Patent Office, 2016），美国专利申请量位居第 50 位（IPO, 2015）。但是，构建能够申请如此多专利的组织能力并不是一帆风顺的过程。1995 年，华为最初成立的知识产权部门仅是中央研发部的一部分。4 年后，华为成立公司级别的法律事务办公室，知识产权部门从中央研发部划出并入法律事务办公室。两年后，知识产权部门再次被分离，重新并入中央研发部。在所有的这些变革中，对知识产权部门领导来说最困难的是改变华为研发人员对专利工作的认识和态度。2003 年华为被思科公司（Cisco）起诉专利侵权之前，华为的研发人员不习惯做研发工作的记录，也不愿意提交专利申请。直到 2003 年，华为被思科起诉，华为才下定决心开始实施知识产权战略。虽然该专利侵权案最终以和解告终，华为公司并没有被判侵权，但是此事为华为敲响了警钟，警示华为需要更加认真地对待知识产权问题和尊重其他公司的知识产权。从那以后，华为向西方科技公司支付了大量的专利许可费用。更重要的是，华为为了建立自己的知识产权组合，并使自己在与其他拥有知识产权的公司的谈判中更具优势，CEO 为华为应该申请多少专利制订了明确的 5 年规划。在公司高层的支持下，华为调整了研发工作的流程。提交专利申请成为所有研发团队关键绩效指标（Key Performance Indicator, KPI），并嵌入在研究人员个人的绩效评估中。同样的，对其他公司拥有哪些知识产权进行例行调查成为每一个新产品开发项目工作的一部分。随着提交专利申请的数量增多和专利分析工作量的增加，知识产权职能再次被从中央研发部调回法律事务部。华为知识产权部门的短暂发展历史表明，在 2003 年对研发部门的流程做了重大调整后，华为才成为通信行业拥有知识产权最多的公司之一。“在游泳中学会游泳”是众多中国企业成长的基本规律，关键是能够及时地“吃一堑、长一智”，并且将此制度化。

在过去几十年里，通信设备行业中所有的领先企业都在全世界范围内销售它们的产品。1994 年，华为的 CEO 就已经认识到了国际化战略的必要性，提出华为只有全球化才能够长远地发展下去的观点，并制定了以下清晰的目标：“10 年后，世界通信行业三分天下，华为将占一分。”（Tian & Wu, 2015）当华为成为跨国公司，公司的运营拓展到全球 170 多个国家和地区时，华为需要废除很多不再适用的制度。除了上述关于外籍员工参与公司利益分享的变革以外，华为还为国际业务的发展改革了人力资源的制度。最初华为并不以英文水平的高低，而是以业务水平高低来选派中国员工或经理到海外拓展业务。

在国际化过程中，和很多西方跨国企业一样，华为逐渐意识到海外市场的拓展需要依靠当地人才而不是中国籍的驻外员工。同时，为了与外籍员工保持高效沟通，华为总部需要对与外籍员工和海外办事处的沟通交流方式进行改革。为此，华为强制要求总部员工直接用英语回复邮件，而不是经过翻译部转发。虽然一开始对很多员工来说很难，但这消除了几天延误的宝贵时间。2008 年，华为只要求一部分经理用英文来写邮件和报告。到 2014 年，华为已经将英语作为其第二官方语言，要求高层管理人员都精通英语（Economist, 2014b）。

综上所述，华为不同于其他很多公司之处是它能够不断地主动打破现有制度，并不断地创造新的、更好地协调各部门的制度。可以说，华为开发出了将动态变化“常态化”的元制度（meta-routines），使华为构建了不断自我变革的动态能力（Winter, 2003）。元制度的内涵包括:（1）以世界上最好的公司作为标杆;（2）聘请西方知名咨询公司，通过学习和采纳业界最佳实践来帮助华为缩短与国外最好公司的差距;（3）尽可能如实地在公司内部复制业界最佳实践和制度;（4）CEO 和其他高管深度参与、领导变革。

从《华为公司基本法》完成的 1998 年到 2008 年间，华为的员工数从 1.5 万增长到 8.1 万。田和吴（2015）指出，从 1996 年开始的大规模权力集中带来的问题在 2006 年前后已经显现。任正非从那时起就开始考虑如何打破平衡和解决大企业病的问题。几年前，任正非发表了激进的演讲，他说:

> 《华为公司基本法》已经过时了，IBM 的那一套不见得完全适应华为，它们的使命完成了。（Tian & Wu, 2015）

这毫无疑问地表明，华为近年来因为业务的拓展，进入了新的行业和领域，不仅生产通信设备，也制造智能手机等消费类产品并积极参与云服务。华为一直在设计和采纳新的制度以适应和推动公司的发展。与蔡司公司相比，华为愿意大幅度修改《华为公司基本法》。这种既强调稳定又拥抱变革的做法在西方的企业中很少见。正如学者在《管理与组织评论》上发表的关于阴阳平衡的论文所提到的（Fang, 2012; Li, 2014; Li, 2014; Li, 2015），中国文化也许更能够包容两个相互矛盾的目标，如稳定与变革。任正非的很多言论都提倡两个相反的力量的平衡。例如，任正非说：

> 创新就是在消灭自己，但你不创新就会被对手消灭。（Tian & Wu, 2015）

如果阅读任正非过去30年所有的管理论述，你会清楚地发现，他不相信管理可以归结为简单的公式。在他的认识中，有效的管理方法取决于企业的发展阶段和面临的问题。随着公司的成长以及国际化，管理企业的方法也需要大幅的调整。

1.5 本书的章节结构

先前关于华为的书籍和文章（如，De Cremer & Tian, 2015; Tian & Wu, 2015）已经很详细地讲述了华为的管理哲学和文化。如果你想了解如何基于华为的管理哲学去经营企业，那么学习华为的管理原则和方法是很有用的，如以客户为中心、艰苦奋斗、以奋斗者为本、员工持股、长期导向、开放、向全世界学习、集体领导和包容。但是，只知道这些原则还无法领导一个公司。詹姆斯·马奇（March & Weil, 2009）深刻指出领导一个组织既需要懂得务虚，也需要务实。务虚是指创造愿景、建设组织文化；务实是指我们通常所称的管理，涉及一系列组织制度的建立和修正，而只有实施这些制度才能够使企业的宏大愿景成为现实。

本书后续章节揭示了华为的实干措施，特别是华为如何设计和实施变革。关于组织变革的理论研究已经指出，重大的组织变革需要高管团队的参与（Kotter, 1996; Tushman & O'Reilly, 1997）。因此，第二章探讨经营管理团队在华为变革中的重要作用，并描述在华为30年的历史中，经营管理团队管理华为的方式是如何演变的。后面的章节将分析华为几项重要的变革举措。图1–2呈现的是华为重大事件和重要变革的时间点。

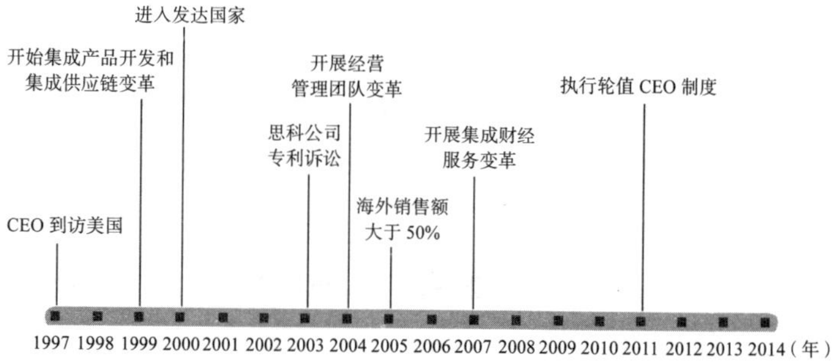

图1–2　华为的重大事件和重要变革发生的时间点

华为开启的第一个重要变革是集成产品开发。因此，第三章将分析华为在产品开发过程中面临的问题。在IBM咨询顾问的帮助下，华为引进集成产品开发体系，并开始了其他职能部门的变革。因此，

第四章分析开始于1999年的集成供应链的变革；第五章分析华为的财务会计系统开始于2007年的集成财经服务的变革；第六章分析了华为人力资源管理系统的变革。第七章探讨了华为的研发体系的变革。凭借这些影响深远的变革，作为中国的一家民营企业，华为发展成了全球领先的跨国企业。第八章分析从1996年开始国际化到目前发展成为在170多个国家和地区运营的跨国企业的国际化历程中，华为是如何改革旧制度和设计实施新制度的。全书力图准确地刻画出华为30年历程中的管理变革全景，以期读者能够看到华为崛起的“所以然”，进而提升对“之所以然”的认识。

表1-1　各项变革中华为内部各部门间的相互关系

职能部门	变革			
	集成产品开发	人力资源管理	集成财经服务	集成供应链管理
高管	√	√	√	√
研发	√	√		
人力资源	√	√		
财务	√	√	√	√
营销	√	√	√	
知识产权	√	√		
国际化	√	√	√	√

注：“√”号表示该部门在相应变革中有参与。

第二章

高管团队与组织变革：基于制度化变革视角的解读[①]

① 本章内容由赵子溢、郭斌、吴晓波共同完成。

2.1 引言

在企业的长期发展中，企业领导者发挥着关键性作用。一方面，领导者的战略决策塑造着企业的发展路线。另一方面，领导者的价值观与管理哲学深刻地影响着企业内部文化基因的形成。

华为的例子可以很好地说明企业领导者对于组织变革的重要影响。经过 30 年的发展壮大，华为如今已经是中国创新能力最强的科技型企业之一。2015 年，华为年收入已经达到了 608 亿美元，年增长率为 37%（华为年报，2016 年）。华为的快速增长极大地受益于其“制度化变革”的基因。而华为的高管团队是组织“制度化变革”的发起者、领导者以及捍卫者。自华为成立之初，其创始人任正非先生就着手培育企业的“制度化变革”，并由后来的经营管理团队继承和发展，引领华为成为全球领袖型企业。本章首先分析高管团队在组织变革中扮演的角色：高管团队如何掌控组织变革的全过程以及高管团队如何使变革成为企业制度的一部分。

其次，本章着重描绘了华为高管团队自身的结构变化。在快速变化的时代里，企业一方面需要不断地根据外部环境变化动态地进行战略性调整；另一方面，组织在战略实施中又面临着来自战略一致性的要求。这种“变化”与“不变”之间的冲突给掌控公司未来的高层管理者带来了无法回避的挑战。多年来，华为的领导结构随着组织的发展而逐渐演进，不断地通过内部结构调整以适应快速变化的商业环境、匹配自身发展战略。那么，在持续的变革之中，华为又是如何保持战略一致性的呢？我们需要指出的是，华为的每一次组织变革都不是一次性的行动，而是一个“去制度化—重新构建—再制度化”的过程。从某种意义上来说，正是这种独特的组织变革过程使华为从高竞争性、高技术含量、高环境动荡性的通信设备领域中脱颖而出。

2.2 变革中的领导力

自 1996 年起，华为用了三年时间来设想和规划其第一个管理体系，其规则化的体现也就是后来形成的《华为公司基本法》。此后，华为坚持不懈地通过组织变革加强业务运作的效率和效力。1998 年，华为重新构建了内部结构，并于 1999 年同时启动了集成产品开发（IPD）和集成供应链（ISC）体系的变革。2007 年，又启动了客户关系管理（CRM）变革项目，为接下来的财经体系变革（IFS）打下了坚实的基础。在开展变革项目的同时，华为不遗余力地通过调整组织结构帮助新的制度化管理体系落地。华为的领导者们在系列变革中扮演着关键角色：领导者们通过制度化的变革管理结构发起变革；通过制度化的变革程序实现和支持变革；进而通过组织文化建设，将制度化变革的基因深植于企业之中。

2.2.1 高管团队：变革的催化剂

> 华为的可持续发展最终靠的是科学合理的制度，和一代又一代认同公司核心价值观并不断奋斗的接班人。我想这个制度建设应该从我开始。
>
> 任正非，《我的辞职与退休申请》，2007

华为的变革并不是由某一个部门单独执行并完成的。从组织的横向上来看，在历次组织变革中，所有相关部门都以制度化的方式参与了变革过程；从纵向上来看，高管团队发起且掌控着变革。为此，华为有意识地通过制度化的形式确保高管团队能够全力支持并且全面参与每一项变革。需要说明的是，在华为发展的前期阶段，变革的思想常常源自一到两位公司高层管理者。作为华为的创始人，任正非的想法关系到华为的变革目标与战略规划的设定；不过，这并不涉及市场层面或者研发层面的具体策略。为保证华为变革的制度化实施，华为建立了一套标准化的制度体系以顺利发起和实施变革，在架构上设立了变革指导委员会（RSC）、变革项目管理办公室（PMO）以及变革项目组三个层级的变革机构。

1999年，华为发起IPD和ISC变革项目，变革指导委员会也随之成立，其定位是战略性地指导变革项目。委员会主席为孙亚芳，她也同时担任华为董事长；任正非与来自 IBM 的专家一同担任指导委员会的顾问。这样的安排在一定程度上可以使变革所建立的新制度脱离企业创始人的固有影响力，从而避免企业“穿新鞋、走老路”。变革指导委员会的成员由来自公司各一级部门的一把手出任，委员会把握变革的愿景，同时也控制变革的总体成果。变革指导委员会负责阶段性、关键性的重大决策，从战略层面上确保变革朝着正确的方向演进（胡彦平，2016）。

变革指导委员会的常设执行机构是变革项目管理办公室，第一任主任为郭平，也是后来的轮值 CEO 之一。变革项目管理办公室负责变革过程中的具体事务，例如准备变革会议的前期文档、变革项目过程的追踪、监督变革的完成质量等（胡彦平，2016）。变革项目管理办公室也负责统筹不同项目组之间的资源调配、协调不同项目组之间的沟通，从而避免可能存在的组织冲突，同时推进多个项目。变革项目管理委员会的工作人员都是从业务线上抽调的专业干部。实际上，华为也有意识地利用变革项目管理委员会来培养干部大局观、练就企业的未来领袖。

此外，华为的每个变革项目都由专门的项目组负责执行。每个项目组都有一个“赞助人”，该赞助人通常由公司的高级副总裁或者常务副总裁担任。项目组内部通常包含一个核心组和一个外围组：核心组成员是来自华为各业务线上的骨干员工，他们脱产、全职参与变革工作（胡彦平，2016）。外围组成员则在继续做好原岗位工作的同时，部分参与变革实施，这样，他们能够在参与变革的同时，从实践中了解业务正在发生的变化。

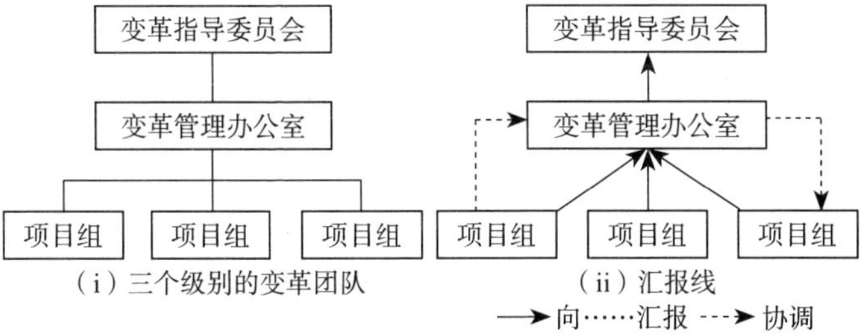

图 2–1 三个级别的变革团队及汇报线

华为在此基础上建立起变革管理的制度化体系。其中，高管团队扮演着不同的角色。首先，变革是一种“一把手工程”，各变革管理团队的领导者均由华为的高层管理者担任。比如，任正非亲自领导了 IPD 和 ISC 的变革团队；孟晚舟是华为 IFS 变革团队的领导者，她也在 2011 年成为华为的董事会成员。领导者做出的方向性决策并不仅是利用自己的权力或者根据个人经验进行判断，而是通过与一线员工不断交流、得到反馈，发现组织现存的不足和潜在的目标机会，从而展开组织变革。变革领导者在此过程中也能够树立起大局观、培养个人对于企业的整体认识。所以，组织变革可以说是企业下一代领导人的孵化器。

其次，高管团队也是组织变革的先行者。变革所建立的新制度在开始时会令员工难以接受，尤其是当某些举措可能会损害员工的既得利益时。领导者需要在变革中为员工树立榜样，甚至是更加严格地要求自己。正所谓“上行下效”，华为的高层领导者在变革中展示了对企业价值观的坚守，他们主动充当“第一个吃螃蟹的人”，率先做出改变。华为内部有很多故事讲述着高层领导者在组织变革中起到的带头作用。1996 年，华为酝酿人力资源体系的变革，对内部员工聘任进行重新洗牌。一个最具代表性的事件就是市场部的集体大辞职：华为要求市场部代表处正职提交个人述职报告，同时提交辞职报告，而公司会批准其中一份，这意味着员工需要重新“竞聘”上岗。员工们自然担心会因此失去工作。而时任华为市场体系总负责人的孙亚芳带头辞职（吴春波，2014）。之后，市场部的其他领导也逐一辞职，变革行动得以在整个市场部门推行。四年后，华为面临内忧外患，进入信息产业的冬天。此时已经成为华为的董事长的孙亚芳再一次带头申请降薪，帮助华为度过经济困难时期。其他的中高层领导者跟随着孙亚芳的脚步，开始了干部集体申请降薪的行动。此外，尽管任正非是华为的创始人，他也同样受到变革体系的严格约束。作为变革的主要发起者，任正非带头遵从组织的新制度。

2007 年，为了打破“按资历论薪酬”的薪资体系的顽疾、重新激活组织活力，也为了更好地激励新员工，华为决定改换工号，又一次开展规模浩大的离职运动。这一次，工号为 001 的任正非带头辞职，6 687 名员工随之申请辞职。改换工号后，6 581 名员工重新签约上岗；93 名各级主管自愿辞职，降薪降职聘用；38 名员工退休，52 名员工因个人原因离开公司，16 名员工因绩效和胜任力不足等原因离开了公司（范海涛，2007）。

由此可见，变革需要清晰的结构化体系作为支撑，也需要领导者不遗余力地引导。标准化的变革管理体系能够弱化领导者个人的认知偏差和谬误，领导者可以通过横向和纵向的沟通交流，最大程度地掌握实际情境、调配可利用的资源，并且在成功实现变革的同时培养下一任领导者的变革能力。同时，领导者需要对变革全面负责，以确保组织向正确的方向发展，确保重新建立的制度能够解决企业内部的实际问题。最为重要的是，领导者必须在变革中首先发挥自己的带头作用、树立榜样，从而提高变革在组织中被接受的程度。

2.2.2 变革循环：先僵化，后优化，再固化

> 我们现在向合益集团买一双“美国鞋”，中国人可能穿不进去，在管理改进和学习西方先进管理方面，我们的方针是“削足适履”，对系统先僵化，后优化，再固化。
>
> 任正非，《活下去是企业的硬道理》，2001

没有落地的变革都只是纸上谈兵。在变革的每一个环节，华为都将变革的落地视为重中之重。选拔业务部门的管理者全面参与变革团队，是为了促使变革更好地推行至各业务部门，建立全新的 IT 系统，也是为了给新制度的落地提供配套支持。另外，与其他企业不同，华为的变革从来不是一种形式主义或者面子工程，任正非在华为变革中始终坚持这样一种理念：循序渐进地推进变革的落地，遵循“先僵化、再优化、后固化，持续地推进管理变革”（任正非，2001）的变革循环。

“先僵化”看上去似乎有些奇怪，因为“僵化”似乎并不是一个让人有正面联想的词，华为所谓的“僵化”有两层含义。一方面，它意味着组织“僵化”地接受顾问团队的建议。在重要变革中，华为会邀请顶尖的外部专家和咨询公司帮助设计和指导变革项目。华为认为“僵化”能帮助华为打开组织学习的界面，全面吸收外部专家顾问的先进经验，从而确保后续的知识获取。任正非要求所有员工都聆听和遵循专家的意见，在学习先进经验上坚持“削足适履”的方针。值得

一提的是，西方公司与咨询公司签订企业变革协议时多采取“封口”合同的形式，即变革的完成具有确切的截止日期，根据变革项目时间进行费用结算。而华为则不然，它与咨询公司签订“半开口”合同，旨在期望咨询公司能够解决企业存在的实际问题，而是否真正解决了问题无法由时间来裁定（胡彦平，2016）。所以，华为不仅仅是按照咨询公司的顾问人数、工作天数来支付咨询费，更重要的是根据变革的评估质量进行结算。如此一来，咨询顾问更愿意从根本上调查问题的起因，然后一步一步地寻找解决方法。

表 2–1　华为变革历史及变革顾问

时间	变革事件	咨询公司 / 外部顾问
1996 年 3 月至 1998 年 3 月	《华为公司基本法》	中国人民大学的 6 位教授
1997 年	人力资源体系变革	合益集团
1998 年	信息技术战略和规划	IBM 顾问
1999 年	集成产品开发变革	IBM 顾问
1999 年	集成供应链体系变革	IBM 顾问
2003—2004 年	组织结构设计	美世咨询公司
2007—2014 年	集成财经服务体系变革	IBM & 普华永道
2007—2015 年	销售管理体系 / 客户关系管理体系变革	埃森哲

另一方面，在组织内部，“先僵化”也意味着“僵化”地模仿变革成功部门的组织实践。华为的变革先在试点部门开展，当达到预期效果时，其他部门可以模仿该部门的变革举措。

所以，“僵化”地接受顾问公司意见说明组织要去接受所有可能的改变，确保企业能够从外部咨询公司处学习到足够的经验，克服企业对于变化的抗拒心理，全面地实现“去制度化”；“僵化”地学习试点部门经验，则可以降低变革的成本，将工作重点转移至新系统的制度化上。

其次，在“僵化”之后，企业需要根据实际情况逐渐“优化”组织实践，通过吸收外部知识重新建立组织系统。实际上，这是一个在“去制度化”和“再制度化”之间不断平衡的过程。在此过程中，组织需要整合外部专业知识和企业内部经验，依据实际情况不断改进和过滤。任正非鼓励企业高管与外部顾问保持交流，不但在公司里交流，也要在非正式场合交流。这种持续交流能够促进内外知识的整合：外部顾问可以更深入地了解高管团队的想法；高管团队成员能够学习战略性的思维方式，为实现后续的项目落地进行铺垫。另外，华为在“优化”的过程中尽显自我批判精神，将自我批判精神视为组织进步的前提（任正非，1998）。相应地，自我批判精神也成为高管团队任职资格体系的重要指标之一，“凡是不能使用自我批判这个武器的干部都不能得到提拔”（任正非，2001）。这种做法有利于将能够实现“优化”的自我批判精神与企业制度融会贯通。

最后，持续的变革是周期性的，而不是指变革没有尽头。如果不能建立制度化的体系来约束变革，变革终会变得混乱并失去控制。所以，华为变革的另一个特点就是标准化的“固化”。华为开发业务模板与变革模板，员工可以依照模板在短期内掌握变革要领，在领导者缺失时亦可以完成变革工作。而且，在变革设计以外，华为在变革的落地中接入配套的 IT 流程体系。变革带来的每一项新制度、新的组织惯例都会最终落实到专门的 IT 系统上面。

2.2.3 将变革基因融入企业文化

> 如果管理不从小改进做起，什么事都将做不成……世界上唯一不变的就是变化，贯彻永恒的是管理改进。
>
> 任正非，《不做昙花一现的英雄》，1998

变革并不仅是组织对外部环境变化做出的被动反应。更为重要的是，变革是领导者发起的一项前摄型行动。就此而言，华为组织变革及其原则虽然最初可能源于领导者自身的思想，但在公司发展过程中已经深深地存在于华为的文化基因之中。

变革的发起是自上而下的过程。领导者将其对于外界环境的认知和对于变革的看法逐步传达给高管团队，接着通过意会的形式传达给员工，从而培育整个组织的理解和行为。意会过程可以使高层管理者的愿景一级一级地向下渗透。例如，任正非的战略愿景的思想常常通过内部讲话的形式结构化地呈现出来。在华为成立初期，任正非会通过讲述历史故事的方式激发团队的斗志。而随着华为做大做强，任正非思想和战略的形成不再只是他的个人思考，更得益于全体管理层的集体智慧。他的一些演讲稿在正式发布之前会经过 50 轮以上的内部修改：不仅是任正非自己修改，董事会成员和外部专家也轮番上阵，对草稿进行讨论和修改，并将意见反馈给任正非。所以，任正非的想法和认知并不是“拍脑袋”形成的，而是通过长期交流凝练而成；这种交流使整个高管团队在领导者变革想法的基础上达成提升性的共识。

任正非是一位谦虚且谨慎的领导者。他认为“队伍不能闲下来，一闲下来就会生锈”（任正非，2008），所以组织必须不断地变革；但是他对快速变化或者根本改变十分警惕，他深知自己不是完美的领导者，华为也不是完美的企业，所以他自己和公司都需要对变革持开放态度。这种自知之明使任正非总是能够先一步意识到企业存在的不足。同时，任正非具有很强的危机意识，总是提醒员工不能被一时的成功冲昏头脑。2001 年年初，华为的成长有所突破，而任正非却提醒员工要居安思危：

> 危机并不遥远，死亡却是永恒的，这一天一定会到来，你一定要相信。从哲学上，从任何自然规律上来说，我们都不能抗拒，只是如果我们能够清醒地认识到我们存在的问题，我们就能延缓这个时候的到来。繁荣的背后就是萧条。玫瑰花很漂亮，但玫瑰花肯定有刺。任何事情都是相辅相悖的……我们不能居安思危，就必死无疑。

任正非的管理思想深刻地影响了其他管理者和员工，从而在华为内部形成了很高的危机意识和警惕意识；反过来，这种危机意识也不断地促使华为去自我批判和自我调整。面对危机迎难而上，反而促进团队和个人的凝聚力、促进良性组织文化的发展。

另外，华为在组织变革中始终重视变革的质量，并且将变革质量作为优先于变革按时完成的目标。持续性变革的目的是消除组织惯性，激活组织沉淀资源，与变化的环境匹配；但是变革不能急躁冒进，而是应该如同春雨一般，“润物细无声”。为此，任正非提出，企业需要贯彻“小改进、大奖励，大建议、只鼓励”的原则。这个原则也体现出评估变革成功的标准是其质量与结果，而时间只是次要的考虑因素。

作为培养领导人的重要途径，华为选拔业务部门的一把手，使他们脱离原岗位，加入变革团队。如此一来，这些未来的领袖就没有了“退路”，可以更专注于变革项目。为了确保变革的质量与效果，华为要求高管团队持续地与顾问交流，与客户交流，深入了解内外环境中有可能影响组织变革的因素（Bartunek et al., 1999）。变革管理团队成员的绩效考核也经过精心设计，其中，变革质量和效果被视为考核变革管理团队的项目经理、评估外部专家的最重要的指标。

最重要的一点是，华为在所有变革的过程中坚持“以客户为中心”。“以客户为中心”是华为的核心价值观，也是所有变革的立足点。对于华为来说，客户投诉率的上升就是一种重要的变革信号（田涛，2015）。并且变革也帮助华为在日常活动中推进“以客户为中心”，无论是研发、供应链、法务，还是IT体系，都需要“以客户为中心”。例如，经过客户关系管理和销售管理体系（L2C）变革，华为建立起相应的IT体系，追踪一线销售人员的每项活动，这样的举措能够使组织及时满足客户的需求，同时解决现金流回款问题。

总的来说，华为在变革过程中从来不把特定的变革项目视为一次性的项目。华为通过领导人意会的方式将变革的基因植入其组织文化之中，并将变革重视质量、“以客户为中心”的原则进行制度化。高管团队合理理解外部信息，并依据外部环境的改变不断调整自己的认知，通过不断地行动、不断地诠释环境形成战略选择和原则，而不是仅凭高层管理者的个人影响力和个人判断来决策（Weick, Sutcliffe & Obstfeld, 2005）。这种意会过程使员工能够像高管团队一样认同组织的核心价值观，巩固了“制度化变革”基因的形成。这样，从高管到一线员工，变革的初衷都能够始终如一。

2.3 高管团队的变革

高管团队不仅在企业的变革中发挥了重要作用，其自身结构也在不断调整演进。高管团队的变革不断地加强组织文化价值观的塑造；反过来，统一的文化价值观确保了组织的战略一致性，保证组织变革朝着正确的方向行进。

高管团队的结构变革可以大致划分为三个阶段。在华为成立初期，企业规模较小，领导权集中在企业唯一的总裁，即任正非的手上。

2003 年起，在美世咨询公司的帮助下，华为引进经营管理团队（EMT）系统，开始实施全新的集体战略决策体系。当时的经营管理团队共有 8 位高管成员，分别是孙亚芳、费敏、洪天峰、徐直军、徐文伟、胡厚崑、郭平和纪平。EMT 主席相当于公司的首席运营官，由 EMT 成员轮流担当，每人任期 6 个月。同时，总裁任正非以及董事长孙亚芳参与企业的重大决策。经营管理团队的轮岗持续了 8 年，EMT 成员在不断的碰撞和调整中得以成长，管理系统也日臻成熟。

2011 年，华为进入高管团队结构变革的第三阶段，选举产生 13 位董事会成员。郭平、胡厚崑和徐直军轮流担任公司的首席执行官，每人的轮值期为 6 个月。自此，华为正式实行轮值 CEO 制度，3 位高管轮流担任 CEO，下设 4 个委员会支持轮值 CEO 的工作。

华为的领导体系变革首先打破了单一 CEO 权力集中的现状，从而避免个体领导者的思维惯性以及理性决策的局限性。然后，通过逐渐重新建立管理体系，拓展知识搜索和信息获取的渠道，不断调整企业内部结构以适应企业规模的扩大、战略调整以及环境的变化。最后，华为将适度集权的新组织结构制度化，在确保战略弹性的同时坚持战略一致性。最为重要的是，华为具有强大的团队精神文化以及统一的战略愿景，所以，无论是谁来领导，高管团队都能合理分配资源，实行重点战略，造就企业的长期稳定与繁荣。

2.3.1 领导力结构的适度分权

> 我后来明白，一个人不管如何努力，永远也赶不上时代的步伐，更何况在知识爆炸的时代。只有组织起数十人、数百人、数千人一同奋斗，你站在这上面，才摸得到时代的脚。
>
> 任正非，《一江春水向东流》，2012

华为的领导结构变革也同样遵循“去制度化、重新构建、再制度化”的程序，在不同的发展阶段逐渐调整领导结构，以配合当时的战略目标。任正非认为，“过去的传统是授权予一个人，因此公司命运就系在这一个人身上……非常多的历史证明了这是有更大风险的”（任正非，2012）。华为的领导权最初也是集中在单一总裁手中，后来随着组织扩大和战略调整，领导权不断被下放到经营管理团队，再到由轮值 CEO 制度所代表的集体决策体系。任正非将领导组织形容为一种“基于人性和基于时空变化的对无序的警惕与变革”，华为的领导结构也随着环境、组织和战略的变化不断调整。

表 2-2 华为领导结构变革的三个阶段

领导者	单一领袖任正非	单一领袖任正非	经营管理团队	轮值 CEO
年份	1998 年以前	1998—2003 年	2003—2011 年	2011 年至今
员工数（名）	8 100（1998 年）	22 000（2003 年）	140 000（2011 年）	180 000（2016 年）
年收入（亿元）	89（1998 年）	317（2003 年）	2 039（2011 年）	521 574（2016 年）
主要市场	国内城市市场	海外市场：新兴国家市场	海外市场：发达国家市场	海外市场：发达国家市场
解决的问题	统一整个公司的价值观和目标；迅速满足客户需求	统一整个公司的价值观和目标；迅速满足客户需求	迅速满足客户需求；分权与平衡；解决法律纠纷	迅速满足客户需求；培养下一代领导者；解决现金流问题
战略	低成本、大规模；单一产品线的研发生产	低成本、大规模；单一产品线的研发生产	垂直整合，多元化，国际化	“云—管—端”协同
结构	直线结构（刘祖轲，2013）	二维结构（《华为公司基本法》，1998）	矩阵结构（华为年报，2009、2011、2013）	
决策机制	5 大系统直接向总部汇报	事业公司；地区公司	3 个常务委员会；业务单元和功能单元	4 个常务委员会；3 大事业群
权力集中度	个体集权	个体集权	集体集权	适度分权

单一领袖。在第一阶段，华为规模较小，专注于核心产品开发，即面向运营商的通信设备。组织的发展目标是通过不断降低成本、扩大生产规模从而与市场领军者展开竞争。从 1988 年到 2003 年，华为采取直线型的管理方式，领导权集中于单一领袖，也就是任正非手

中。作为企业创始人，任正非亲自领导华为的综合办公室。综合办公室下面设立 5 大系统，包括中研体系、市场部、制造系统、财经系统以及行政管理系统（刘祖轲，2013）。各系统的主管在其领导的部门内拥有绝对职权，向上直接与任正非进行沟通汇报；而各部门员工也只需向其所属部门的上级报告。直线型组织结构使华为能够迅速、直接、高效地贯彻战略安排。在发展早期，这种管理架构帮助华为避免了组织失控，使其得以成功生存，并在中国通信市场上取得相当大的市场份额。

此后，华为迅速发展壮大，年收入和企业规模直线上升。1992 年，华为员工不足 100 人，年销售额约 1 亿元；而到 1998 年年底，华为拥有 8 100 名员工，销售额达 89 亿元，几乎是前一年的两倍。随着企业规模的极速扩大，直线结构的弊端也日益凸现：第一，当最高领导者缺席时，公司没有人能够代替他的职务，部门间的交流也不够顺畅；第二，企业规模的扩大带来了如何统一思想、如何增强员工组织认同感的难题；第三，激励问题、控制问题、价值追求以及使命问题等不断涌现。

当时的高管团队认为，华为需要起草《华为公司基本法》来统一整个组织的思想，接着建立新的分工体系，从而在直线系统和矩阵系统之间寻求一种平衡（任正非，1997）。《华为公司基本法》清晰地阐述了这个体系的概念，其基本结构是一种二维结构：按战略性事业划分的事业部和按地区划分的地区公司（《华为公司基本法》，1998）。华为相信这个二维结构在当时能够创造更多新的增长点，调动每一个华为人的工作热情，并对顾客需求做出快速反应。然而，这种“事业部”的形式却从未真正实现，因为任正非本人对“事业部”这样一种组织结构抱有谨慎态度。他认为，“如果对事业部失去控制就失去了建立事业部的目的……没有控制有效，就没有必要分权”（刘祖轲，2013）。所以，当华为建立总公司综合资源平台时，任正非依然是华为唯一的总裁。

经营管理团队。2002 年前后，华为内外矛盾交集，任正非承担着巨大的压力和负担。当时，华为有意识地没有进入小灵通技术市场，一个短期的结果是在中国的市场份额急剧缩减。雪上加霜的是，任正非此时被诊断为抑郁症。回想起这段时光，任正非说“有半年时间都是噩梦，梦醒时常常哭”（任正非，2011）。

幸运的是，华为在国际市场的长期耕耘此时终于开始有所收获。2003 年华为在国际市场的收入几乎是前一年的两倍，达到 10.05 亿美元，单在独联体和俄罗斯片区的销售收入就超过 3 亿美元。2003 年年底，英国电信对华为开展正式的供应商认证，并于 2004 年将华为加入其首选供应商名单中，这为华为拓展欧洲市场奠定了坚实的基础。随着组织国际化速度加快，华为也在寻求内部组织结构与国际化战略的匹配。从 2003 年起，华为与美世咨询公司合作，重建组织结构和领导结构体系。2003—2011 年，华为建立起集体决策的经营管理团队，代替了之前的单一 CEO 领导体系。经营管理团队在董事会的指导下做出战略决策。董事会负责监管组织总体运行，包括设定战略方向和目标，审批财务决策以及任命高级管理人员等。经营团队下设三个委员会，对整个公司的业务运作进行指导。战略与客户常务委员会负责制定公司的发展战略，更为务虚。变革指导委员会服务公司的业务变革。产品投资评审委员会为企业的产品投资以及研发过程提供决策支持。经营管理团队由 8 名成员组成，皆为原市场部、研发部、人力资源部等业务部门领导，其中 7 人轮流担任经营管理团队主席；纪平担任公司的首席财务官，不参与轮岗。

经营管理团队的主席实际担任公司首席运营官的职务，轮值任期为 6 个月。这种形式的轮岗帮助高管团队更加熟悉企业各方面的业务工作，也避免了高管团队内部再形成小团体。

经营管理团队以下，组织采取矩阵结构，由战略与市场、研发、业务单元组织（BU）、市场单元组织（MU）、交付支撑平台和支撑性功能组织（FU）组成（见图 2–2）。矩阵结构适当分权，使经营管理团队与业务部门之间的联系更为紧密。需要指出的是，华为所建立的事业部（业务组织）与实际的事业部制组织有所不同，华为并没有赋予事业部自治权，“事业部”依赖于企业的集中化平台。集中化平台从公司层面为不同业务部门提供统一的资源支持，包括财经、人力资源、IT 支持以及研发支持。

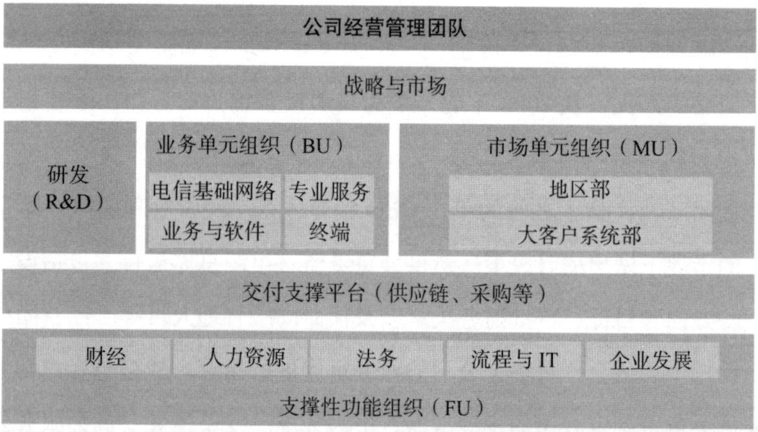

图 2–2　2009 年华为的矩阵式组织结构

来源：华为 2009 年年报

随着组织规模的进一步扩大，集中化平台与一线员工之间的距离越来越大，对沟通过程的控制带来了许多问题。面对市场的迅速扩大，一线员工需要在短时间内抓住市场机会；然而，一线员工逐级反馈回总公司和支撑平台有可能因为耗时过长而贻误战机。一线员工需要在动荡的环境中更多地自主做出决策和快速反应，才能及时响应并满足客户的需求。最初的想法是简化公司层级，提高资源配置的效率，方便一线员工与支撑部门之间的沟通。然而，经营管理团队内部讨论时在这个问题上没有达成一致，最终他们认为，简单地简化公司的指挥链并不能解决实际问题——将管理者和员工都推向一线，提高了业务部门的运行成本，但不一定有预期成效。这时，一封来自华为北非分部的报告启发了任正非和经营管理团队。2007年，华为北非地区的苏丹办事处建立了一个特别的"铁三角式"工作组，由客户经理、解决方案专家、交付专家组成。"铁三角"打破职能壁垒，形成以项目为中心的团队运作模式（任正非，2009），有效地做厚了客户界面，提升了客户的服务响应，能更为高效地解决客户的实际问题。华为的高管团队就此工作组形式进行了讨论，认为在公司各领域都可以利用以项目为中心的团队运行模式。具体而言，在此模式下，把决策权根据授权规则授予一线团队，在必要时组建工作组；后方起保障支持作用。这样，业务部门在业务和决策上具有一定的自治权，能够自行进行投资和变革项目，从而精简不必要的程序以及不必要的人员。

实行轮值CEO制度。经营管理团队体系日臻成熟，华为进入领导结构变革的第三阶段。2011年，华为建成新董事会，正式实施轮值CEO制度，由郭平、胡厚崑和徐直军轮流担任企业CEO，每人任期为6个月。集团的经营管理团队演变为董事会的执行机关——常务委员会。董事会下设4个委员会：人力资源委员会、财经委员会、战略与发展委员会以及审计委员会。

在业务管理架构上，公司设立三个面向客户群的业务BG（集团组织），包括运营商BG、企业BG和消费者BG。集团经营管理团队的工作下放至各BG，所以各BG分别设立业务层的经营管理团队。三个BG的总裁既是董事会成员，又是BG层经营管理团队主席，他们扮演着双重角色，成为董事会常务委员会与一线业务集团之间沟通的桥梁，确保各BG与企业整体的战略统一（见图2–3）。同时，决策权进一步下放至各BG，各BG自行设立投资评审委员会和项目管理办公室，负责产品投资决策以及在管辖范围内的变革管理。同样，

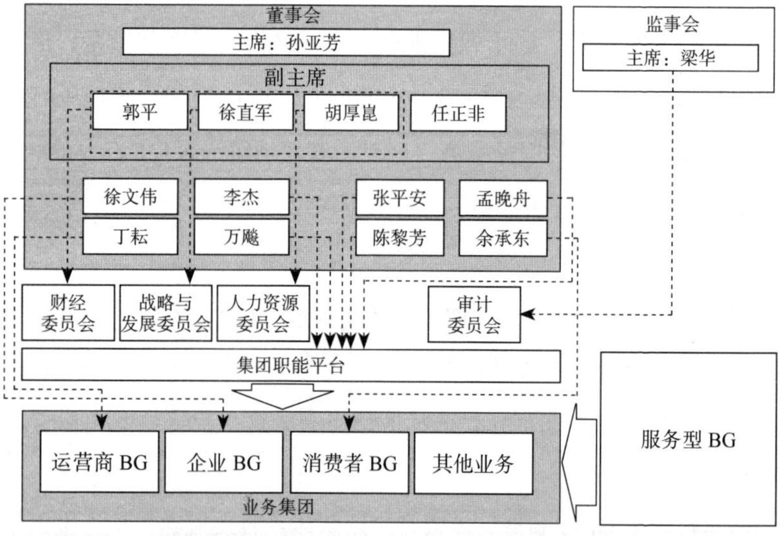

图2–3 2011年常务委员会成员的双重身份示意图

来源：整理自华为2011年年报

各 BG 的运营非常依赖于公司提供的资源与支持，集团层功能平台和服务部门为业务部门提供相应支持。如此一来，公司高管团队的领导权与各 BG 的自治权力更为平衡。

2014 年，华为进一步明确集团职能平台职责，将其完全转化为聚焦业务的支撑，为一线团队提供资源与协助；通过战略导向性举措和监管，避免权力滥用。例如，业务过程与 IT 团队（BP&IT）属于集团职能部门，它代表战略发展委员会，从纵向上确保变革战略的启动与实施，将变革的愿景和具体程序下发至不同的 BG；而一线业务 BG 具有更大的自主权，从日常支撑性工作中解脱，在需要时横向寻求职能部门的帮助。

从下到上，业务部门能够自行做出决策，可以迅速践行“以客户为中心”的基本原则；从后方到前方，华为的职能部门为前方业务部门提供支撑服务；自上而下，华为依赖于战略一致性和必要的监管，避免滥用权力，确保一线业务团队的行动符合企业的战略方向。如此一来，权力体系得以重新构建，在分权的同时将权力合理分配到适当的地方。最终建成权力平衡、符合公司核心价值观的新制度化管理体系。

2.3.2 不同高层管理者之间的战略一致性

> 践行价值观一定要有一群带头人。
>
> 任正非，《用乌龟精神，追上龙飞船》，2013

1996 年，任正非访问了迪拜，他非常惊讶于迪拜的发展速度。他发现，迪拜非常重视文化建设，它鼓励年轻人到欧美国家接受教育，然后回国，从而提高整个社会的文化素质水平；同时，它建立一系列先进的制度和发展规划，吸引各国投资。华为与迪拜的处境有相似之处：华为在起步阶段并不是以资源取胜，而是凭自己精心构建的文化体系蓬勃发展。在访问迪拜时，任正非提出建设华为核心价值观的想法，因为他认为“资源是会枯竭的，唯有文化才会生生不息”。同年，《华为公司基本法》起草，并将“以客户为中心”作为华为的核心价值观之一。经过了多年的发展和变革，华为的核心价值观始终如一，并且成为华为长期发展的坚实支柱。

企业文化价值观的传承者是企业一代又一代的领导者。对比单一CEO体系，集体决策体系以及轮值CEO制度能够更好地保持企业的发展势头。不同的领导者轮流带队，既可以避免个体领导者缺乏远见的缺点，避免企业偏离战略方向，更能够帮助企业培养具有相同文化价值观的下一代领导者。

任正非之后，2003年建立的经营管理团队成为任正非的第一代接班人。经营管理团队成员都具有相关专业背景和丰富的业务经验，都曾经在一线业务部门工作，能够“听得到炮火”（华为部分高管履历见本章附录）。在专业背景以外，经营管理团队成员也是华为员工持股计划的受益人。成为企业股东可以最大程度地统一个人利益和公司利益，从而进一步激励领导者，确保每一个领导者都具有在变革中克服企业惯性、提高战略灵活度的决心。2011年，3位轮值CEO——郭平、徐直军和胡厚崑，肩负起领导者的使命和责任，在业务能力之外，他们也是华为企业文化的传承者。例如，2013年，华为的消费者BG业务取得相当大的进步，而徐直军却深刻地警醒消费者BG需要保持清醒、“提前降温”，时刻体现华为的危机意识和自我批判精神。

轮值 CEO 制度使高管团队更具有动力带领企业向前进步。但是，华为如何在 CEO 不断变化的情况下保持一致的文化价值观呢？答案就是，华为通过建立组织例行制度践行其文化价值观，“以客户为中心”已成为华为各项举措的制度纲领。例如，在培养和选拔干部时，华为就确保候选干部能够充分了解华为的正确发展方向。另一个例子是，为了帮助经营管理团队实现“为客户提供最好的服务”的目标，2003 年起华为建立战略与客户常务委员会。战略与客户常务委员会协助经营管理团队制订战略规划、确保整个企业的战略执行都符合客户需求。后来，该委员会演变为战略与发展委员会，依然是公司的常设委员会之一，确保着企业发展的正确方向。另外，在变革之初，华为就清晰地界定了变革的目的就是设计和建立以客户为中心的新体系，变革举措的每一步都体现着华为“以客户为中心”的文化价值观。

华为并不是唯一在高管团队中实施轮值制度的企业。阿里巴巴、联想等都将高管的选拔视为培养下一任领导者的重要措施。阿里巴巴从 2010 年起实施合伙人制度，合伙人制度的运作形式与华为的轮值 CEO 完全不同，但是能够使高管在权力和层级以外进行协作（阿里巴巴，2016）。除了在工作中表现出色之外，合伙人还需要高度认同阿里巴巴的文化与价值观，他们既是公司的运营者、业务的建设者、文化的传承者，同时又是公司股东。所以，阿里巴巴选拔出的合伙人不但能够坚持企业本身的核心价值观和长期利益，并且能够为员工和股东创造长期利益。合伙人制度更像是一种内在动力机制，而不是权力机关（鲁桐、党印，2015）。轮岗在董事会层面进行，而合伙人机制能够代表董事会行使职权，从而依据阿里巴巴的战略构建内部生态系统。

而在华为，轮值 CEO 制度是一种具有集中化平台的分布式决策体系，轮值 CEO 制度在保持华为发展动力的同时，传承组织的核心价值观。轮值仅在 CEO 的岗位上进行，CEO 代表着华为总体的发展方向以及统一的、高度集中的职能支撑平台；而一线业务经理在管辖范围内具有自治权，他们的双重身份也能够使集中战略和分布式决策达成一致。无论是阿里巴巴的合伙人制度，还是华为的轮值 CEO 制度，都通过选拔适当的下一任领导者实现战略的一致性。当核心价值观一致时，组织变革就不会轻易偏离大方向，企业的战略方向也不会因为管理团队的变化而随意改变。

2.4 小结

华为随着自身发展不断进行的持续性组织变革，可以概括为一种“去制度化、重新构建、再制度化”的循环往复的过程。尤其需要指出的是，在持续变革中，华为在寻求变化中也在坚持塑造一些从未改变的东西，例如企业变革的文化基因。华为的管理哲学是在持续变革和坚持战略一致性之间不断地寻求平衡，而华为的高管团队在变与不变的协同中发挥着关键作用。华为的领导人是变革的发起者、执行者，同时也是变革基因的奠定者。与此同时，公司的领导结构也随着华为发展的历程不断进行调整，反过来促进了华为变革的成功。

华为的组织变革历程表明，强有力的领导者积极参与变革能够有效地推动变革顺利实施和变革目标的实现。在变革发起阶段，最高领导人和高管团队需要具备在外部冲击到来之前就能够感知变革必要性的能力，领导者需要能够在混沌中发现变革的“清晰的方向”（任正非，2010）。所以，领导者不能仅仅被动地适应环境变化，还要具有前瞻性地发起变革、坚定变革的决心，实现变革过程中的“去制度化”。

在变革的执行阶段，高管团队需做出表率，带领下属拥抱变革所带来的变化。企业需要建立支撑性制度体系来辅助变革的执行，从而淘汰旧思维、形成新的组织惯例，并最终将变革落地于新的日常管理体系之中。在帮助企业对抗组织惯性的同时，随着环境变化和技术进步不断进行重建。这样，企业才能为变革提供相应的关注、投入以及必要资源，同时增强变革的可操作性。

更为重要的是，变革的成功需要整个组织的集体努力。领导者需要将其愿景和战略传达至整个公司，并将制度化变革基因嵌入组织的核心文化之中，而组织的核心文化价值观无疑是坚定群体信念的重要支撑力量，更是激励企业坚持不断变革的重要源泉。

反过来，领导结构自身的变革也是组织变革成功的重要因素，对于那些跨越漫长时间的持续的变革过程尤其如此。领导结构能够为每一项变革提供强有力的管理支持、配套的制度化机制，并且培养变革文化。对华为而言，就是随着组织规模的不断扩大，领导力结构从单一领袖变化为适度分权的集体决策体系。在发展中，总部为业务部门提供高度集中的职能平台，可以共享的支撑性资源；而一线业务团队具有一定的权力，从而迅速对客户需求和市场机会做出反应。这说明，随着环境的变化和公司战略的变化，企业需要不断在决策体系的集权和分权之间寻找恰当的平衡点。

具有一致文化价值观的历任高层管理者能够为企业发展带来巨大动力，亦能保持企业发展的正确方向。在选拔不同的高管和轮值CEO时，华为从未停止寻求价值观的一致性。实际上，对于企业来说，最重要的不是谁在带领队伍，而是要有正确的方向和目标，因此，企业需要培养具有宏伟愿景和长久使命感的领导者来指导变革活动。变革需要强有力的动力以及坚定不移的长期方向，并值得每一位员工为此奋斗。这种动力与方向深植于企业的文化价值观之中，而价值观作为企业最重要的基因，将为企业长期的成功埋下蕴含强大生命力的种子。

附录　华为部分高管履历[①]

姓名	学历背景	加入华为的年份	历任职务	经营管理团队（EMT）任期	现任职务（2017）
孙亚芳（女）	成都电子科技大学，学士	1989	市场部工程师，培训中心主任，采购部主任，武汉办事处主任，市场部总裁，人力资源委员会主任，变革管理委员会主任，战略与客户委员会主任，华为大学校长	2004—2011	董事长
郭　平	华中理工大学，硕士	1988	产品开发部项目经理，供应链总经理，总裁办主任，首席法务官，流程与 IT 管理部总裁，企业发展部总裁，华为终端公司董事长兼总裁	2004 年至今	副董事长、轮值 CEO（自 2011 年起）、财经委员会主任
徐直军	南京理工大学，博士	1993	无线产品线总裁，战略与市场总裁，产品与解决方案总裁，产品投资评审委员会主任	2004 年至今	副董事长、轮值 CEO（自 2011 年起）、战略及发展变革委员会主任

① 本部分内容根据华为官方网站公开的管理层信息整理而成，整理时间为 2017 年 5 月 2 日。——编者注

（续表）

姓名	学历背景	加入华为的年份	历任职务	经营管理团队（EMT）任期	现任职务（2017）
胡厚崑	华中理工大学，学士	1990	中国市场部总裁，拉美地区部总裁，全球销售部总裁，销售与服务总裁，战略与市场总裁，全球网络安全与用户隐私保护委员会主席，美国华为董事长	2004年至今	副董事长、轮值CEO（自2011年起）、人力资源委员会主任
徐文伟	东南大学，硕士	1991	国际产品行销及营销总裁，欧洲片区总裁，战略与市场总裁，销售与服务总裁，片区联席会议总裁，企业业务BG CEO	2004年至今	常务董事、战略与市场体系总裁
李　杰	西安交通大学，硕士	1992	地区部总裁，全球技术服务部总裁	2011年至今	常务董事、片区联席会议总裁、人力资源管理部总裁
丁　耘	东南大学，硕士	1996	产品线总裁，全球解决方案销售部总裁，全球Marketing总裁，产品与解决方案总裁	2011年至今	常务董事、运营商BG总裁
孟晚舟（女）	华中理工大学，硕士	1993	国际会计部总监，华为香港公司首席财务官，账务管理部总裁	2011年至今	常务董事、首席财务官（CFO）

第三章

华为的集成产品开发变革[①]

① 本章内容由张紫涵、约翰·彼得·穆尔曼共同完成。

3.1 IPD变革的意义

华为的管理者们普遍认可IPD（集成产品开发）变革是华为变革历史上的里程碑。IPD变革项目始于1999年，是华为第一个有固定预算的变革项目（李亦概，2015）。早在1992年，IBM公司一直苦于无法提升其产品研发的效率，后来逐渐摸索出了一套被称为“IPD变革”的管理系统解决了这个问题——实施IPD变革之后的IBM研发成本有了显著的降低，而研发周期也有了明显的缩短（王军，2007）。对很多面临同样困境的企业来说，直接模仿像IBM这样的世界级企业的成功管理模式来突破自己的困境似乎是一个直接且高效的途径。然而，在现实中真正靠模仿取得成功的公司少之又少。

在华为的早期发展阶段，其快速增长主要依赖于中国电信产业的蓬勃发展，而当时公司的主要产品都是专攻中国市场（吴春波，2014）。当时华为的销售额增长迅猛，但公司的效率却始终无法得到进一步提升，从 1997 年到 1999 年，华为的毛利率从 45% 下降到了 39%，并且和思科等竞争对手相比，华为的产品开发周期更长且产品的市场成功率更低（刘劲松、胡必刚，2015）。当时华为之所以和其他领先公司存在差距主要可以归结为以下几点原因。

一是技术开发与产品开发之间的不平衡。华为在 IPD 变革前并没有公司层面的正式书面研发计划，也没有成形的技术管理系统（刘红革，2015）。这意味着很多产品开发项目开始前的准备工作不充分，相应的技术准备和资源准备没有经过正式评估，而这会导致大多数项目在开展过程中遇到一些所谓的“技术难关”，华为早期几乎所有的技术开发活动都是在这种情况下完成的。由于技术开发活动的周期一般来说相对比较长且不可预测，而产品开发的周期又都取决于这些“技术难关”被攻克的时间点，因此华为早期的产品开发周期非常不可控。那些可以在短时间内突破“技术难关”的员工在华为被称为“救火英雄”，他们对于研发部门来说意义重大。总体而言，华为这个阶段的研发系统一般都依赖研发人员的随机应变和一批“救火英雄”的个人能力。

另外，华为那时急速扩张的市场份额离不开其具有竞争力的市场部门所做出的努力，然而当时的市场部和研发团队之间并没有紧密的联系和沟通。市场部在给公司带来大额订单的同时，也给研发团队带来了很大的压力。迫于紧张的交货期，很多新的技术在开发出来之后根本没有进行大量的测试就被直接应用于产品（李亦慨，2016）。很多技术缺陷都需要通过完善的测试才能发现，但在时间有限的情况下，有些技术难关看似已经被攻克，但是这些新开发的技术往往并不是那么完善，在产品的运行过程中，这些问题会逐渐暴露出来，这也是华为在这一发展阶段中产品故障率居高不下的原因之一。

二是缺乏指导产品开发的标准流程。另一个造成华为和其他竞争者之间差距的原因是，华为早期在产品开发的过程和决策中缺乏标准化的工作流程和工作模板。在 IPD 变革之前，华为并没有形成公司层面正式的年度战略规划和商业计划，也没有一个固定的流程来决策是否投资一项产品开发项目。当时，研发部门的工作往往是由市场部驱动的，有的市场人员为了取得订单，会无限制地答应客户提出的需求。这些需求最终都需要研发部门来实现，而在研发资源有限的情况下，很多市场部门的人员就会直接向研发人员施压，让研发部门优先完成他们的订单，到最后产品开发的决策就陷入了“会哭的孩子有糖吃”的状况。产品开发的决策更多地被产品订单背后的市场部员工的“个人能力”影响，项目的优先级别取决于推动它的人的地位和权力，而缺乏真正科学的决策方法来支撑，这就为产品开发带来了诸多问题。首先，这使得公司宏观层面的产品组合和各产品线缺乏统筹性和计划性。其次，这种决策方式中，仅仅对于那些“个人能力”较强的市场部员工来说研发是高效且可以做出迅速响应的，对于绝大多数的员工来说，很多项目可能在同时受到了不利的影响，造成交货延迟或者产品质量低的问题（刘红革，2015）。而售后服务也面临着更大的压力，因为几乎每个项目都需要一个专门的客户服务人员来处理质量问题。

三是客户需求和开发效率之间的矛盾。华为一直非常强调“以客户为中心”，在其发展的早期阶段，它已经成了华为的核心价值观（黄伟文，2016）。华为的员工一直努力满足客户的所有需求，这样务实的形象和声誉在公司发展初期帮助华为打开了很多新的市场，获得了很多新的客户（吴春波，2014）。然而，随着华为客户数量的增长，这种对于客户需求近乎完美地满足给研发部门带来了沉重的负担。在未开展 IPD 变革之前，华为并没有一套有效的方法来管理客户需求和产品系列，其间，华为给不同的客户提供的产品看起来彼此相似，但都会略有不同（张利华，2009）。并且当时的产品版本号看上去非常复杂且无序，有时连研发部门的员工也会混淆。

这个现象背后的原因就是，在没有有效的产品管理方案的情况下，一家企业非常难在用户需求的满足和产品开发的效率之间保持平衡。高度追求“以客户为中心”就意味着华为需要为客户提供定制化的解决方案，而这在管理不足时就会导致低效的研发活动。相反，如果华为通过提供通用的解决方案来提高研发的效率，那么它就必然要无视一部分用户的需求。不过这样的矛盾在华为的早期发展阶段并不突出，因为当时华为的客户数量很少，研发部门还可以努力实现对这些客户个性化需求的最大限度满足。然而当客户数量迅速扩大时，极低效率的研发环节限制了公司的快速发展。此时，华为意识到，处理好客户需求和产品开发效率这两件看似不可兼得的事情之间的矛盾，才可以解决制约公司发展的产品开发问题。

总而言之，当公司规模尚小时，华为从前的产品开发方案可能能带来更好的用户友好度和更快的响应速度，而且事实证明，这样的产品开发确实帮助华为在发展早期建立起了良好的口碑和竞争优势。然而随着公司规模的扩大和产品开发规模的扩张，这一套产品开发方案的缺点也就逐渐暴露出来。华为过去的开发体系就像没有红绿灯的十字路口，在通行量较少的时候，似乎显得高效和便捷，然而当车流量增加时，就无法避免混乱和拥堵。尤其是 1997 年的华为，面临着这种日益增加的混乱，产品版本号已经超过了 1 000 个，显然当时华为的产品研发和产品管理已经陷入了低效的陷阱（刘红革，2015）。

华为的 CEO 任正非认为，在没有改革管理体系的情况下，进一步扩大公司规模是十分危险的。因此当华为的规模急速扩张时，管理变革迫在眉睫。1997 年，任正非与华为当时的高层管理团队一起前往美国，拜访了很多世界级的企业，包括微软和 IBM，旨在寻求突破这一发展瓶颈的方法（田涛、吴春波，2012）。其中 IBM 的故事让任正非印象尤为深刻，IBM 在 1992 年前后也曾遇到类似的低效率问题，而 IBM 最终花费了 80 亿美元通过实施 IPD 变革解决了这一问题。任正非在《我们向美国人民学习什么》一文中提到他对于 IBM 的拜访，他指出 IBM 变革的经验可能会帮助华为在其产品开发部门的变革中少走弯路，并且相比 1992 年的 IBM 来说，尽管华为当时的规模尚小，但面对的问题不小，也正是当年差点倾覆 IBM 这艘大船的管理难题。IBM 也为解决问题付出了高昂的代价。因此华为的变革虽然会面临重重困难，但仍然是紧迫而且必要的（任正非，2003）。

华为很快邀请了 IBM 公司为自己提供管理咨询服务。IBM 向华为提交了一份公司信息技术战略和规划（Information Technology Strategy and Plan, IT S&P），在这一份文件里包含多个信息技术项目和业务流程重组项目的计划，其中就包括集成产品开发（Integrated Product Development, IPD）、集成供应链（Integrated Supply Chain, ISC）、集成财经服务（Integrated Finance Service, IFS）等华为在之后时间里逐渐开展的变革。而当时华为选择了 IPD 作为其第一个变革项目，并赋予了这项变革整个公司范围内极高的优先级。今天回过头来看，IPD 变革项目的成功对于华为来说意义尤为重大。首先，IPD

是华为向世界级公司转变的系列变革的开端，如果 IPD 变革失败，那么华为很有可能放弃执行 IBM 提供的 IT S&P 方案，也就不会再有后续的持续变革项目。其次，IPD 变革本身帮助华为建立起了极具扩展性的管理体系，而这恰恰是华为能够发展壮大成长为世界级企业的重要基础之一。即使单从产品开发活动方面，IPD 变革也给华为带来了非常深刻的变化，这主要表现在以下一些方面。

一是建立了跨部门研发团队。在 IPD 变革之前，不同部门负责和管理产品开发的不同阶段，不同的阶段在时间上前后串联，就可能造成一些工作重复。例如，制造部会在产品投入制造时发现产品设计上的缺陷，再要求研发部门进行重新设计，这样中间的流程就需要再走一遍。而在 IPD 系统中，华为将串行的流程变为并行的流程，每一个部门都需要派出代表来加入一个跨部门研发团队参与整个产品开发周期。在这样的机制下，就连安装部门的人员都可以参与最初的产品设计，他们甚至可以提出改变螺丝的位置以便提高产品安装效率的建议。这样并行的开发流程减少了之前提到的重复工作的问题，可以一次将产品设计做好，这也能缩短产品开发的时间并且减少不必要的资源浪费，让产品开发周期更加可控，而项目团队也因此能够更好地按时交付项目。

二是将工作流程和模板进行标准化。跨部门团队的建立使得更多部门参与产品开发的过程，而这个团队中参与人员的异质性较传统的研发团队也更高。这样一支跨部门团队在一般情况下将面临更高的协调成本和管理难度。而为了避免这类潜在问题，让多个参与者之间的沟通和合作更加有效率，IPD 系统提供了一套标准化的工作流程和模板（王军，2007；刘劲松、胡必刚，2015）。华为使用这一套成体系的工作流程和模板来培训其员工，使得即使是没有丰富经验的员工也可以在经过培训之后参与产品开发流程。

IPD 流程中要求每一个产品开发项目在立项之初就提交一份对这个项目的资源和技术需求的评估报告，而为了能符合这一流程，就必须在产品开发项目立项之前完成该项目所需的技术开发（孙业林，2016）。在这一要求的驱动之下，华为开始了技术开发与产品开发的分离，开始建立起真正意义上的技术管理体系；相应地，华为也明确了公司的技术发展方向以指导相关的技术开发活动。在 IPD 变革之后，华为开始在公司层和部门层制订长期（3~5 年）和短期（1 年内）的战略规划及商业计划，其中战略规划就包含了技术发展方向这一内容。此后，华为的研发部门真正开始预研活动，着手投资开发符合行业发展的未来关键技术。随着公司规模的增长，华为在预研活动上的花费日益增长（可参见第 8 章研发变革内容）。将技术研发活动从产品研发活动中独立出来，可以保证每一项用于新产品的技术都经过验证和测试，并具有较高的稳定性，这帮助华为大大降低了产品的故障率。此外，华为的预研系统也为公司带来了许多技术和专利等无形资产，大大提升了华为在行业内的竞争力，也使得华为从一个技术跟随者到一个领导者的转型成为可能。

三是建立起基于市场绩效的评价体系。IPD 变革对于华为另一个比较重大的影响是其对公司内部评价体系的改变。IPD 有一个基本的思想：研发是一种投资，而不是单纯的开销。根据这一思想，产品开发人员的绩效也应该根据产品的市场效益来评价。与传统的考核评价体系不同，IPD 系统中对员工的评估工作不仅仅看单个阶段的绩效，而且和其参与开发的产品的最终市场绩效（比如财务绩效）相关。这就意味着每一个职能部门都需要对于产品的最终效益负责。在这样的评价体系内，每一个单独的研发项目都有独立的审计和核算；而华为也以 IPD 变革为一个契机，改革了财务系统，将各种成本都折算到各个开发项目中去（周俊宏，2012），以便能更准确地识别驱动公司财务绩效的具体项目。

四是重新定义“以客户为中心”。尽管在华为成立初期，以客户为中心就已经作为其核心价值观被提出（黄伟文，2016；华为，1998），但事实上，早期华为内部不同部门的员工对这一核心价值观的理解和实践并不统一。对于研发部门的员工来说，“以客户为中心”仅仅是一句口号而已，他们实际上依旧是技术驱动而非市场导向（李亦概，2016）。他们追求将更加先进的技术应用于产品，而并不关心产品最终的财务结果（比如利润）。而对于市场部门的员工来说，“以客户为中心”意味着他们要和研发部门的人员尽力斡旋，使得客户提出的要求能更快速地、尽可能地被全部满足。

而 IPD 变革之后，产品的市场效益纳入员工的考核指标，研发部门逐渐从技术导向转向了市场导向。而由于 IPD 流程的确立，市场部门不再盲目地将未经分析的客户需求一股脑儿地提交到产品开发部门。在一定程度上，IPD 变革之后，华为公司内部对于“以客户为中心”的理解和实践更加趋于统一了。

由此，IPD 变革成为华为成长为世界级企业的重要转折点。如今 IPD 系统已经在华为实施了 10 多年，其间，华为的营业额从 10 亿美元增长到了 751 亿美元（2016 年）；员工数量也增加了 10 倍以上。在产品开发方面，产品开发周期不断缩短，产品故障率不断下降，客户满意度逐年提升（刘劲松、胡必刚，2015）。此外，IPD 这一套与

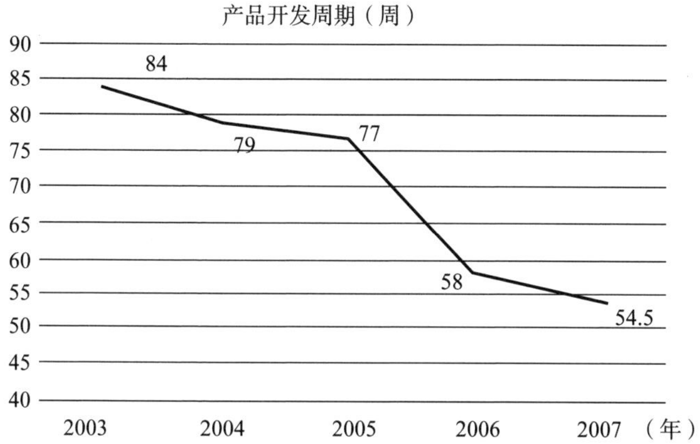

图 3-1　2003—2007 年华为产品开发周期

来源：欧阳剑鸿，2015

图 3-2　2001—2006 年华为产品故障率

来源：刘劲松、胡必刚，2015

世界级企业接轨的管理方案也成为华为取信于客户和合作伙伴的重要手段，很多不了解华为的企业见到它完善的 IPD 系统之后都更加相信华为拥有一套领先的产品开发管理体系，能够确保其优秀的产品和服务质量。

3.2 IPD 系统的思想与构架

3.2.1 以客户为中心：开发什么?

《华为公司基本法》中提到华为存在的意义就是为客户提供服务，华为一直用"以客户为中心"这一价值观指导公司行动，在产品开发方面亦是如此。在 IPD 变革实施之前，华为缺乏管理客户需求的方法，并且一直把注意力放在客户提出的需求上而非分析客户潜在的或者未来的需求（刘劲松、胡必刚,2015）。这些行为看上去是符合"以客户为中心"要求的，但同时也导致了华为在早期开发了大量看上去不同但是实际上又非常相似的产品，并且研发部门将大量的时间和精力花费在用户紧急的需求上，而忽视了客户之间共性的需求以及未来的需求。

在 IPD 变革实施之后，华为员工对于"以客户为中心"的理解也逐渐发生了变化。IPD 变革强调产品开发过程应该由客户共性的需求和未来的需求驱动，并且符合市场未来的发展方向（孙科炎，2014）。IPD 变革项目中有专门的模板来指导需求的分级和识别（王军，2007），在 IPD 变革资料的指导下，华为需要每年对未来的需求进行分析，在每一年的上半年形成一份未来5年的战略规划；而在下半年，华为会将这一份战略规划扩展成一份公司未来一年内的商业计划，其中就包括下一年度的预算。而除了公司层面的商业计划，每个业务部门都将制订部门层面的商业计划，这些商业计划将指导华为下一年的职能决策和运营活动。

对于产品开发而言，商业计划和战略规划中最重要的部分就是产品路线图和技术路线图。产品路线图主要描述了企业产品和服务的长期方向和发展战略，而产品路线图会影响企业产品开发项目的立项和执行过程。同时，产品路线图也可以帮助企业使其合作者和客户相信华为提供的产品是符合市场规律的。而技术路线图主要是描述企业的技术路线，可以指导企业对于技术研发的投资。在华为的技术路线图中指明了行业发展未来的关键技术，指导了企业对于技术研发的投资并明确下一代产品的关键技术，通过对下一代技术的研发投入，华为能在技术范式交替时期取得先发优势，获得持续的竞争力。

因此，“以客户为中心”始终指导着华为的产品和技术研发，而其中客户的含义是客户共性和长远的需求而非未经甄别的客户意见。由于对客户共性和长期需求的追求，华为的产品和服务更加结构化且面向未来，同时也可以和公司的长期战略保持一致。

3.2.2 跨部门团队：谁来开发？

谁来做产品开发？这个问题对很多公司，包括IPD变革之前的华为来说都显而易见——研发部门来做产品开发：研发部门从市场部门接到用户需求，然后完成设计，再根据其他部门的建议进行返工，反复完善其设计，而产品最终的市场反应似乎也都和研发部门无关

（李亦概，2016）。但 IPD 的思想要求公司的大多数部门都要参与产品的研发工作，并且整个研发团队都要对产品最终的效益负责。

为了实施这一套 IPD 流程，华为建立起了跨部门团队。华为内部最高级别的跨部门团队是投资评审委员会（Investment Review Board, IRB），来自研发、采购、营销、供应链、制造、法律、财务和中研部等不同部门的 10 多人组成这一委员会。投资评审委员会的日常工作是决定是否投资某一项技术或者产品，也就是决定研发项目的立项问题。华为的投资评审委员会有效地控制着公司的产品开发和技术发展方向。

在华为，次于投资评审委员会的第二级跨部门团队是集成组合管理团队（Integrated Portfolio Management Team, IPMT）。集成组合管理团队由 6~7 人组成，每个成员都来自不同的职能部门。2003 年，当 IPD 变革开始在全公司范围内实施时，华为有 6 个集成组合管理团队（李亦概，2016）。每一个集成组合管理团队负责管理一个产品组合，相当于其他公司中的一个事业部。集成组合管理团队决定每一个项目是否立项，并向投资评审委员会汇报工作。集成组合管理团队的成员通常都是每个职能部门的主管，需要在团队中表达自己部门的意见。比如来自市场部门的成员需要先在市场部门内部收集市场部员工的需求。由于每个员工都希望自己的需求可以被优先满足，市场部门需要先在内部解决成员之间需求上的矛盾冲突，再由主管在集成组合管理团队会议上提出一个综合的提案。这种机制就解决了之前“会哭的孩子有糖吃”的局面，使得决策程序更加高效有序。

业务管理团队（Business Management Team, BMT）和产品开发团队（Product Development Team, PDT）则由大约 7 位来自不同职能

部门的员工组成。业务管理团队负责一个产品从开发到全生命周期的决策，而产品开发团队负责单一版本的产品开发。业务管理团队和产品开发团队都有独立的会计核算系统，参与其中的每个成员的绩效都和他们所负责产品的绩效紧密相关。

在技术开发方面，有相对应的集成技术管理团队（Integrated Technology Management Team, ITMT）、技术管理团队（Technology Management Team, TMT）和技术开发团队（Technology Development Team, TDT）。这些技术开发相关团队一般从技术发展和市场驱动两方面来识别未来产品开发所需的技术并确定开发方向。但与产品开发跨部门团队不同，这些团队的产出无法在短期内通过市场得到绩效，因此这些团队有不同的考核体系（李亦概，2016）。

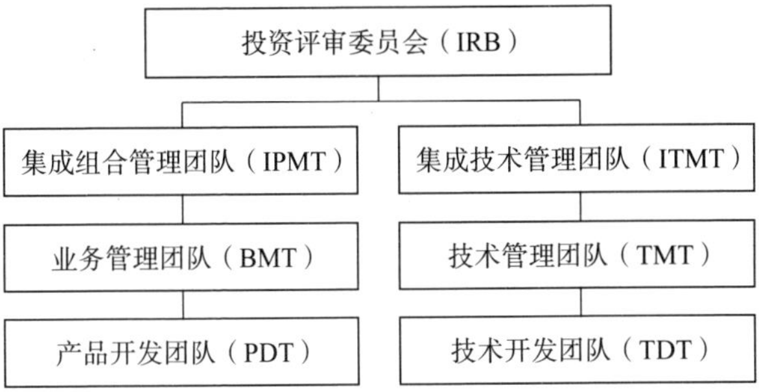

图 3–3　华为的跨部门团队架构

需要说明的是，以上仅仅描述了华为研发体系中比较有代表性的跨部门团队。实际上华为的研发体系中还有其他一些跨部门团队。IPD 的跨部门团队制度能保证每一个部门都参与到产品开发的整个流程，减少了不同部门之间反复沟通的成本。如果没有跨部门团队，研发部门在设计产品时可能会忽视一些问题和细节，而当这些问题被其他部门发现时，重新设计导致的产品开发周期拉长将无法避免。而有了跨部门团队，这一问题将在开发过程中就能被发现，从而确保产品设计一次完成。

3.2.3 流程和模板：怎么开发？

用什么来保证产品开发的效率？对于1997年的华为来说，产品开发的成功与效率和参与开发项目的员工有密切的关系。当时，华为非常重视产品开发人员是否有丰富的工作经验和随机应变的能力。但进行IPD变革之后，这种情况有所改变。IPD文档提供了一套规范的标准流程和工作模板，有了这一套流程和模板，即使是没有多少工作经验的员工也可以明白他们要如何才能完成自己的工作。这一套流程中描述了各种细节，包括应该准备什么材料进行技术审查、如何评价工作人员的工作汇报等。根据这一套流程，研发人员能清楚地知道自己要做什么，对什么工作负责，以及如果需要应该找谁帮忙。例如在产品开发过程中，产品开发团队必须通过分布于不同阶段的7个技术评审（Technology Review, TR）和5个决策检查点（Decision Checking Point, DCP）（刘劲松、胡必刚，2015）。而IPD为产品开发团队提供了一系列文档，清晰地说明了在每个技术评检和决策审查点中需要提交的文件和完成的流程。而监督人员也可以通过特定的标准来评判产品开发团队提交的材料，进而对项目进展情况做出评估并做出决策。这一套统一的工作流程最大的好处是可以明确每一位参与者的责任，并且指导他们高效地完成工作。

最初的IPD系统是IBM根据自身的管理实践总结而成的，华为的IPD工作标准则是基于IPD核心内涵根据华为的实际情况制定的，并且在实施过程中不断地修正以更符合华为的情况。标准化的流程给华为的产品开发带来了很大的改变，产品开发变得更加结构化了。例如在 IPD 流程中，标准的产品开发流程应该包含 6 个阶段：概念、计划、开发、验证、发布和生命周期（王军，2007）。在 IPD 变革之前，华为的研发活动一直忽视了前期的准备即概念和计划两个阶段。而在 IPD 变革后，由于流程的要求，产品开发团队必须要在前两阶段中花费更多的时间（1999 年时用于前两阶段的平均时间仅为 3 周，而到 2003 年增长到了 13 周），但是与此同时总体的开发周期大大缩短了（1999 年平均开发周期为 74 周，到 2003 年减少到了 48 周）（刘劲松、胡必刚，2015）。

除了制定标准的流程，IPD 系统还给员工提供了一套模板以提高工作的准确性。比如由于需求比较难以描述和识别，过去需求分析大多依赖基于经验的主观判断。但华为在 IPD 文件中就强调需求可以分为不同的类别，即划分为长期、中期和短期；而且还可以用“$APPEALS”（一种客户需求分析工具）框架进行分析，将需求分为 8 个维度，分别为价格、可得性、包装、性能、易用性、保证程度、生命周期成本和社会接受程度（王军，2007）。这个框架就为员工提供了一个结构化的分析思路，员工可能一开始无法理解为什么要从这 8 个角度去描述需求，但这并不妨碍他们完成一份良好的需求分析报告，这样即使是新员工也可以遵循框架独立完成需求分析。

因此，这种基于标准工作流程和模板的研发过程，更多地依赖科学的规则指导而非单纯依赖员工的个人能力。这样，企业对于人才的过度依赖将会减少，专业的培训和完善的管理系统使得企业并不总是需要很多经验丰富的高级人才，经过 IPD 培训的一般员工都可以轻松胜任很多研发工作。标准的工作流程和模板还可以确保员工按照特定的指导方针来执行分配的任务，并且更加明确责任的划分，这使得研发过程更加可控、研发结果更易于评估。

3.3 IPD 变革的实施过程

1999 年开始的 IPD 变革是华为系列重要变革中的第一个（刘红革，2015），华为专门为这个变革成立了变革指导委员会，其中的成员多达 20 人，都是来自当时华为一级部门的一把手，其中，时任董事长孙亚芳担任主任，任正非和 IBM 的项目负责人担任顾问。这个变革指导委员会和来自 IBM 的顾问共同掌控着 IPD 变革的方向，随着时间的推移，这个变革指导委员会的规模逐步扩大，目的是确保 IPD 能在全公司范围内顺利实施，随着变革进程的推进，其他变革项目也开始稳步推进，变革指导委员会也开始关注更多变革项目，同时更多的项目顾问加入变革，顾问人数最多时有 70 多人。

华为之所以最后能通过 IPD 变革提高了产品开发效率并且扩大了产品开发规模，除了 IPD 系统本身的独特性，还和它在实施 IPD 变革时一些独特的方法有关。

3.3.1 来自 CEO 的强力支持

IPD 变革是一个自上而下的项目，全程都得到了华为 CEO 任正非的全力支持。IPD 变革的契机是任正非 1997 年的美国之旅，当时的任正非就已经意识到，华为的产品开发系统需要做根本性的改变才能提高公司的管理效率；而且，从对IBM的学习中，任正非明白了变革是艰难的，需要付出大量的经费和精力，但他始终坚信变革是必经之路（任正非，2003）。在这之后华为邀请IBM的顾问为华为拟定信息技术战略和规划（IT S&P），在此过程中IBM经过对华为的调研，向华为提交了一份诊断报告，陈述了华为过去取得的成就，并且列出了华为当时存在的问题和未来将要面对的危机。任正非当时就表示这份报告中成就的部分不如危机和问题部分写得好，可见变革已经迫在眉睫。

任正非在IPD变革实施期间的态度一直非常坚决（余胜海，2013）。他以顾问的身份在变革指导委员会中听取汇报，主导委员会中的重大决策，并且，即使是在实施的前期，当公司内部有非常多的反对声时，任正非依然坚决地表示IPD变革不会停止，任何长期无法适应IPD规则的员工都将会被淘汰（张继辰、文丽颜，2010）。

华为将IPD变革视为拥有极高优先级的CEO项目。正是在公司CEO和高管团队的支持下，IPD变革才得以在华为公司内部平稳地推进。也是因为有了高管的支持，变革指导委员会才能在IPD变革实施前在公司内部进行深入的调查，在实施时获得足够的资源和权限，从而确保IPD变革的成功。

3.3.2 先僵化，后优化，再固化

华为的IPD实施可以分为三个阶段：僵化、优化和固化（王伟立、李慧群，2010），但这三个阶段的划分并不是严格地遵循时间顺序，更多是基于逻辑。例如在IPD变革的初期，华为更加注重IPD在公司范围内的推广和员工的适应；不过与此同时，变革指导委员会

也从各 IPD 变革试点单位收集反馈意见，并且和 IBM 顾问一起对原始的 IPD 版本进行修改。这里要强调的是，华为对于 IPD 的修改一直以来都非常谨慎，都要和 IBM 顾问进行讨论，确保这些修改并不会违背 IPD 的基本原则（李亦概，2016）。

在“僵化”的过程中，华为要求自身的产品开发活动必须严格地遵循 IPD 的要求。华为最早用的 IPD 文件并不是完全照搬 IBM，在这一份文件拟定之初，IBM 的顾问就已经考虑了华为的实际情况。但是 IPD 的基本原则是统一的，比如“研发是一种投资”和“以市场为导向”等。大部分员工并不参与 IPD 文件的拟定，变革指导委员会负责将 IPD 文件传达至每一个部门并组织 IPD 培训。而员工无论是否满意都需要严格地遵照 IPD 的规则来开展工作。在这一阶段，变革指导委员会的工作重点是在整个公司范围内宣传 IPD 变革的重要性，让大家确信进行 IPD 变革是公司走出困境的方法，让大家努力地去适应改变。

从一开始，华为公司高层就下了非常大的决心来推动 IPD 变革。任正非用了种种方法告诉华为员工 IPD 变革是非常重要的，并且赋予了它极高的优先级。在组建变革指导委员会时，任正非将这些来自各部门的高管召集到一起，并且安排人员接替他们原来的工作。这也就等于告诉他们，若是 IPD 变革失败，他们也无法回到原来的岗位上去；换句话说，若是 IPD 变革失败，他们就要离开华为。这些压力迫使变革指导委员会中的每个成员都努力地去推动 IPD 变革的实施。从 1999 年 2 月到 2000 年 2 月，变革指导委员会花费了很多时间和精力向员工宣传公司当时遇到的危机，并且告诉他们 IPD 将是解决这些困难的唯一方案。

当然，任正非也明白，在IPD变革推行早期，公司面临着很多来自内部的压力。这些压力可能来自IPD规则和员工习惯之间的冲突，也可能来自变革带来的部门及员工利益受损。比如市场部门的员工需要完成需求分析再通过一系列的流程将用户建议传达到产品开发团队，这就意味着个人能力强的市场部人员不能再和以前一样，通过向研发人员直接施压使得自己提出的需求尽快被满足。在这些员工看来，IPD变革削减了他们的权力，并且使得产品开发团队的响应速度变慢了，似乎不再符合“以客户为中心”的原则（刘红革，2015）。除此以外，IPD变革并不能在短期之内直接为公司带来效益，这也使得很多员工怀疑IPD系统本身，很多人开始质疑IBM提供的解决方案并不适用于华为。尤其是在软件开发部门，因为相较硬件的开发，软件开发的周期更短且不确定性更高，IPD这样“复杂而繁复的系统”被一些人认为不一定适应软件开发部门（孙业林，2016）。

但在僵化阶段，华为的高层刻意地忽视了这些企业内部的质疑声。任正非始终强调IPD变革的推行首先要经历一个“削足适履”的阶段——穿一双“美国鞋”一开始总是会不合脚。但若是在只学习到皮毛的时候就要求改变规则以适应华为的情况的话，就无法真正领悟IPD的核心思想，IPD变革也就不会成功。

任正非十分坚定地要求员工执行IPD的规则。他曾经说过，若是谁长期无法适应IPD，那么就请离开华为。此外，华为的员工评价系统也有了一些调整，将IPD的执行情况也纳入了员工考核中，除了财务指标之外，还增加了员工对IPD流程的执行情况和工作流程的规范性的考核。并且，公司采用了“一岗一薪”的制度，若是员工无法通过考核，将对员工的工作岗位进行调整，而相应的工资也会有调整。因而在整个僵化阶段，华为承担了非常大的成本，包括巨额的咨询费和为了适应 IPD 变革由员工付出的大量的额外工作时间。

随着 IPD 变革实施阶段的推移，华为员工的态度也逐渐发生了改变。IPD 变革实施初期，很多员工认为 IPD 的流程比较复杂，降低了他们的工作效率，他们要花更多的时间在评审材料的准备上（李亦概，2016）。2004 年，华为想方设法地进入英国市场，当时市场部门正在和英国电信进行谈判，英国电信也正在对华为进行供应商认证。当评估到产品开发方面时，华为向英国的专家展示了自己当时正在应用的 IPD 系统，当时正是 IPD 实施的第三年。英国的专家给出了“优秀”的评价。这个认证结果让很多人受到了鼓舞，员工们开始认为 IPD 系统是华为与国际接轨的重要举措，而且经过几年的适应，很多员工也逐渐感受到了 IPD 系统对于工作效率提升的贡献。

当 IPD 的核心内涵被大部分员工理解并接受之后，华为开始对原有的 IPD 体系进行优化。比如在建立第一个产品开发团队试点时，华为选择的是一个产品版本的开发项目，这相较于 IBM 一个产品开发团队负责一个完整的产品来说，开发的规模较小。而这也导致了其上一层集成组合管理团队需要管辖的产品开发团队数量庞大、工作压力沉重，需要花费很多时间和下属的各个产品开发团队开会。并且，由于每个产品开发团队只负责一个产品版本的开发，比较难在这个层面上进行独立的成本核算。为了解决这个问题，华为在 IBM 原有的架构中，将业务管理团队加进去，负责单一产品的管理，重新设计了 IPD 跨团队部门架构，这个调整前后用了大约两年的时间。

员工评估方案也发生了一些变化。原本的 IPD 评价体系中有很大一部分是主观评分，但在中国的文化环境中，过多的主观评价会让员工不信服考核的结果。因此华为决定将更多的客观性考核指标引入原本的 IPD 考核体系，这在很大程度上细化了 IPD 的评价体系。总之，华为虽然在 IPD 变革的具体实施细节上做了一些改变，但一直恪守 IPD 变革的核心思想，它在修改 IPD 文件时非常谨慎，都会通过长时间的测试并与 IBM 顾问进行细致地商讨，以确保这样的修改确实能带来开发效率的提升。

3.3.3 较长的变革时期

1999 年华为建立了 IPD 的第一个试点，成立了第一个产品开发团队，但第一个集成组合管理团队在 2003 年才建立。直至 2003 年年底，华为才建成全部的集成组合管理团队，才正式将 IPD 系统推广到了整个公司。从那时起，华为改变了原先串联的产品开发方式，转而将整个产品开发的过程交由一个跨部门团队来负责到底。截至目前，华为的产品开发活动仍然采用 IPD 体系，并且 IPD 本身也在不断地更新迭代。华为使用变革进展评估（Transformation Process Metrics，TPM）来评估其 IPD 改革的进度，在满分为 5 分的情况下，2014 年这一项指标的评分为 3.3 分（刘劲松、胡必刚，2015），这意味着华为的 IPD 变革仍然没有达到终点，未来华为还将继续改进 IPD 体系。

与此同时，华为在漫长的变革中付出的成本也是极高的，IPD、ISC 以及采购变革项目直接投资约为 15 亿人民币。仅就咨询费用一项来说，每位顾问每小时的咨询费用在 300~680 美元，变革拖得越久就意味着越多的花销，这就是很多企业都希望尽早完成变革的原因。此外，企业面临变革的时候往往是快速扩张的好时机，因为此时企业面临着非常多的市场机会，而且很多企业并不希望因为变革而错失市场机会，或者是在扩张时期分出精力和资源来实现变革。结果就是很多试图引入 IPD 体系的中国企业都急于尽快完成整个变革，而它们一旦发现 IPD 系统在短期内降低了企业的效率，就很快放弃了（刘劲松、胡必刚，2015）。相比这些企业，华为显得更有耐心和远见。

对此，任正非曾经说过，华为不需要快速的“革命”（任正非，2014）。这表明了他对变革的态度——任正非认为对于任何公司来说，都需要很长的时间来真正适应新的管理制度。华为 IPD 的准备期超过三年，从 1999 年到 2003 年，华为在不同的产品线上试验 IPD 系统，从试点单位收集了大量的数据，并且反复讨论 IPD 的每一个细节，让员工在思想上接受了这一套工作方法。在较长时间的准备之后，很多员工，特别是变革指导委员会中的成员都对 IPD 有了比较深刻的理解；此时华为才在全公司范围内成立集成组合管理团队，将 IPD 推广到了全公司，并且将部分变革指导委员会的成员派到每个新成立的集成组合管理团队中去，以指导并且监督 IPD 变革的具体实施。例如，在一些集成组合管理团队中，这些团队成员会在会议开始之前先检查下一级跨部门团队提交上来的审查文件，并且事先对它们进行指导，确保它们都能理解这些审查都包含哪些部分。这样的额外指导在华为大约持续了 5 年。除此之外，在 IPD 开始实施的前几年，每一次集成组合管理团队会议都会邀请至少一位 IBM 的顾问参加，以确保整个流程都符合 IPD 的规范。

综上所述，华为在 IPD 变革过程中花费了大量的时间和精力，以此来确保变革的成功。华为的变革进程看上去是缓慢的，但一直朝着正确的方向进行，这样渐进式的变革进程让公司和员工都有了足够的时间去适应新的管理方式，同时也减少了很多可能对公司有害的激烈冲突。IPD 变革的成功也离不开高层对于变革的一贯支持和坚持，并且运用了一些管理机制来确保所有的利益相关者将变革作为他们共同的方向。

3.4 小结

IPD 变革对于华为而言意义重大，它帮助华为重构了产品开发体系，并帮助它克服了在发展过程中的瓶颈和研发效率低的问题。通过建立跨部门团队、引入一套科学的工作流程和模板，显著地降低了产品开发成本、缩减了产品开发周期并且提升了产品开发质量。IPD 系统帮助华为将技术开发和产品开发合理地分割开来，并且找到了客户需求和研发效率的合理平衡。通过学习和引入这一套源自西方公司的研发管理方法，华为很好地解决了在扩张过程中面临的低效问题。无疑，若是没有 IPD 变革，华为不可能实现快速的发展。

华为在产品开发中的成功不能仅仅归功于 IPD 系统本身的完善，更重要的是华为在实施 IPD 变革的过程中逐渐形成了自身独特的理念。比如，华为认为变革不是可以一次性完成的项目，而是一个应该常态化的过程（任正非，2016）。在产品开发方面，对于 IPD 的完善和修改一直没有结束。直至现在，华为几乎每一年都在推出新的 IPD 版本（李亦概，2015、2016）。现在，华为在某一些领域已经成为行业领先者，现在的华为和 1999 年时已经有了很大的不同。特别是，华为对于未来技术的投资战略已经逐渐发生了变化，并且作为一个行业领先者也面临着许多新的问题（譬如对基础研究的管理和全球协同产品开发等），它仍然需要不断地开展新的变革来解决自己所面临的管理问题。

相比许多其他大公司，华为目前已经变得非常习惯改变，并用制度化的变革来避免制度僵化。IPD 变革的成功向华为的员工证明了这种制度化的变革对公司和员工的发展是很有价值的。华为的产品开发体系变革了之后，其他的重大管理变革纷纷在随后的几年内启动。若是当时 IPD 的变革没有成功，那么本书在其他章节讲述的变革故事可能就不会在华为顺利展开了。因此，企业在进行变革的时候应该非常谨慎，需要有一个完善的计划，并且公司高层应该给予变革足够的支持以克服那些由于在变革初期绩效下降所带来的公司内部矛盾。而当一个大规模的变革成功了之后，它将为公司带来新的思路，增强员工对于下一次变革的信心，提高公司应对变革的综合能力，从而为公司未来的变革打下良好的基础。

第四章

华为供应链管理变革[1]

① 本章内容由李盈、黄灿、寿涌毅共同完成。

4.1 引言

华为的供应链管理变革可以分为两个阶段：1999 年到 2003 年集成供应链（Integrated Supply Chain, ISC）的建立；2005 年至今全球供应链（Global Supply Chain, GSC）的建立。集成供应链，是由供应商、制造商、经销商、零售商和客户构成的集成网络。该网络中包含负责不同运作活动的职能部门，比如采购和仓储部门负责材料供应，生产部门负责产品制造、组装和调试，销售部门负责订单管理，运输部门负责产品交付，客户服务部门负责产品维护和技术支持。集成供应链的目的就是打破这些部门的壁垒，将所有内部职能部门和运作活动整合在一起，从而匹配供应与需求，及时准确地将产品交付给客户，提高客户满意度。此外，集成供应链强调通过信息系统集成、组织间合作、流程简化和连接等将制造商和它供应链上的供应商及客户整合在一起（Chen et al., 2009）。基于内部整合、供应商整合和客户整合，供应链上的不同企业可以像一个组织一样运作。

作为一种先进的管理理念，集成供应链吸引了很多世界级跨国企业的注意力，比如IBM、诺基亚、思科、戴尔和惠普公司等。这些企业使用供应链管理的理论来设计和运作生产和物流系统，以改善运作绩效，提高快速反应能力，更好地适应需求的变化（Flynn et al., 2010; Frohlich & Westbrook, 2001）。华为在1999年邀请IBM公司的咨询顾问启动了集成供应链变革项目。在该变革项目实施的过程中，IBM的顾问找到华为供应链实践中的78个问题，并将这些问题分为三大类：流程、IT系统、组织。随后，华为在IBM顾问的指导下重新设计了运作流程，厘清每个流程的角色，识别IT集成系统和组织变革的需求，并建立了关键绩效指标以评估集成供应链变革的效果。2003年，集成供应链变革项目实施完成，华为供应链系统的效率得到了大大的提升。

全球供应链，将集成供应链的模型扩展到全球的范围，是指由供应链伙伴所构成的全球的、集成的网络。华为在2005年经历了第二大的转折。这一年，华为在全球的业务获得极大的成功，发展势头强劲。销售收入达到667亿人民币（折合约59.82亿美元），在华为的历史上，海外销售收入第一次超过国内销售收入（华为，2007；吴春波，2014）。这一年，华为和英国电信公司签订供应协议，并成为沃达丰（Vodafone）的优先电信设备供应商。因此，华为决定在这一年开始尝试建立全球的集成供应链以服务其全球的客户。

华为进行全球供应链变革的第一个动作，就是在它的海外事业部和办事处实施企业资源计划（Enterprise Resource Planning, ERP）系统。在这个过程中，华为遇到的最大的挑战就是不同国家的法律、法规和客户需求的巨大差异。为此，华为专门挑选了来自财务、供应链、采购、流程和IT部门的200多名员工，成立“海外ERP项目”团队，并采用细胞分裂式的方法将ERP成功实施的经验扩散出去。基于这些分散的ERP系统，华为开始建立全球的集成供应链。在这个过程中，华为的一线员工发挥着巨大的作用，他们根据工作的需求提出创造性的解决方案，以保证华为的主干系统适用于当地的法律、法规和客户需求。华为在供应链变革的持续努力大大改善了华为的运作效率，并在2012年国际研究机构Gartner（顾能）发布的亚太地区供应链组织排名中占据第五位（Gartner, 2012）。

本章包含以下几个部分。第二小节介绍华为1999年到2003年实施的集成供应链变革。并将具体描述IBM如何帮助华为识别它在供应链管理中的问题，讨论华为如何将运作流程、IT系统和组织管理变革规范化、程序化，总结相应的启示。第三小节介绍华为2005年至今实施的全球供应链变革。并将具体描述华为是如何在它的海外事业部门推进ERP系统的，以及如何逐步建立一个全球的整合供应链网络，并总结了可供借鉴的经验。最后，第四小节总结了全章的内容。

4.2 第一阶段：集成供应链

4.2.1 拜师IBM，穿上美国鞋

决心要穿一双美国鞋，那我们就不能摇摆，如果我们今天摇

摆这样明天摇摆那样，我们将会一事无成。所以要坚定不移地向IBM学，集中精力向IBM学，不摇摆。

任正非，《我们向美国人民学习什么》，2003

到1998年，华为已经成立了11年，销售收入达到89亿元，员工共8 000人，成为国内最大的电信公司。同时，华为开始开拓非洲、东南亚、中东、南美、独联体等国际市场。然而，业务的快速扩张使得华为的管理系统陷入混乱。一方面，华为每年将10%的销售收入投入产品开发中，但华为的产品开发周期仍然居高不下，是当时业界最佳水平的两倍以上。另一方面，业务量的扩张带来了华为管理成本的增加，尽管华为销售额连年增长，销售利润却逐渐下降。如果按照人均效益计算，华为的人均效益只有思科、IBM等世界领先企业的1/3~1/6（李瀛寰，2014）。能够取得今天的成就，可以说是华为人加班加点赶出来的。“华为没有时间将事情一次性做好，却总有时间将事情一做再做！”业务的扩张和管理的失效将最终导致失败。华为开始思考：如何管理供应链才能应对企业爆发式的增长？

任正非前瞻性地认识到了华为和世界级领先企业的差距，决定不再盲目地独立运作业务，而应该向成功者学习。1997年年末，在西方圣诞节前一周，任正非带领着华为的高管们横跨美国大陆从东向西分别访问了美国休斯公司、IBM公司、贝尔实验室与惠普公司。这些大公司的高级管理人员热情、真诚地接待了华为的高管们，并着重将他们的管理经验做了一一介绍。其中，IBM公司的管理模型，尤其是它变革的经历引起了任正非极大的兴趣，促使他决定邀请IBM公司为其开展几项重要的管理变革项目（任正非，2003）。1998年8月，华为与 IBM 公司合作启动了信息技术战略与规划（IT S&P）项目，IBM 前后派了 6~7 名咨询人员进驻华为，为华为公司规划了未来 3~5 年需要开展的业务变革项目和 IT 项目。作为 IT S&P 项目规划的 8 个业务变革项目的其中之一，集成供应链变革于 1999 年正式启动。

不同于集成产品开发变革，集成供应链变革在正式实施前完全没有任何可以模仿的模板。IBM 公司有过成功执行 IPD 变革的经历，但对于集成供应链的实践也处于探索阶段。在华为进行集成供应链变革的过程中，IBM 负责提供供应链管理的相关理论指导，华为公司则负责根据公司的实际情况探索和设计具体的管理细则。为了推动集成供应链变革项目，华为和 IBM 公司设立了三大目标：一是建立以客户为中心的集成供应链，也就是说，实施集成供应链的目的是最大程度地满足客户需求，提高客户服务水平；二是建立成本最低的集成供应链。随着通信技术的发展和市场竞争的加剧，市场的销售价格必然呈现下降的态势，华为若想赢得竞争优势，必须在“成本”上下足功夫。然而，华为当时供应链的整体运作水平较低，导致管理成本很高。降低供应链的运作成本能够为企业增加利润，供应链被华为看作是企业“第三利润”的源泉；三是提高供应链的灵活性和快速反应能力，这意味着，通过提高供应链各组成部分（包括不同的职能部门和不同的组织）之间的集成度，实现供应链的协调和同步，从而缩短供应链整体的运作周期和运作效率。

4.2.2 识别变革前的问题

集成供应链变革项目启动后，IBM 咨询人员认识到，华为当时的供应链实践根本无法支持它的业务扩张（于东海，2015）。据 IBM

顾问介绍，华为在重整供应链之前，其管理水平与业内其他公司相比存在较大的差距。华为的问题表现为：产品质量不合格、由于变更频繁无法及时交付产品、采购和订单无法和生产能力相匹配、需求预测和生产计划的准确性较低、运输部门经常发错货等。这导致“华为的订单及时交货率只有 50%，而国际上其他电信设备制造商的平均水平为 94%；华为的库存周转率只有 3.6 次 / 年，而国际电信设备制造商平均水平为 9.4 次 / 年；华为的订单履行周期长达 20~25 天，国际电信设备制造商平均水平为 10 天左右”（于东海，2015）。

为了挖掘这些问题的根源，IBM 的顾问首先以第三方的身份对华为的客户做了访谈和调查，了解华为在与客户的几个关键接触点（如合同谈判、合同签订、交接货、工程安装、备件维修、售后服务等）上的表现，以及客户的真实需求和期望，经过整理、分析总结后的客户需求和期望作为集成供应链项目的重要输入。在该阶段，必须强调集成供应链变革项目的范围确定的重要性。如果范围过于广泛，项目可能无法在规定的时间内完成，也无法达到预期的效果；如果范围过于狭窄，一些关键的问题可能会被忽略。集成供应链项目的范围，在项目深入后经过三次讨论才最后明确：从开始泛泛的 5 个关注目标，到理论上的 9 大业务领域，最后落实到符合华为实际运作情况的 6 个流程——销售和订单、计划和调度、采购、物流管理、制造以及部分客户服务。

集成供应链项目的 IBM 顾问通过两个多月的访谈、数据收集和调查，发现和总结了华为供应链的现状问题，并对它们做优先级排序和影响分析。最终把 78 个现状问题归结为流程、IT 系统和组织三个方面：流程问题（52 个）分布在供应链的销售、客户服务、采购、物流、计划、调度和制造等6个流程中；IT系统问题（14个）体现在ERP、与客户有关的方面和底层技术等方面；组织问题（12个）分布在组织结构、角色与职责、文化与沟通三个方面。

首先，流程的问题。在集成供应链项目启动前，销售部门通常先签订合同，之后再进行合同评审。而合同评审的程序过于复杂，难以快速响应客户的需求。与传统的制造产品的周期相比，华为的通信设备、基站设备等产品更加复杂，销售部门从接单到录入花费的时间太多，订单履行周期被拖长。此外，由于无法获得可承诺交货量（Available-to-Promise, ATP）的信息，销售人员在做承诺时，往往无法考虑生产部门的能力和生产计划，致使他们每月签订的合同中有大量急单，这些订单不能按承诺执行。由于订单状态不透明，销售人员无法直接了解订单/合同执行情况，客户因不能及时了解订单的状况而产生不满。在产品配置方面，由于缺乏研发部门的支持，生产部门的订单错误事件频发，客户投诉率居高不下。

此外，华为当时并没有严格地执行销售和运作计划（Sales and Operations Planning, S&OP）。由于华为未统计客户的历史资料和信息，且缺乏有效的预测方法和预测工具，需求管理和预测不够科学，销售预测的准确度不高。华为需求管理的重点放在企业内部，缺乏外在的引导，订单进公司前很少有提前的预警信息。销售部门对需求计划没有进行管理，导致许多无法实现的需求被安排在了需求时间栏之内，生产资源计划（Manufacturing Resource Planning, MRP II）不能承诺排期与数量。而在订单履行的过程中，变更频繁发生，导致许多未经协调的工程更改，为了配合工程变更，MRP II协同每周都要进行一次计划的重排。因而产生了大量的例外信息，同时还需要管理人员对 MRP II 系统里的结果进行手工调整。有些情况下，由于物料清单（Bill of Material, BOM）、工艺路线、劳动力等数据不准或信息缺乏，生产部门根本无法生成生产计划。即便在生产的过程中，工厂也不完全按照主生产计划进行生产。

在采购流程中，物料专家团（Component Expert Group, CEG）在研发早期阶段，没有充分介入对供应商的选择。华为的产品由多个部件或器件配置而成，但这些部件的供应商数量不一，有些部件的供应商太多，而另一些部件的供应商又太少，造成部件的供应和装配没有保障或者是部件的质量参差不齐。供应商数量和质量的不一致增加了华为对供应商管理的难度。此外，采购部门仅和极少数供应商签订了正式的协议，对供应商缺乏有效的控制，没有意识到长期战略采购协议的重要性。除此以外，当时的采购方法处理步骤过多，使得采购成本居高不下。

在物流管理流程中，物料从接收到发出的周期较长，效率低下，严重影响了生产环节的进度和产品的及时交货。比如，电子类物料的平均采购周期大约 12~16 天。而一些产品的交货周期只有 20~25 天，而且有 30%~40% 急单率（ISC 项目组，2009）。物料的库存管理不合理，大量的库存存放影响了库房收发物料的效率，造成大量成本。从物料的采购、库存到运输都直接影响了生产流程的效率。

在生产流程，生产计划的不完备使得生产所需的部件不能及时到位，生产部门只能组装部分到货的部件，导致产品的不齐套发货；或者，等所有部件到齐后再进行组装，导致产品的延期发货。许多客户化产品无标准配置，产品间通用器件少。各库存组织之间缺乏信息共享，可视性差，生产部门只能通过频繁的手工转库调用物料和组件以满足生产需求。对半成品项目实行面向库存生产（Make to Stock, MTS）的策略，目的是缩短总体的订单履行周期，但往往导致半成品库存积压。由于优先级、资源和计划的问题，已有的半成品很难满足每条产品线的需求。产品的生产需要采购部门、物流管理部门、生产部门的共同协作，但这些部门独立工作，彼此缺乏交流、合作和信息共享，最终导致生产能力跟不上企业的发展。

其次，IT 系统的问题。IT 系统的问题主要有三个方面，分别是 MRP Ⅱ系统、客户关系管理支持、底层供应链技术。在 MRP Ⅱ系统方面，由于疏于管理，整个系统的数据准确度不高，从而导致 MRP Ⅱ系统并没有被广泛地应用到计划和生产中；除 MRP Ⅱ外，华为还有一些数据存放在相关部门的其他数据库环境中，不同的数据库犹如孤岛，相互独立，造成了数据的不完整性，整个系统的信息没有集中起来。在客户关系管理支持方面，客户服务时无法录入客户详细地址或产品配置信息，难以追踪客户问题和需求；缺乏合同管理工具，由于在销售人员和订单处理过程中存在许多合同变更，系统中无法及时录入和更新合同信息。在底层供应链技术方面，没有企业级的工作流；虽然当时有两个支持数据库可以用于处理客户的需求和问题，但由于客户、合同状态、发货等信息不完整，数据库的使用率较低。

最后，组织的问题。供应链的流程需要不同的职能部门来完成。集成供应链变革项目启动之前，华为的组织结构无法支持供应链的有效运作。其组织方面的问题体现在多个方面。比如，华为原有的组织结构层次太多，各个层次的组织之间协调难度大，带来许多额外的业务处理时间及过于分散的决策点。各职能部门的角色和职责界定不够清晰，使得业务处理相互重叠、处理效率低下。最重要的是，华为内部各部门之间明显缺乏沟通与合作。例如，销售人员和计划人员缺乏信息共享和交流的意识，销售人员无法获知关于订单状态的信息，计划人员不能获得需求预测的准确信息。

4.2.3 提出解决方案

华为的集成供应链变革项目解决方案是根据华为的现实和发展量身定做的。华为的管理者和 IBM 的顾问共同设计了华为的集成供应链模型，梳理了每个流程的角色、提出 IT 系统的需求和组织变革的方案。为了评估集成供应链变革项目的效果，IBM 给华为设置了几项关键绩效指标。随后，华为在几个特定的生产线、区域和特定客户 / 供应商中开展了集成供应链模型的测试。通过测试和结果的评估，集成供应链模型（包括流程、组织和 IT 系统）被正式推行。

4.2.3.1 流程

为了解决 IBM 识别的流程问题，华为对标世界级最佳供应链运作流程——供应链运作参考模型（Supply Chain Operations Reference model，SCOR）构建自己的集成供应链。SCOR 模型定义的供应链涵盖了供应商的供应商及客户的客户，提供端对端的全流程贯通的解决方案。如图 4–1 所示，华为将集成供应链界定为销售（Order）、计划（Plan）、采购（Source）、生产（Make）、配送（Deliver）5 大流程（Poluha, 2007），并分别采取了以下方式对每个环节进行改善。

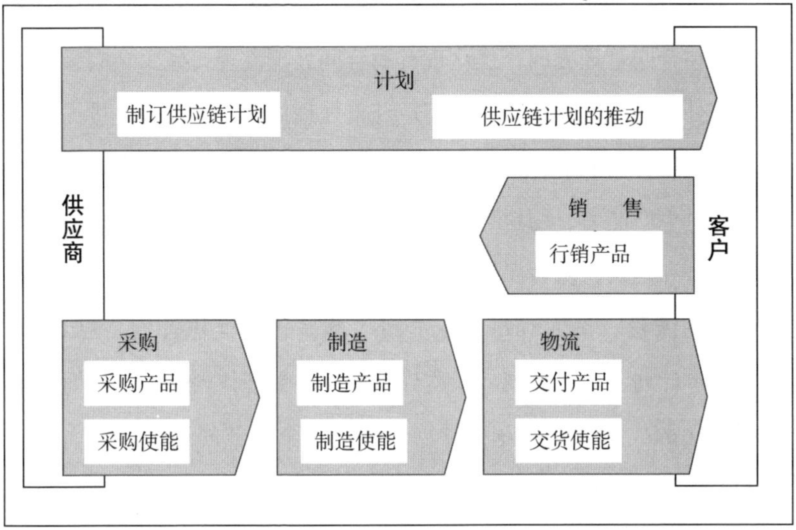

图 4–1　基于 SCOR 的集成供应链流程

来源：于东海，2015

销售流程。华为强调通过产品行销和市场营销来增加订单。订单管理，是华为连接内部组织和客户的桥梁，涵盖了订单输入、报价、客户信息维护、订单分配、产品价格等数据维护、合同管理等。为此，华为首先完善 MRP II 系统的功能，建立统一信息平台，把 MRP II 系统延伸至每一个地区的办事处，并向销售人员提供可承诺交货量信息和查询订单状态的功能，增加订单在生产环节的可视性，从而帮助销售人员对客户的需求做出正确、快速的响应。该信息平台集成了客户的所有信息，包括合同内容、产品配置、调试安装、详细地址、服务流程和历史交易记录等，以供销售人员参考。此外，引入集成销售配置器，研发提供更多可选的标准配置，提高订单配置准确性；提供基于 Web 的产品配置能力，让客户有更多选择，大大提高客户的满意度。在合同管理方面，优化现有的合同处理流程，减少合同录入和评审等处理的层次和步骤，以缩短订单处理周期；为销售人员提供具有合同试排程功能的合同管理工具，销售人员在对客户承诺之前，可以首先对生产能力、物料可用情况、发货日期是否能满足客户要求等进行检查和确认，从而保证产品及时快速交付。

计划流程。华为对每个生产线实施销售和运作计划（S&OP），包括订单计划、生产计划、采购计划和库存管理计划等。该计划将华为高层次的战略规划和业务计划细化为每个环节的运作计划。通过 S&OP 充分审视客户的需求变化所带来的影响，并综合考虑当前的计划、拖欠订单、物料和产能约束等对原有的生产计划做出及时调整，将调整后可行的计划传递给生产部门，从而保证高层业务计划转化为具体运作。此外，为了避免紧急订单对当前生产计划安排的影响，对紧急订单设定时间栏，阻止交货日期不能实现的订单进入 MRP（材料需求计划）系统，从而保证传递给生产部门的生产计划均是可行的。通过销售、采购和库存部门充分的信息交流，提高 BOM、项目、工艺路线等基础数据的准确度，从而保证所有的计划科学合理。

采购流程。从长期的、战略的高度进行采购流程的标准化，并建立与供应商之间的合作关系是华为进行集成供应链变革的基本认识。IBM 顾问建议华为通过竞争性评估的方法选择供应商，强调供应商的可持续开发能力、技术能力、质量保证等。竞争性评估避免了传统的价格战，保证了可持续的服务能力。此外，华为和被选择的关键供应商基于互惠互利、共同发展的原则建立战略合作伙伴关系。在前期设计阶段，华为就让这些关键供应商参与产品的研发和采购，以增加物料的可获得性并降低物料的库存水平和成本。华为还把需求预测数据与供应商共享，让供应商及时了解华为产品的需求变化情况，以做出及时响应，提高物料的齐套性。以华为的一家供应商——D 公司为例。D 公司是一家为华为提供运输、仓储、调度和配送等物流服务的提供商。在经过几轮交涉、谈判和讨论后，华为与 D 公司达成合作协议，D 公司承诺将优先为华为公司提供高质量的服务和有竞争力的支持。

生产流程。华为通过改善物料供应的每一个环节，保证物料供应在生产过程中的及时性。并对原有的 MRP Ⅱ系统进行完善，通过提高生产计划的质量改善生产的质量。为实现对资源（包括物料、组件等）的最佳利用，生产部门对每个资源设立正确的优先级，对有限的资源进行优化组合，提高产品的齐套发货率。此外，针对不同的产品，华为选择不同的制造模式进行生产。华为集成供应链变革的长期目标是，通过利用纯粹的按订单制造（Build to Order，BTO）的制造模式来提高生产的柔性和灵活性。

交付流程。交付环节涉及物流和配送、合同管理、库存管理、工程安装、应收账款管理、收货和发票等。为了提高华为的发货效率，实现物流管理的协调、同步、自动化，华为通过条形码、标签打印、射频识别等技术的应用，减少手工操作和键盘输入，提高处理的效率。此外，为了进一步提高发货的效率，华为建立起规范的程序和制度改善对库存的控制，通过实施库位管理，对货物存放采用“库、架、层、位”四号定位方式，便于查找货物位置的同时，还能提高库房的吞吐量。

4.2.3.2 IT 系统

成功的集成供应链变革依赖于集成的 IT 系统。为了促进不同职能部门的信息共享和协作，华为首先对公司内部所使用的 IT 系统进行了改造，并将各个部门所使用的分散的系统集成到一个统一的平台之上。如图 4–2 所示，集成的 IT 系统包括高级计划与排程模块（Advanced Planning and Scheduling, APS）、采购模块（i-Procurement）、企业资源计划模块（Enterprise Resource Planning, ERP）和客户关系管理模块（Customer Relationship Management, CRM）等主要模块和一系列连接界面的相关系统等以支持华为的计划和调度、采购、制造、客户服务等。此外，华为将所有的问题、需求、解决方案储存在一个集成的知识库中，华为的员工可以随时分享和利用这些知识库的内容。在 IT 系统的分析层，交易数据库和 ERP 数据库存储了从采购系统、计算机辅助制造系统、订单履行系统、物流管理系统和货运系统等获取的数据，以支持 APS、ERP 和 CRM 的运行。

4.2.3.3 组织变革

流程的变革需要组织变革进行匹配。华为公司为了执行管理变革，采取了项目管理的方式（于东海，2016b）对所有的变革项目进行管理，并为此专门成立了一个临时性的项目组织。公司层面成立变革指导委员会，由华为不同部门的负责人直接参与和协调并承担变革的责任。在变革指导委员会之下，每个变革项目团队组织诸如集成供应链、集成产品开发等变革项目的实施。2003 年，美国美世咨询公司协助华为设计经营管理团队（EMT），作为华为日常经营的最高责任机构，变革指导委员会直接受经营管理团队领导，向经营管理团队

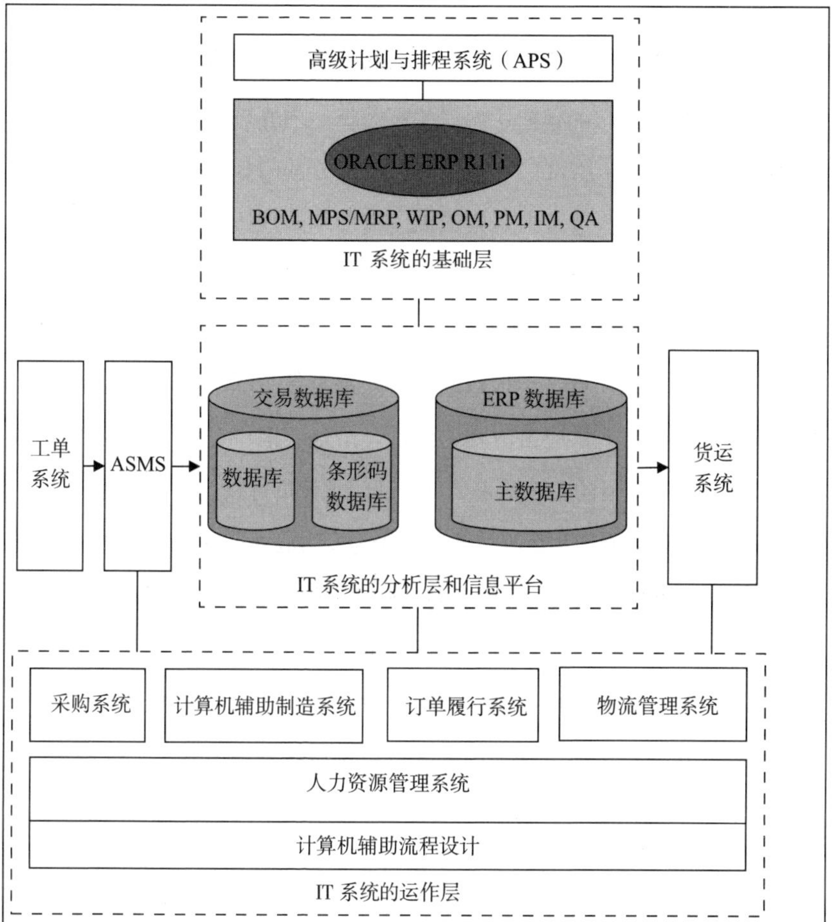

BOM（Bill of Material）：物料清单
MPS（Master Production Schedule）：主生产计划
MRP（Material Requirements Planning）：材料需求计划
WIP（Work in Process）：在制品
OM（Order Management）：订单管理
PM（Purchasing Management）：采购管理
IM（Inventory Management）：库存管理
QA（Quality Assurance）：质量保证
ASMS（After Sale Manintenance System）：售后维持系统

图 4–2　华为的集成 IT 系统

来源：于东海，2015

汇报。

至于集成供应链变革，华为任命郭平为项目总负责人。郭平是原生产部门的负责人，对运作流程非常熟悉。集成供应链变革指导委员会由销售部门、采购部门、物流部门、财务部门和生产部门等的直接负责人构成。这些负责人是集成供应链变革的直接利益相关方。在变革指导委员会的指导下，对应于华为的几个运作流程和 IT 系统，分别成立了销售、采购、订单履行、计划、物流、财务、生产、IT 系统等 8 个子项目，每个子项目的负责人都是各个部门的直接领导。这些部门领导在集成供应链流程的设计、落地、推行过程中承担直接责任，并对变革项目的实施结果负责。部门领导负责制订培训计划，在内部推行这些新的流程和系统。此外，华为专门成立了项目管理办公室来协调 8 个子项目。华为的高管参与这些项目的设计和执行，可以有效地减少变革的阻力，保证集成供应链变革的成功。

同时，在集成供应链变革的整个过程中，华为的组织结构也在不断调整。在变革之前，华为内部并没有供应链管理的概念，由制造管理委员会下的制造管理办公室负责协调部门之间的活动，比如计划、订单管理、采购、质量管理、交付等。集成供应链模型设计完成后，原来的制造部门、计划部门、采购部门、进出口部门、认证部门、运输部门和库存部门合并为一个部门——供应链管理部门。供应链管理部门负责管理供应链运营。华为的副总裁被任命为供应链管理部门的负责人。图 4–3 展示的是华为供应链管理的组织结构。

4.2.3.4 变革效果的评估

为了评估集成供应链变革项目的效果，华为设立了包括客户满

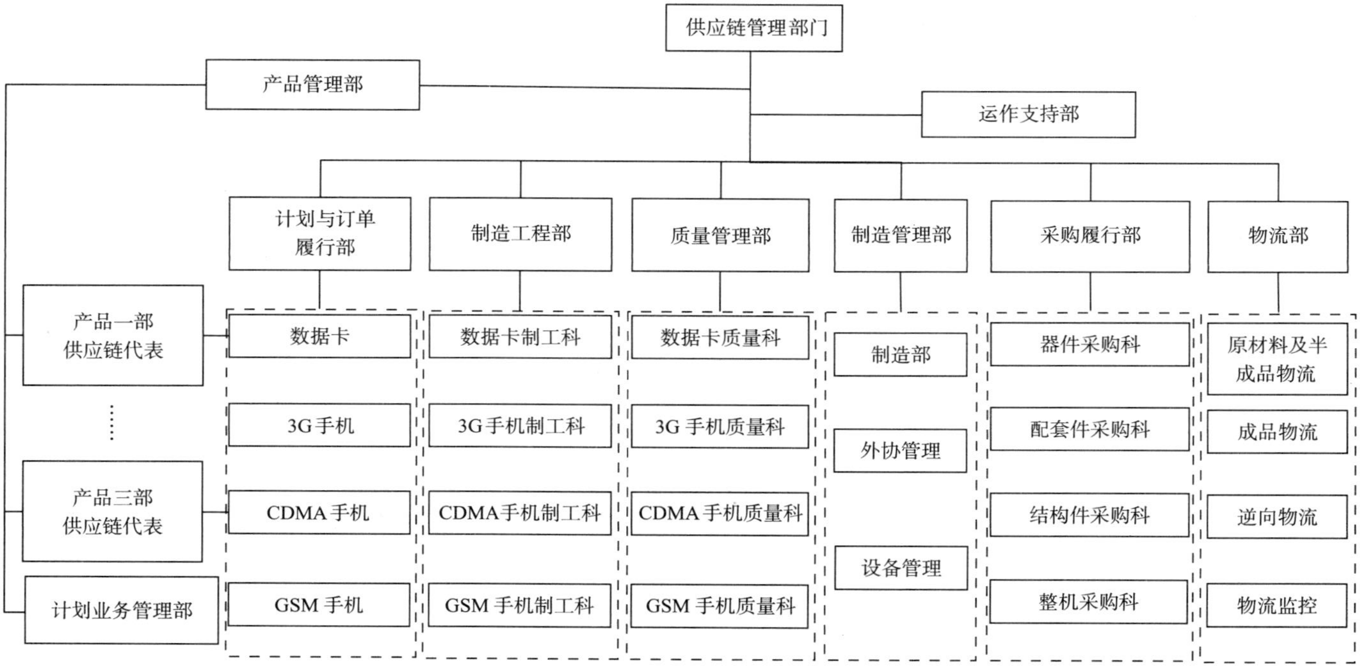

图 4–3 华为供应链管理的组织结构

意度、库存周转率、总成本、从订单到交付的周期等的关键绩效指标。集成供应链变革后，华为预期客户满意度提高 15%~30%；库存周转率提高 25%~60%；订单履行周期缩短 30%~50%；成本降低 25%~50%（于东海，2015；华为，2014）。

4.2.4 结论和讨论

在集成供应链变革的第一年，华为成功地整合了内部订单处理、采购、制造、物流、交付等的流程。经历了集成供应链变革和持续的改进之后，到 2005 年，订单的履行周期从两个月缩短到两周；生产模式由原来的按计划生产（BTF）转到按订单制造（BTO）；通过生产线的灵活配置将产品转换时间从 1 天缩短到 1 个小时；生产的计划安排每一天执行一次。总之，通过集成供应链变革，华为的响应能力、灵活性、客户服务能力都得到了大大的提升。

本节从华为的集成供应链变革项目中总结了一些可以供其他企业参考的经验。

首先，华为的集成供应链变革是自上而下推行的，华为集成供应链变革的成功离不开高层管理者的支持。作为华为的创始人，任正非前瞻性地做出了变革的决策。华为的高层管理团队 EMT 组成变革指导委员会，并直接承担变革项目的设计、落地和推行的责任。同时，与供应链运营和流程相关的所有部门领导，包括一级和二级责任人，都直接参与到集成供应链的变革项目中，并负责集成供应链模型的设计。生产部门、采购部门、计划部门、物流部门等的负责人最了解华为的运作流程和相关的问题，这些负责人参与设计的模型最能够匹配华为的情境。在执行的过程中，变革的阻力也得以降到最小。此外，变革实施结果的好坏直接作为这些负责人和管理者的绩效考核标准之一，如果变革执行得不顺利或者不成功，这些负责人和管理者将被降职甚至免职。

其次，没有任何一种解决方案可以适用于所有的公司。华为推行集成供应链变革，无任何成熟的经验可循。尽管 IBM 公司为华为提供咨询服务，但是集成供应链模型的具体细节都是由华为的管理者根据华为自身的现实情况和发展的考量具体设计的。华为首先为集成供应链变革设定了三个目标。集成供应链模型的设计和执行就是为了实现这些目标，并解决华为当时面临的供应链问题。当然，尽管华为的集成供应链变革没有可以直接复制的模板，供应链理论依然为华为的实践提供了一定的指导。

再次，集成供应链的构建需要与管理信息系统的开发相配合。集成的管理信息系统是华为固化它的运作流程的关键。在 20 世纪 60 年代，MRP 开始广泛应用，以解决需求管理和计划的问题（Plossl & Orlicky, 1994）。随后，MRP Ⅱ以材料需求计划（MRP）为核心发展起来，在生产规划的同时，其功能涵盖了企业的经营目标、销售策划、财务策划、生产策划、物料需求计划、采购管理、现场管理、运输管理、绩效评价等整个生产经营体系，以使企业整体运作能更加有效率及制度化。在这个过程中，准时化生产（Just In Time, JIT）、全面质量管理（Total Quality Management, TQM）等生产管理思想的融入大大优化了 MRP Ⅱ的应用，提高了企业的生产效率。然而，到 20 世纪 90 年代，企业之间的竞争变得更加激烈，MRP 和 MRP Ⅱ仅仅关注企业内部资源的优化（Sheikh, 2003）却无法支撑企业的高速发展。企业资源计划（ERP）系统被提出并应用，它强调业务流程再造和供应链管理，并在 MRP Ⅱ的基础上引入项目管理、电子商务、电子数据交换和运输管理等新的模块（Malakooti, 2013）。华为在集成供应链变革之前对 MRP 和 MRP Ⅱ的应用并不充分。集成供应链变革项目中，华为基于 ERP 系统将 APS 和其他分散的信息系统集中到一个统一的信息平台中，整合了整个供应链的信息流、物流和资金流，为集成供应链变革提供了基础架构（Lenny et al., 2006）。

最后，集成供应链的构建是从内到外的，从内部职能部门的整合到外部供应商和客户整合。华为在集成供应链变革过程中，第一步是优化内部的采购和物流的流程以实现采购成本最小化并保证及时交付；然后，整合华为内部所有运作活动，包括销售和生产等，改善了内部的运作效率和客户服务能力；实现了内部整合之后，华为才具备管理供应商和服务客户的能力，也因此能够将它的整合活动从内部职能部门扩展到外部供应商、客户和合作伙伴。通过内部和外部整合，华为提高了供应链的可视性，换句话说，华为和供应链上的内部和外部利益相关方都能够通过及时的信息（包括预测、计划、订单、生产、库存等）分享，了解供应链的相关运营进展情况。

4.3 第二阶段：全球供应链

4.3.1 全球供应链管理的挑战

尽管 2003 年华为成功地施行了集成供应链变革，但当时，支持供应链流程的 ERP 系统仅仅在国内完成了升级，无法服务于海外市场。华为在2003—2005年间，已经在几十个国家和地区注册了海外分支机构（或称办事处），负责设备的销售和客户服务。这些分支机构的办事人员只能赤手空拳打天下：销售人员只能通过最简单的Lotus Notes（一款企业级通信协同工作的网络平台）与华为总部联系，开展业务；技术人员带着他们的手提电脑和最普通的设备与工具奋战在一线；财务人员由于缺乏IT系统的支持很难正确处理与客户往来的账务。总之，华为所有的海外业务只能以极低的效率手动处理。

2005年以前，华为只在深圳设立生产基地，但它的客户已经遍布南亚、东南亚、北非、中东、北美、西欧、东太平洋等地区。有限的生产能力，不健全的物流配送体系，导致华为在为全球的客户提供服务时心有余而力不足。为了支持全球的业务发展，华为必须构建全球供应链以管理来自全球十几个国家和地区的订单，保证合同签订后的及时交付。

由于不同国家的税务、财务、商业政策、规章等各不相同，华为在每个国家的供应链运营都是不同的。文化的差异也给华为的海外供应链管理带来了挑战。此外，华为刚刚开展海外业务之初，面对强势的客户几乎没有任何话语权。因此，所签订的合同、产品的装配和交付完全以客户的要求为宗旨。客户想签订什么样的合同，希望以什么样的方式装配和交付设备，希望如何付款，华为都尽可能地迁就和满足。这导致交付方式的多样化，增加了合同管理和订单管理的困难。华为的员工不得不根据所在国家和地区的情况提供特定的供应链运作解决方案。

为了解决以上全球供应链管理的问题，华为开展了一系列全球供应链变革的行动。首先，在海外部门执行 ERP 系统，以提高海外业务的处理效率和运作效率。随后，华为开始构建全球的供应网络以满足全世界的订单需求。ERP 系统的推行和全球供应网络的构建，为华为的全球供应链提供了基础架构。与此同时，为了解决各个国家和地区在订单管理、配送、交付、财务等方面遇到的特定问题，一线的员工主动思考、共同进取，完善华为的供应链运营。

4.3.2 执行海外 ERP 项目

4.3.2.1 在一些国家先做试点

华为开展海外业务之初，华为的员工手工进行订单管理、财务报表输出、采购、向供应商付款等运作，难以支持后续的业务扩展。2005 年，华为决定在海外机构推行 ERP 系统来改善业务的处理效率和运作效率，并将其作为“海外子公司 ERP 实施项目”正式启动。这个项目的总体目标是通过总部专家组的支持，整合地区部、子公司的运作流程，贯彻落实集团会计政策，并在有条件的子公司实施 ERP 系统，支持地区部和子公司的供应链运作和财务管理。由于缺乏经验，项目团队选择了 8 个国家进行试点 ERP 系统的上线和升级，并计划在一年之内分为上、下半年两批完成。

2005 年，周燕芳作为尼日利亚 ERP 项目的负责人，对当时的情况最为了解。ERP 推行之前，尼日利亚的年销售额已突破 4 亿美元，但订单处理告急、开票告急、供应商付款告急、财务报表告急，还有采购职权分离、资产负债账目清理等问题束缚着华为一线员工的手脚。当地员工对于 ERP 系统十分期待，再加上尼日利亚当时的业务模式与 ERP 的管理理念比较匹配，员工们对 ERP 带来的转变比较认可。周燕芳和项目组在尼日利亚奋战了半年，ERP 系统就成功上线。从此，只需一点鼠标，大西洋边上维多利亚岛的一个订单，就能进入深圳供应中心，进入流程化处理。同样，由于欧洲一些相对发达国家的法律法规比较健全，各个地区的规定和政策比较一致，供应商的能力也有保障，ERP 在欧洲国家的推行也非常顺利（郭建新，2014）。

然而，海外 ERP 项目并不总是那么顺利的，尤其是在巴西。巴西的税法、商法等极为复杂，乃至华为不得不为巴西专门定制一款 ERP 来满足其特殊管理要求。为此，华为前期在巴西遇到很大的挑战。彭志军，当时华为巴西公司的 CFO 对此感悟深刻。在巴西，如果把一台设备从一个城市的库房转移到另一个城市的库房，即使没有销售，也要开一张发票。因为巴西不同地区的税率是不一样的，当地规定，当设备最终卖出时，需要对比它的初始地点和售出地点之间的税差。这就造成 ERP 里面要开无数的发票，而且将来设备卖出去时，这一连串的发票都要发生关联。彭志军带领着巴西的项目团队成员花了五年时间，三次实施，不屈不挠，克服大量困难，做了大量深入细致的工作才最终把巴西这些税务和财务的问题梳理清楚，安装并上线巴西版的 ERP 系统来管理相关业务。同时，他们还在自己的销售流程和客户的采购流程之间建立了界面联系以增加订单的可视性。

4.3.2.2 细胞分裂式推行

2005 年，ERP 系统仅在 6 个国家成功实施，包括埃及、沙特、南非、尼日利亚、英国和巴基斯坦。巴西和俄罗斯，由于当地财务法规非常特殊，没有实施成功。2006 年，“海外子公司 ERP 实施”项目升级为公司级变革项目，名称简化为“海外 ERP 项目”。项目群由运作与交付体系总裁做赞助人，并成立了由财经、供应链、采购、全球技术服务备件管理、流程与 IT 组成的重量级跨部门团队，成员扩充为 200 人以上。项目目标修订为：整合子公司运作流程，贯彻落实集团会计政策，并在有条件的子公司实施 ERP 系统，支持子公司的财务、供应链、采购等业务领域的运作和管理。

在项目推进策略上，项目组采用了细胞分裂的方式：先集中精力解决几个重点区域的问题，并形成一个团队。等实施成功后，团队的成员积累了经验和知识，一个团队再分裂成两个团队，去帮助其他分支机构推行 ERP 系统。这样一步一步不断扩大实施范围。用这种细胞分裂的形式，项目成员不断积累有用的经验并将它们传播出去，成熟的流程先推行，实施起来就更加容易。随着推行经验的不断积累，每批实施区域的数量逐渐增加，从最初 2005 年时的 4 个到后来的 10 个、15 个，最多同时实施 20 多个。到 2007 年年底，全球已注册的 80 多家子公司，除俄罗斯和巴西之外，已全部实施完毕。经过三年努力，华为海外业务的管理初步实现了数字化。

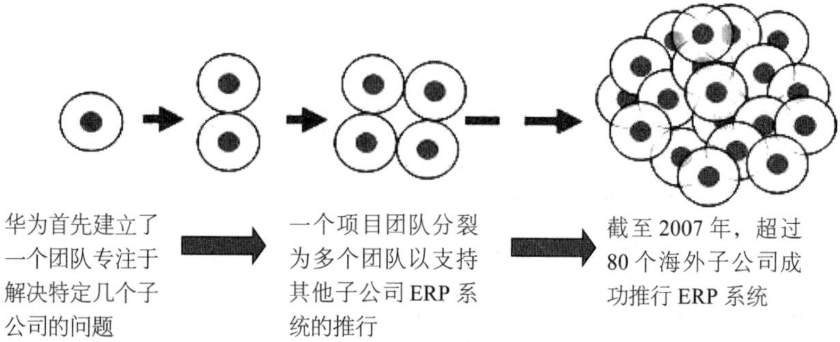

图 4–4　华为“细胞分裂”式的 ERP 推行过程

4.3.3 建立集成的全球供应网络

华为的业务覆盖了欧洲、东太平洋、拉丁美洲、亚太地区、中东、北非、南非等地。为了满足这些地区的客户订单，华为在中国、墨西哥、印度、巴西和匈牙利共建立了 5 个供应中心向这些地区供货。以欧洲地区为例。匈牙利供应中心能够保证欧洲和北非的大部分国家的订单需求得到满足，而且能够承诺两周内及时交货。与此同时，华为在中国、荷兰和阿联酋（迪拜）建立了三个区域配送中心。其中，之所以将迪拜作为非洲国家的配送中心，主要是因为非洲的供应环境和供应能力相对较差。此外，还有 5 个采购中心，分别在中国、美国、日本、德国和中国台湾。就这样，华为采用集中认证、分散采购的原则管理来自全世界的电子零件和部件的供应商，华为的全球供应网络如图 4–5 所示。

全球 APS 系统。华为每年滚动执行 3~5 年业务规划和运作规划。供应链规划作为运作规划的最重要的部分，直接指导着未来几年公司的采购、生产和库存等活动，因此，供应链规划又被细分为生产计划、能力规划、采购计划等。为了管理全球的需求和订单，华为采用了集成的销售和运作计划。销售部门、生产部门和采购部门每个月举行一次例会来判断需求和供应能力之间的差距，并据此调整采购计划、生产计划和交付计划以对差距进行弥补。而由于这些计划依赖于需求信息和预测的准确性，华为通过全球高级计划和排程系统 APS 整合海内外所有地区的订单信息，同时，组织销售和预测会议保证各个部门及时更新和获取信息。最终，将相应的可承诺交货量的信息发布给销售部门和销售人员。

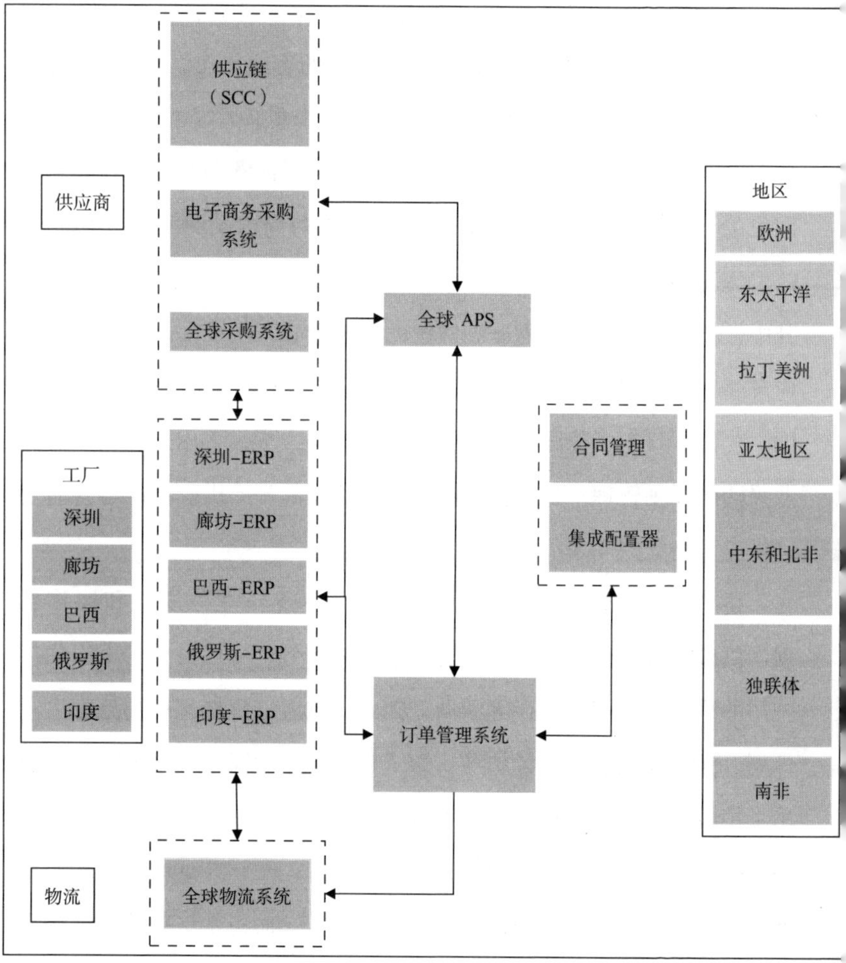

图 4–5　华为的全球供应链网络

来源：于东海，2015

全球订单管理。华为花费了大量的精力根据每个供应中心的能力来平衡各个地区的订单。在多供应中心模式下，一个供应中心能覆盖哪些国家的订货，需要考虑多方面的因素：供应中心的加工制造能力，与覆盖国家的物理距离、运输环境、运输成本，供应中心所在国家与覆盖目的国之间的贸易关系，供应中心挂靠的华为国际与覆盖国家的子公司以及与华为技术之间如何结算（关联交易）等。华为根据这几方面的因素，组织设计出整套集成贸易条件、关联交易和供应中心产品导入的订单拆分方案。当客户合同下单到供应链系统后，系统自动运行拆分逻辑，将不同设备拆分到最近最便捷的供应中心备货，在保证了海关外部遵从的前提下，既缩短了货期又节省了运输成本。通过这一订单方案，华为的全球供应网络顺畅无阻，订单履行和产品交付及时有效。

全球物流。华为同样建立了一套全球物流系统以保证产品的交付。华为在发展国内市场的业务时，自己内部的物流部门就能够应对国内的客户需求。而在海外国家，华为必须将这项物流服务外包给第三方，甚至第四方物流公司。一方面，华为和全球能力最好的物流服务提供商建立了战略合作的关系，以保证产品能及时从供应中心交付到世界的各个角落；另一方面，华为也会雇用一些当地较小的物流公司，由它们负责从当地海关送货到基站或者站点。这些当地的物流公司由当地办事处认证，物流成本相对较低，服务也能够得到保证。

4.3.4 定制化当地供应链活动

ERP 系统的上线和全球供应网络的建立为华为的全球供应链构建了基础架构。然而，华为供应链的每个环节仍然存在着一些细小且琐碎的独特问题。没有任何一种供应链运营模式能够适用于所有的业务和所有的地区。最终，全球供应链的系统必须根据不同国家、不同地区的特定的法律、法规和客户需求量身定做。在华为，全球供应链的具体运作是由一线的员工实现的。本小节以沙特阿拉伯、巴西和尼日利亚为例，介绍华为是如何定制它的供应链活动的。

在海外推行 ERP 系统时，沙特阿拉伯就被作为一个特殊的国家来处理（于东海，2016a）。沙特阿拉伯的客户倾向于与华为签订一年期的采购合同，然后在他们需要的时候随时下订单。在收到客户订单之后，华为被要求于两周之内必须交货。为了履行合同中承诺的责任，保证产品交付的及时性，华为不得不在沙特建立了一个非常大的仓库用来备货。因此，华为在沙特面临的问题更多的是仓储管理、库存管理、配货和送货的问题。库存积压太多，提货没有计划，账实不符。华为在沙特的业务员因此灵活地将大合同分解为几个相对独立的小项目、小合同，并与客户协商分散签订。同时，标准化合同签署和合同评审的程序，将华为的销售流程与客户的采购流程对接，从而从源头上解决了库存管理和交付的问题。

喜子是华为巴西公司的工程师，他同样遇到了库存的问题。到 2005 年，巴西已经有 6 000 平方米库存了，但没有任何正式的管理系统，完全是用台账在管理。库房中大部分都是堆积如山的 DSLAM（数字用户线路接入复用器）的货物，但市场部仍然找不到客户所需要的部件，还得向总部要货。喜子经常接到市场部同事的电话让他帮忙找货，而他也只能在库房里找上好几天。为了解决这个问题，喜子积极主动地向华为的专家和同事了解供应链管理、国际贸易和物流等方面的知识，最终，喜子和 IT 部门的侯志诚、供应链部门的陈春祝共同为巴西开发了一个库存管理系统，并经过 6 个多月的优化和升级，成功地帮助销售部门解决了供货的问题。

随后，喜子参与了巴西 VIVO 项目的交付。为了和竞争者比工期，华为的产品是一边研发一边交付，机柜、模块、电源系统分三次发货到巴西。先到的机柜一到巴西，就被立刻派送到站点。但由于设计问题，这些机柜必须要对内部的电源线进行改制。这种开箱调整再重新包装的工作量很大，严重影响交付的时间，而且还有大量的内部射频电缆的调整会带来严重的资源、库存数据准确率方面的问题。为此，喜子和同事们提出了按照“基本配置 + 单个组件（item）”的方案来组织总部的发货，要求装在机柜中的配置必须是最简单的，到了巴西对于任何站型，机柜都不需要开箱，其他物料就按照各个站点的需求发货。这种灵活的发货方式极大地提高了华为的装配效率和交货速度，得到了客户大力的赞赏，为华为在巴西的业务发展赢来机遇。

朱彤在加入尼日利亚项目组时，华为和尼日利亚某运营商合作的 V 项目正值项目交付的关键期（尧力，2009）。这是华为在非洲建设的第一个无线“交钥匙”项目，有 400 多个站点，合同金额达 1 亿美元。但就在交货的最后时刻，物流环节出了问题，严重影响交付进度。在了解了基本情况之后，朱彤发现物流工作混乱的主要原因是信息不畅，客户和华为之间的信息不对称；相关各方缺乏统一的流程规范，在单据的交接、检查、签收等方面都很混乱。为此，朱彤建议定期召开包括客户清关代理在内的三方例会，会后把信息整理成报表发给三方，督促各方按承诺执行。这些规范的流程制度的建立，很快打通了物流环节，解决了 V 项目的问题，并被成功复制到了西非其他国家。随后，朱彤就被调到了科特迪瓦 C 项目组。在那里，朱彤招聘了两名非洲本地员工和她一起从事项目的物流工作。当时，由于一家客户负责申报的商检号迟迟办不下来，导致华为方在仓库和港口积压了十几批货无法如期起运，而工程实施人员在现场着急等待施工。工期因此一拖再拖。华为的本地员工主动请缨，要求去协调客户的代理商、海关。经过一个多月的努力，华为的员工和客户共同解决了问题，保证了施工的顺利进行。

以上这些事例表明，华为集成供应链在全球各地区的执行、落地和改善，依赖于一线员工的努力。因此，如何激励一线员工将是全球供应链变革的关键。华为是一家员工持股公司，有 8 万多名员工股东，同时，奋斗者精神指引着华为的员工不断为公司创造价值。华为的快速发展，得益于华为努力奋斗的员工们；华为的员工们，也受益于华为的成长。可以说，华为集成供应链之所以在各个不同的国家和地区成功实施，离不开这些富有创造力和奋斗精神的一线员工。

4.3.5 结论和讨论

2016 年，华为的销售收入达到 751 亿美元，其中，海外业务占比达到 55%。华为全球供应链的构建，有效地支持了华为海外业务的扩张。集成供应链变革贯穿了华为的不同职能部门和供应链上的各个组织；而全球供应链变革，则贯穿了全世界的各个国家和地区的组织。从华为全球供应链变革中，本小节总结了以下几点启示。

首先，全球供应链管理的活动是依赖于情境的。没有任何一种供应链的最优实践能够适用于所有的业务和区域。但有一条原则是通用的，管理系统的设计需要帮助公司实现最终的财务目标。在全球的各个不同区域，华为总是以增加销售收入、降低交易和运作成本、快速响应客户为目标，并试图找到实现这些目标最有效的方式。相比在一个国家和地区实施供应链管理的活动，全球的供应链的设计和执行需要考虑诸如关税、汇率、消费税，以及当地法律、法规和文化等诸多因素。华为的经验表明，海外 ERP 系统的推行和集成供应链的活动都必须根据当地的法律规范、特定情况和客户的需求为各个地区和机构量身定做，而不能简单地复制、直接粗暴地扩展应用。

其次，不像第一个阶段的集成供应链变革，全球供应链模型的建立是一个自下而上的过程。华为在进行全球供应链变革之前，已经在国内建立起了基本的集成供应链架构、思维，或者称逻辑。因此，华为只是将这一架构和逻辑移植到了海外部门、代表处，甚至是站点。然后，保持主干精简、末端灵活的原则，对海外部门或站点遇到的特殊问题进行特殊处理，再将相应的解决方案整合到主干的统一集成供应链框架之下，保证总部的统一控制。我们看到，一线员工是全球供应链问题的发现者和反映者，也是这些问题的解决方案的提供者。他们在集成供应链的扩展和全球供应链的构建上发挥着极大的作用。本着积极主动、艰苦创业和负责任的态度和精神，华为的员工是华为迅速崛起的根源。“以奋斗者为本”是华为公司的核心观念之一，也是全球供应链能够顺利构建的重要原因。

第三，一个集成的 IT 系统对于提高全球信息处理的效率，协调全球供应链活动和流程至关重要。然而，构建一个集成的 ERP 系统覆盖华为的全球供应链活动并不容易。由于不同国家的不同地区、部门、办事处以及站点的业务流程都有可能不同，它们所使用的 ERP 系统功能也有可能有很大的差异。华为的解决方案是，保证系统设计的基本原则是一致的，具体的设计方案可以是灵活的。也就是说，海外每个分支机构都可以根据自身的特殊情况设计自己的ERP系统，但是总部的主干系统必须简单，以保证能够将分支机构的所有ERP系统连接并整合到一个统一的平台之上。

4.4 小结

华为的供应链管理变革项目，大大提高了华为的运作能力，帮助华为更好地抓住国内外市场的机遇，创造了更多的经济效益，并为华为全球业务的快速发展奠定了基础。本章描述了华为在国内业务扩张和国际化阶段所遇到的一些供应链管理方面的问题，并展示了华为在过去的十多年里建立集成供应链和全球供应链体系的过程，最后总结了相关经验和启示。

华为的集成供应链变革是自上而下的，离不开高层管理者的支持；华为全球供应链的构建和落地，是自下而上的，离不开一线员工的创造力和努力奋斗。尽管华为在执行集成供应链变革时没有成熟的经验可以参考，IBM咨询公司在这个过程中仍然发挥了不可估量的作用。集成供应链的构建也经历了由内而外的过程，从内部整合逐步扩展到外部客户和供应商整合的过程。不论是在国内还是在海外，华为高层管理者所设计出的集成供应链的思维、逻辑和框架始终保持一致，华为的一线员工根据自身遇到的实际问题提出的特定解决方案丰富了全球供应链的内容和细节。最重要的一点，集成的IT系统和信息平台，是集成供应链和全球供应链建设的基础架构。

尽管华为通过供应链管理的变革取得了巨大的成功，华为在当前快速增长和日益复杂的全球业务发展的背景下，仍然面临着供应链的敏捷性、一致性和适应性等方面的挑战。华为的管理者也在思考如何避免华为的供应链运营、流程和相关的管理机制因固化而失去灵活性。尤其是在 2011 年以后，华为明确表示其业务领域将分为消费者、企业和运营商三个大类，这意味着三种类型的客户、三大类不同的产品需要不同的供应链管理方法和工具。因此，如何根据不同的业务发展差异化的供应链，将成为华为的供应链管理者在未来面临的挑战。华为，依然走在供应链变革的道路上。

第五章

华为财经管理变革[1]

① 本章内容由黄灿、陈箫共同完成。

5.1 引言

华为在发展过程中历经了持续不断的大规模管理变革，如集成产品开发（IPD）变革、集成供应链（ISC）变革、集成财经服务（IFS）变革等。如果说集成供应链变革代表了华为在有形资产管理上做出的努力，那么集成财经服务变革可以被视为华为在无形资产管理方面的提升（Mudambi & Puck, 2016）。集成财经服务变革在2014年前后结束，现有文献尚未对此进行详细记述。

我们的研究重点在于华为在财务领域进行的两次大型变革——“四个统一”变革（1998—2007）和集成财经服务变革（2007—2014）。有学者（Brealey et al.，2011）认为，公司财务部门的主要职能是进行财务会计实操和投融资决策。然而华为这两次财经管理变革均聚焦于前者，表面看似难以理解，究其根本在于华为独特的所有权结构和领导者的管理哲学。

华为是一家100%由员工所有的民营企业，所有人是工会委员会（下称“工会”）和创办者任正非。截至2016年12月31日，有81 144名员工通过工会参与了员工持股计划。任正非既是独立于工会的持股人，同时也通过工会参与了持股计划。因此，他总计拥有约1.4%的股份（华为，2017）。股权融资，或者说面向员工发行股票，是华为早期融资的主要方式，而债务融资只是起到补充性的作用（彭志军，2016）。

自公司成立伊始，任正非就认为，华为的财经管理不仅要支持业务发展和扩张，同时还要对业务活动进行风险管控和合理监督。他反对将项目回报率作为衡量投资决策的指标，但强调了财经管理系统在整个公司中的支撑作用（华为，2016c；彭志军，2016）。因为华为多年来一直贯彻这个思想，投资决策并非两次财经管理变革的重心。不可否认的是，华为的投融资活动对公司的成功起到了重要作用，我们会再做进一步的讨论。

华为在1998—2007年间实施了第一次大规模的财经管理变革——“四个统一”，目的在于统一会计政策、统一会计流程、统一会计科目和统一监控。2007—2014年，华为实施了集成财经服务变革，旨在贯通公司的财务流程和业务流程。集成财经服务变革被华为高管团队视为提升公司财务管理能力的重要路径，着眼于公司内部运营风险和管理低效的问题，试图缓解公司面临的外部竞争压力。整个变革可以分为两个阶段：IDS Ⅰ和IDS Ⅱ[①]。IDS Ⅰ是为了加强财务部

① IDS：Integrated Deployment Solution，集成推行解决方案。业务变革的推行方法论，在华为IFS等多项变革推行时使用。IDS Ⅰ指回款、收入、项目预算集成方案包。IDS Ⅱ指项目经营管理。——编者注

门和业务部门之间的沟通，连通财务流程与业务流程，从而使财务数据更加准确。IDS Ⅱ主要目的在于明确、建立责任中心，同时提升公司项目财经管理的能力。与其他管理变革相似，集成财经服务变革实施过程中，也形成了新的流程，成立了新的组织和开发了新的信息技术系统，这是变革的输出成果。流程、组织架构和 IT 系统三者相辅相成，促进了集成财经服务变革的成功实施。

经典的财务管理理论和国际商务理论认为，跨国公司在不同国家和地区运营，会面临不同的市场和制度环境，跨国公司能够成功的一个重要原因是，它们具有通过在不同国家和地区销售产品和服务套利回报的能力。财务管理作为调控资金的活动，必须要与供应链管理活动协调一致，以保证对有形资产和服务的管理，从而最大程度地提高绩效（Dunning, 1977; Mudambi, 1998）。华为在成长和国际化进程中面临的财务管理问题和解决方案是可以从经典理论中找到依据的。

华为的财务管理具有独特的地方，譬如，财务管理完全服务于公司整体的经营战略。很多在财务部门工作的经理原来是没有财务教育背景的，在华为工作后，他们的财务管理知识和技能有了很大提升。投资决策不是通过比较项目间的投资回报做出，而是基于项目相对于公司核心战略的重要性。这个规则自公司成立后就没有更改过。财务部门不仅对于业务部门起到支持性的作用，更重要的是，对业务发展还起到了监督和控制的作用。在华为，各个项目和区域的领导者都要熟悉财务知识，同时财务经理也要懂业务知识。在接下来的小节中，我们会分析这些原则和规则是如何在华为财经管理变革中起作用的。

我们通过多种途径收集了关于华为的资料，包括学术期刊、新闻报道、官方网站和华为年报等；我们还访谈了多位参与过华为财经管理变革的前高管，获得了宝贵的一手资料。本章内容结构如下：我们会在第二节重点介绍华为的第一次财经管理变革——“四个统一”；第三节主要描述集成财经服务变革的背景；第四节的内容是讨论集成财经服务变革的两个实施阶段，以及每个阶段关键的项目；第五节探究了华为是如何推行集成财经服务变革的；我们会在第六节讨论集成财经服务变革对于华为整体绩效的作用；第七节将会介绍华为的融资、投资和并购活动，它们是华为财经管理的重要组成部分；最后第八节我们会对本章内容进行总结。

5.2　第一次财经管理变革：“四个统一”

1999 年，华为拥有员工 15 000 余人，营业收入达到 120 亿人民币（吴春波，2014）。同年，华为雇用 IBM 作为咨询顾问指导其推行两次大规模的管理变革——集成产品开发变革和集成供应链变革。随着改革的深化，业务部门运营效率逐渐提高，而财务部门的管理似乎停滞不前，难以与业务发展相匹配，影响了公司整体效率的进一步提升。华为下决心进行财经管理变革，面向社会广泛招标。这个项目受到了很多咨询公司的关注，也有多家公司进行了投标，最后毕马威凭借其独到的“世界级财务服务”（World Class Finance）方法论，赢得了华为高层的信任。毕马威因此被委以重任，帮助华为进行第一次财经管理变革。这次变革成效显著，在合作过程中，二者之间的信任日渐增长，也为毕马威日后成为华为的独立审计师奠定了基础。

毕马威协助华为实施了“四个统一”变革，具体包括统一会计政策、统一会计流程、统一会计科目和统一监控。

首先要统一的重要会计政策是差旅费报销政策。在“四个统一”实施之前，各个代表处都有自己的报销政策。譬如，哪种类型的费用可以报销、员工出差食宿的标准是什么等，每个代表处都有各自的规定。在变革实施之后，华为建立了适用于华为全球员工的差旅费报销政策和住宿政策。

其次，统一采购流程是统一会计流程中的典型代表。改革后的采购流程中包含了“四重匹配”。所谓四重匹配，是指与供应商签订的合同、给供应商下的订单、入库单以及供应商提供的发票，要相互匹配。而且发票不是由采购部递交到财务部，而是由供应商直接寄到财务部。这种流程标准化的做法，让华为的采购流程相比于竞争对手更规范、更有竞争力，同时也起到了内部控制的作用，对于采购部有一定的约束作用，能够有效减少腐败的发生。

统一会计科目是管理会计的基础，华为在会计科目的统一和标准化方面也做了很多工作。标准化之后，华为会计科目编码分为 7 个字段，前 5 个包括公司字段、区域字段、产品字段、部门字段、会计科目字段，后面还有两个预留字段，一个是项目字段，另一个是每个区域根据特色自主设计的字段。在“四个统一”之前，华为只是使用国家规定的会计科目，变革之后华为的会计科目具有自己的特点。比如研发费用，在国家规定的会计科目里只列为一项。而华为的研发费用是按照包括人工工资、物料、研发的差旅费等业务来分类。会计科目中的很多字段是根据华为的业务特点向下细分的，整个会计科目的概念要比一般公司会计科目的概念宽很多，这奠定了华为管理会计信息的基础。

统一监控的内容是将代表处的财务管理职责收归总部，并逐渐建立起财务共享中心（Shared Service Centre）。我们在后文将对统一监控进行详细讨论。

20 世纪 90 年代中期是华为的蓬勃发展期。彼时，华为在全国拥有 33 个代表处，各代表处都设有财务人员，这些财务人员均由当地主管招聘，他们向当地主管汇报并对其负责。这种结构的缺陷在于总部缺乏对代表处财务的监控，导致一些财务问题涌现。个别代表处，譬如湖南、四川的代表处，甚至出现了财务资金安全问题。有些财务人员非法侵占公司的资本，携款潜逃。会计制度、会计科目的非标准化，导致了报销和审计流程的慢速低效，同时也对华为实施企业资源计划（ERP）造成了困难。

问题的根源在于华为早期形成的过于分散的组织构架。这种分散的组织构架给予区域代表和经理较多的自主权，有助于华为早期迅速地扩张，但是也会导致公司对不同区域的具体运营活动，包括财务管理缺乏监控。而且这种组织构架也导致公司内部山头林立（徐直军，2016）。理论上，改进这种分散的组织构架的措施是由公司总部建立一系列的统一制度，约束区域经理的权力，并在不同部门间合理地分配资源（Greiner, 1997）。“四个统一”的最终目的与这个理论在本质上是一致的。它是为了加强总部对区域经理和员工的控制、防止腐败行为，同时也给他们在经营活动中做出重要决策的权力。

为了更好地推行“四个统一”变革，项目组首先在深圳总部设计出统一的会计制度和政策；其次，项目组在国内办事处中选择了曾经出现资金安全问题的长沙代表处进行试点推行；试点成功后，新方案被推广到整个公司。但是，各代表处财务管理的权力并没有立即收归深圳，而是先收归片区（通常是包括多个省份的区域），譬如，东北地区代表处的账务权力统一收归沈阳，西北地区的收归西安，华中地区的收归长沙。最后再从各片区收归深圳，整个过程持续了两年。

为了加强财务管理和控制，华为后来建立了财务共享中心。共享中心是公司完成某种职能任务的地方，譬如会计、人力资源、信息技术、法律、合规、采购、安全事务等。企业会基于多种因素考虑建立共享中心，譬如降低成本、改善服务、聚焦于核心业务、增加控制和成本透明度、提高员工绩效、减少冗余工作，等等（Janssen & Joha, 2006; Su, et al., 2009; Minnaar & Vosselman, 2013）。华为在深圳建立了第一个财务共享中心，首先在总账、应收账款等账务处理上实现了共享。在 2007 年开始实施的集成财经服务变革中，华为延续了“四个统一”中建立财务共享中心的模式，先后在全球建立了 7 个财务共享中心。

变革过程中，华为采取了一系列措施推动“四个统一”项目的实施。首先，与其他管理变革项目类似，CEO 任正非是整个项目的总设计师和推动者。其次，华为任命业务主管担任变革推行组长。这使得业务主管没有别的选择只能支持拥护变革。“四个统一”变革前，华为很多财务经理已人到中年。华为高层认为，他们中很多人学历不高而且不具备最新的财务管理知识和技能，因此提拔了很多重点院校毕业的研究生新人替代他们。那些新晋的经理，有着更为扎实的财务知识，没有传统财务实践的束缚，更有利于变革的推行。此外，华为循序渐进地将各地方代表处财务权力收归片区，再收归总部，也有利于减缓变革的阻力。

学者们通常认为，制度（routine）——一个组织中的行事方式，会成为组织变革的阻力之一（Edmondson et al., 2001）。有多种原因可以解释为什么制度会在一个企业中长期存在。第一，不断地学习新的制度是有成本的，这使得企业原有制度难以改变。第二，背离既有的制度会引起组织成员，如管理者和工人、管理者与管理者之间的矛盾。组织变革还可能会导致冲突的发生。坚持原有制度则可以避免组织变革（Nelson & Winter, 2002）。然而，研究发现，项目和团队领导等可以通过组织集体学习来影响企业日常制度的变化（Leonard-Barton & Deschamps,1988; Edmondson et al., 2000）。研究也表明，稳定的团队可能会沦为制度的奴隶，不能适应外在形势的瞬息万变（Katz, 1982）。与这些理论预测一致，华为高管对“四个统一”的全力支持、在变革前更换了新的财务经理的举措，为变革的成功铺平了道路。

“四个统一”作为华为在财务管理领域的第一次变革，为公司在国内市场的持续发展和国际市场的进一步拓展奠定了基础。2003 年，进入了国际市场后，华为开始在海外子公司范围内推广会计统一和标准化工作，一直持续到 2007 年集成财经服务变革实施前夕。

5.3 集成财经服务变革的背景

5.3.1 电信行业的发展

华为实施集成财经服务变革前，全球电信行业经历了飞速的发展（ITU, 2006）。电信设备行业的总销售额从 1996 年的 450 亿美元增长到 2007 年的 1 390 亿美元（Lightwave, 1997; Robson, 2008）。2005 年前后，移动通信技术逐渐完善，不管是在发展中国家还是发达国家，移动电话用户数已经远远超过固定电话用户数。3G 技术也越发成熟，可以满足大规模商业化的要求。2006 年前后，不少企业为了更好地应对市场形势的变化，纷纷重整旗鼓，行业内发生了大规模的重组与并购事件。其中，最引人注目的就是朗讯公司与阿尔卡特（Alcatel）的合并，创造了一个拥有市值 360 亿美元和 88 000 名员工的大公司（IPTV News, 2006）。诺基亚和西门子的电信部门也于 2006 年合并，在 2007 年 4 月开始运营。华为高层目睹了行业的最新变化，意识到了电信行业即将到来的巨大的竞争压力，决心通过变革提升公司应对风险的能力。

5.3.2 运营风险

2006 年，华为海外市场营业收入已经占到总收入的 65%，这足以证明华为已经是一个真正的跨国公司而不只是一个拥有国际业务的公司。从 1999 年的几近于零的海外收入增至 2007 年的 11 亿美元，华为已成功在海外斩获越来越多的订单。这些新增订单中有包含“交钥匙工程”（turn-key）类型项目。订单不仅有设备的销售，还包含大量的工程工作，如建设信号塔、挖沟渠等。有些订单中这些工程项目的金额甚至大于设备销售的金额。华为公司当时对于设备的销售成本是非常清楚的，但是因为不同的国家和地区有着不同地理环境，也有着不同人力成本，华为公司难以估算这些工程项目的成本。海外业务的拓展对于华为的项目财务管理提出了很高的要求。

另外的运营风险来自华为当时很难判断海外订单是否赢利。在华为 2007 年的一次内部会上，任正非表达了自己的担忧：“我们的确是获得了一些大的海外订单，但是我不知道它们是否赚钱。”（李云杰，

2009）2007年以前，海外子公司的财务部门大多承担着一些传统的支持性工作，比如账务处理、发布财务报告等。尽管华为在2000年前后开始进行成本预算，但是预算范围尚未覆盖到项目层面。因为订单签订前对盈利的概算失真、对于业务知识所知甚少，财务部门的工作尚不能支撑起利润中心的运行和管理，也难以承担战略上的职能。这也导致了财务部门数据不精确，与业务部门冲突不断的问题。华为高层认识到如果要让财务部门对订单能否赢利做出准确的估计，就需要将其与业务部门紧密结合在一起。例如，虽然华为在2007年以前就实施了项目交付和营销管理流程，但是财务部门在业务流程中参与仍旧很少，在业务流程上话语权很小。

此外，工程项目的收入确认对华为来说也是一个难题。如果只是设备销售，华为收到客户的初步验收证书（Preliminary Acceptance Certificate, PAC）就可以确认收入了。然而，工程项目是一个繁杂的过程，财务人员对于业务理解有限，与业务人员沟通不足，很难判断什么时间是恰当的收入确认时点。这导致了他们在账务处理方面出现纰漏。由于收入确认时点的不准导致财务数据不够精确，在工程项目多单的地区，如巴西、埃及和巴基斯坦，华为一度出现了不同程度的亏损。更有业务人员为得到良好的销售业绩，利用初步验收证书给财务人员提供的操作空间，操纵数据。华为亟须采取措施应对这个问题带来的风险。

收入确认是一个典型的会计问题。美国证券交易委员会（SEC）曾因为这个问题强制要求朗讯公司在2000年重述其财务业绩。朗讯公司在商品发货后就预先确认了收入，而后来商品被分销商退回，导致了销售收入虚高。这违反了“所有权和风险已经转移到买方才能确认销售收入”的会计准则，如果客户可能在未来将商品退回，则公司不能在商品发货时预先确认销售收入。财务重述使朗讯在2000年第一季度的销售收入减少了6.79亿美元，使其营业利润变成亏损，导致股价急剧下跌8.5%（Kieso et al., 2007）。

5.3.3 财务效率

随着海外业务的扩展，华为获得了很多电信巨头，如巴西电信、意大利电信、英国电信的信任。2006年前后，华为在海外获取订单的金额已经远远超过其在国际化初期所获取的订单金额。订单数量的增多和金额的增大，使华为面临着巨大的现金流压力。很多订单的销售回款较慢，应收账款积压较多，有些还有成为坏账的风险。由于财务管理能力不足，2003—2006年，华为的利润率呈现下降趋势（见图5–1）。在国际化初期（2000—2004年），华为尚且能够利用国内市

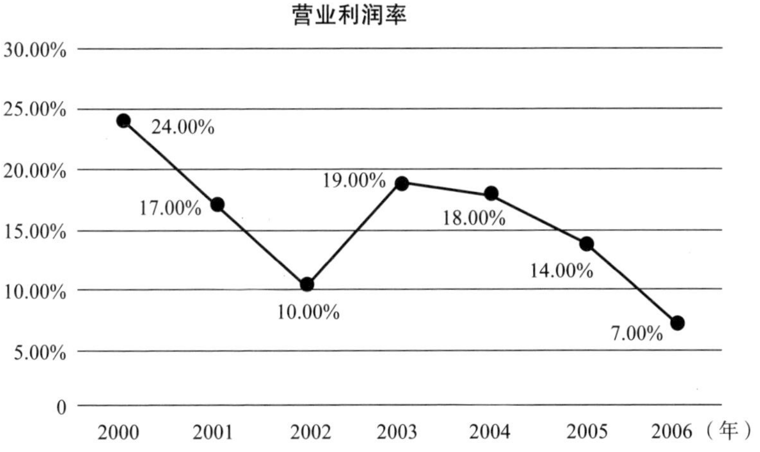

图5–1 2000—2006年华为营业利润率情况

来源：华为年报（2000—2006）

场的利润弥补其在国际市场的亏损。在2005年以后，华为海外市场的收入已经超出国内市场，华为不能继续使用这个战略弥补短期的损失。显而易见，为保证健康发展，华为需要寻求财经管理变革以适应新形势的变化。

5.4 第二次财经管理变革：集成财经服务变革

2007年，为了应对财务上的风险，任正非亲自给IBM首席执行官彭明盛（Palmisano）写信，邀请IBM帮助华为进行财经管理流程的变革（李云杰，2009）。与开展“四个统一”变革时不同，这次华为没有邀请很多公司竞标，也没有联系其他公司来指导财经管理流程变革。选择IBM的主要原因是，华为的集成产品开发（IPD）变革和集成供应链（ISC）变革也是在IBM的帮助下完成的。在华为高层看来，产品开发、供应链和财务管理流程都是相互勾连的，他们希望华为的财经变革与之前的管理变革构成一个完整的体系，促使华为整体的运营效率迈上一个台阶。任正非本人非常佩服IBM的管理系统和专业知识，认为是它们帮助IBM成了百年老店。同样，他也认为华为最宝贵的资产就在于通过一系列大型管理变革建立和完善起来的管理体系，希望华为的管理体系也可以扮演与IBM管理体系类似的角色。彭明盛答应了任正非的请求，集成财经服务变革于2007年开始实施。变革的主要目的在于连通华为的财务管理流程和业务管理流程，让华为的财经体系更好地扮演支撑和服务的角色。集成财经服务变革分为IDS Ⅰ和IDS Ⅱ两个实施阶段，每个阶段都会有很多项目平行实施。

5.4.1 IDS Ⅰ（2007—2010）

IDS Ⅰ阶段的变革从2007年开始至2010年结束。这一阶段的变革主要是解决财务与业务部门间的沟通和连接的问题，具体来说是交付业务、研发业务、市场业务与财务之间流程的连通，以此来保证交易数据的准确性。IDS Ⅰ包含了一系列重要项目，本章节将详细地介绍IDS Ⅰ中的“机会点到回款”“采购到付款”“共享服务”“信息技术”这几个项目。

5.4.1.1 机会点到回款

机会点到回款（Opportunity to Cash, OTC）是IDS Ⅰ中一个重要的跨部门项目，主要目的在于沟通业务部门和财务部门的管理流程，解决收入确认的问题，加速现金流入。变革中推行了四个新政策。第一是建立标准合同条款，明确合同的基本要素、付款条件、交付的流程。第二是对客户进行全流程的信用管理。客户信誉的下降，可能会影响华为的应收账款的收回，因此，合同签订前、发货前、安装前都要进行客户的信用检查。客户的信用信息会保存在华为的财务体系中，作为未来双方业务往来的重要参考信息。第三是优化交付和开票的规则。明确由交付来触发开票，即华为员工交付完成后给客户提交交付报告，之后客户开票。第四是完善应收账款的管理政策。原来华为对于应收账款的管理缺乏系统性，现在要对此进行系统性的管理。此外，华为还制定了一些措施促使客户尽快付款。

我们可以以合同标准化为例来说明集成财经服务变革中的具体措

施。合同的标准化是机会点到回款项目组解决收入确认问题的方案。变革后，收入确认依据在合同中需要清晰表述。如果合同规定华为在交付后不负责设备安装，则交付后即可确认收入。如果合同规定华为应负责设备安装，则安装完成后才能确认收入。

机会点到回款项目中一个加快华为现金流入的重要举措是，引入最小支付单位（Minimum Payment Unit, MPU）和最低交付单位（Minimum Delivery Unit, MDU）的概念和做法。在实施集成财经服务变革之前，华为典型的合同付款流程可以分为几个阶段，包括合同签约后付款，第一次交付后的付款等。然而，如前文所述，华为在海外市场获得的合同金额从 2006 年开始大幅增加，相应地，华为的应收账款也大幅增加。这给华为带来了运营风险，也是集成财经服务变革亟须应对的挑战。IBM 顾问和华为财经变革项目组为此制订了一个解决方案，定义大型合同的最小支付单位和最低交付单位，利用它们来分割合同。譬如，对于交换机来说，在采用最小支付单位和最低交付单位原则之前，定价是基于各部分的板件，而根据新的原则，定价是基于更小的单位，这使华为的运营风险显著降低（范厚华，2016）。

5.4.1.2　采购到付款

随着华为获取订单量的增加，管理订单和供应商逐渐成为一个重要课题。采购到付款（Procurement to Payment, PTP）项目的主要目的就在于提升对于采购订单和供应商的管理，并加强财务和采购部门之间的联系。项目开发的系统会提醒华为员工及时向供应商支付款项，使华为成为它们可信的合作伙伴。同时，系统还会提醒供应商及时给华为开出发票。对订单和供应商管理的改进有助于华为建立一个健康的生态系统。此外，这个项目将采购流程和支付流程紧密联系在一起，保证了采购数据的准确性，有助于华为加强内部控制。在项目实施之前，采购部门在选择供应商和供应商认证方面有绝对的话语权。在项目实施后，财务部门参与到了采购与支付的流程中，这体现了华为高层一直以来不变的观点，即财务部门在业务发展中要充分发挥控制的作用。

5.4.1.3　共享服务

建立财务共享中心是从华为第一次财经变革"四个统一"中延续下来的做法，在集成财经服务变革中，华为首先在马来西亚进行了试点，然后将其推广至全球。截至 2009 年，华为在美洲的阿根廷，中东的迪拜，欧洲的罗马尼亚、波兰、英国，以及亚太地区的马来西亚分别建立了财务共享中心，主管当地片区的账务。与其他跨国公司建立财务共享中心的目的不同，华为建立财务共享中心的主要目的不是降低成本、提高效率，而是为了更好地进行账务管控、资金管理和集中监控。

5.4.1.4　信息技术

华为认为基于信息技术（Information and Technology, IT）系统的管理工具对于管理变革的成功至关重要。一旦采纳了新流程，员工就需要使用新工具来保证新流程的实施。这个项目的主要目的在于开发基于 IT 系统的管理工具。公司的流程和 IT 部门的数千名员工参与了 IT 系统管理工具的开发。其中数十名员工与财务部门的工作人员展开了密切合作，共同开发 IT 架构，以便新的财务和业务流程更顺利地实施。财务人员和 IT 人员也是集成财经服务变革中变革管理项目的核心成员。

5.4.1.5　定价

定价（Pricing）项目旨在建立一个价格体系，为华为的产品确定具有竞争力且合理的价格，既要保证产品在市场上有吸引力，又能满足华为赢利的要求。合理定价对公司的可持续发展至关重要。

5.4.1.6　总账

总账（General Ledger）项目的目的在于通过变革保证华为的财务流程系统的完整性。同时，项目还强调公司的运行要遵循当地的法律法规，包括在当地按时缴税。

5.4.1.7　资产管理

在资产管理（Asset Management）项目中，华为建立了一套资产采购、决策的标准，保证公司所有资产的管理是准确、安全、高效的，资产的配置是合理的。

5.4.1.8　薪酬

在薪酬（Payment）项目中，华为建立了薪酬管理系统，保障薪酬发放及时准确、税收扣减准确，同时还保证外派人员的薪酬发放符合当地法律法规，公司经营是合法合规的。

5.4.1.9　内控与内审

内控与内审（Internal Control and Internal Audit）项目的目的是提升内部控制、打击员工的非法行为，制定合理的规则并将其在公司内部进行宣传，同时加强监督和稽查，保证公司安全运营。

5.4.1.10　授权

授权（Authorization）项目主要就是制定公司授权的框架、标准和流程。

5.4.1.11　政策与流程

政策与流程（Policy and Process）项目的目标在于统一公司财务方面的政策、运营框架、流程等。

5.4.1.12　数据

数据（Data）项目的目的在于制定数据的标准。这些数据包括客户的信息、公司内部运营和业务的信息等。只有对数据进行标准化后，华为才能够处理和分析由各个不同区域、不同部门搜集的数据。

5.4.1.13　变革管理

对一项大型管理变革来说，协调各个业务部门进行变革通常是一个很大的挑战。以机会点到回款项目为例，它涉及公司的 8 个职能部门，每个部门的领导都是华为公司副总裁级别的。变革管理项目组（Change Management）要做的就是跟这些部门的经理沟通，得到他们的认可和支持，使变革顺利进行下去。

5.4.1.14　项目管理办公室

集成财经服务变革的组织架构中不仅有财经变革指导委员会，还有项目管理办公室（Project Management Office），它会对变革中每个项目的日常运营进行管理，包括组织日常的工作会议、研讨会、与

IBM 咨询顾问的交流会等，我们会在后面仔细地分析集成财经服务变革的组织结构。

5.4.1.15 推行

一般情况下，这些项目的实施遵循着“项目规划—概念设计—开发—验证—试点—推行”的顺序。由于集成财经服务变革是统一在全球推行的，但是不同国家的情况不同，推行项目组（Promotion）的主要任务就是为集成财经服务变革在不同国家和地区的实施设计最优流程。

5.4.2 IDS Ⅱ（2010—2013）

IDS Ⅱ阶段的变革从 2010 年开始至 2013 年结束。这一阶段的变革主要是解决责任中心定义的问题和提高华为公司项目财务管理能力。IDS Ⅱ同样也包含了一系列项目，这里主要介绍报告与责任中心管理（Reporting Analytics）、项目财务管理（Project Financial Management）两个重要的项目。

5.4.2.1 报告与责任中心管理

报告与责任中心管理项目主要包括两方面，首先是确定责任中心。华为最早从 2006 年开始进行利润中心的管理，但实施效果并不显著。在 2010 年，华为决心要做好利润中心的建设，于是将这个项目纳入集成财经服务变革的规划中。首先面对的问题就是，应该把区域市场维度还是产品线维度作为主利润中心。华为最后决定将市场端作为主利润中心，原因在于华为的核心价值观是以客户为中心，市场端更接近客户。产品线也是利润中心，但是是第二位的利润中心，决策还是以区域的利润中心为主导。另一个引起争议的问题在于制造部门和供应链管理部门是否可以作为利润中心。在最初的讨论中，这两个部门都被提议作为利润中心，但这个提议被华为高层否决了。因为如果设立太多利润中心，就很容易产生冲突。假如把每个产品都作为一个利润中心，签订合同后，销售额就会被各个产品线瓜分。只要其中一个不满足在总销售额中的分配比，即便合同对公司整体非常重要，这个部门也很可能会拒签这个合同。基于这个原因，制造、供应链部门被定义为成本中心，它们只需要考虑如何去节约成本。其他部门诸如财务部门、人力资源部门等业绩不依赖销售额的部门则被定义为费用中心。

该项目的第二个内容就是关于财务报告的变革。在这个项目中，华为规范了会计科目编码的 7 个字段，包含：公司、国家、部门、产品、项目和两个预留字段。当信息切分得足够细致，财务部门可以更好地为不同的责任中心提供报告。责任中心的职责明确了，不同责任中心的财务可以依据不同财务指标向主管提供报告。地方代表处的主管和产品线的经理可能会收到利润和现金流量报告，项目经理只会收到利润报告，供应链经理收到的则是成本报告。

5.4.2.2 项目财务管理

项目财务管理项目的主要目的在于提升华为项目财务管理的能力。在这一变革完成后，项目成了华为公司管理的基本单元。通过项目财务管理，华为很容易得知每个项目的赢利情况，这大大降低了公司的运营风险，提升了管理效率。相比变革前，项目管理流程主要出现了三个变化。首先，原来华为基于每个项目的概算、报价和投标是由市场部完成的，不具独立性，市场部为了获取更多订单，可能会在概算时高估订单的盈利空间，这就有可能导致华为的高管不清楚海外订单是否可以赚到钱，尤其是那些包含工程的项目。在变革后，概算由财务部和市场部共同完成，财务部门增加了对概算的控制性，同时概算的可信度和精确度也随之提高了。华为高层在 2011 年明确提出“华为所有的首席财务官都要参与到合同的评价的过程中，并随时准备否决低质量的合同”（华为，2016c）。其次，原来项目财务预算是由财务部门在签订合同后制定的。变革之后，项目预算和工程的项目计划（Statement of Work）以及项目执行关联起来了。再次，在变革前，华为的决算只是用来分析项目是否赢利及其原因。变革实施之后，决算日益完善，也可以用来指导下一次概算。

5.5 集成财经服务变革的推行

集成财经服务变革是一个复杂的变革项目，涉及公司的多个部门。在面向全公司推出新流程之前，项目团队通常在区域代表处或产品线进行试点。试点做法与后来推广到整个公司的做法的主要区别在于，试点期间不使用新的 IT 系统。除此之外，在试点项目中实施的会计流程、政策和标准与以后在全公司推行的基本一致。项目试点通常会持续 2~4 个月。只要集成财经服务变革项目团队认定新的流程、政策和标准符合预期，变革就会推广至全公司。与此同时，新的 IT 系统也会跟进实施（范厚华，2016）。

在集成财经服务变革开始之前，“自我批判”作为公司核心价值观已经深入人心，华为已经在其他领域投入数十亿美元进行管理变革项目。而且，华为高层已经达成共识：世界上唯一不变的是变革本身（范厚华，2016；华为，2016c）。即便如此，就在集成财经服务变革措施逐步推出后，项目组还是感受到了来自业务部门的阻力，有些业务部门难以适应集成财经服务变革项目团队建议的新流程。CEO任正非明确表达了对变革的支持："财经的变革是华为公司的变革，不仅仅是财务系统的变革，华为公司每一个高层管理团队都要介入财务变革，哪个业务部门认为能够不需要支持就能完成变革，那我就认为可以理解成能够不需要费用就创造利润。这个业务主管是没有后续成长能力的。财务部门也不能关起门来，认为不需要业务部门的参与、不需要向业务部门去宣讲、不愿意去听业务部门有什么意见。"（华为，2016c）任正非对待集成财经服务变革的战略与实施集成产品开发变革项目时类似，即奉行"先僵化，后优化，再固化"的原则。

集成财经服务变革过程中，华为非常注重设计和实施新流程，创立新的组织机构，推广新的 IT 工具，这被认为是华为管理变革项目的关键成果（范厚华，2016）。在组织架构层面上，华为成立了财经变革指导委员会，以监督集成财经服务变革项目的推行。该指导委员会成员包括华为的高层领导，如当时的首席法务官郭平、首席销售和服务官胡厚崑、首席财务官梁华。郭平任指导委员会主席。他们三人共同决定集成财经服务变革的重要事项，直接向任正非汇报。大约300 人参与了集成财经服务变革，其中华为项目团队由 200 多人组成，IBM 的顾问团队约有 60 人。在公司层面，华为设立了项目管理办公室，以监督各子项目的进展和推进情况。项目小组会议约每两周举行一次。通常有 20~30 人参加会议，包括 6~7 名集成财经服务变革项目管理办公室的工作人员，以及各个分项目的领导和各部门的负责人（范厚华，2016；彭志军，2016）。在集成财经服务变革项目小组推进会中，各个子项目的领导人必须报告他们所负责项目的进展情况。如若进展不符合期望，项目的领导人会面临巨大的工作压力，也有可能在会议后就被解职（彭志军，2016）。

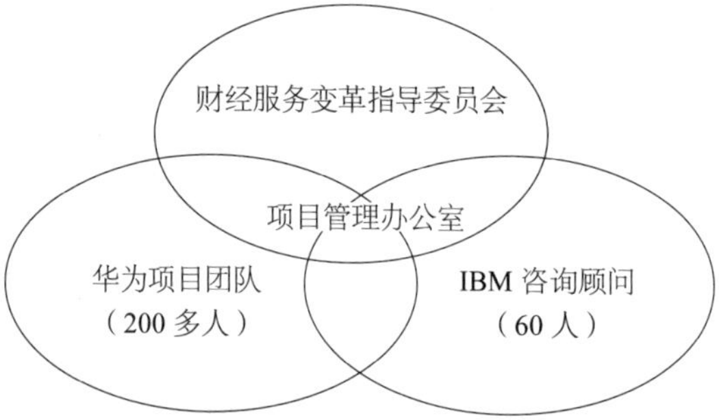

图 5-2　集成财经服务变革中 4 个项目组之间的关系示意图

来源：胡彦平，2016

在集成财经服务变革中，IT 工具的作用是巩固新流程的实施。例如，在电子邮件广泛使用之前，华为的合同通常是纸质文件。电子邮件普及后，纸质合同被扫描上传并通过网络传输。不管是哪种操作方式，都会发生合同在传输中丢失的情况。因此，在这次变革中，华为开发了用于合同管理的 IT 系统。所有合同都被上传到系统中，公司中任何需要合同的人都可以通过登录系统轻松获取。华为也为采购订单创建了类似的管理系统。从签订合同、下订单、规划和制造到交付，所有过程都可以由系统中的任何参与者查阅。这些 IT 系统加强了不同部门之间的联系，提高了公司的运营效率，保证了新流程的实施，巩固了新组织结构的运行。

5.6 集成财经服务变革的效果

集成财经服务变革提升了华为整体的财务管理能力和财务绩效，同时也帮助华为解决了国际化过程中遇到的财务问题。从财务绩效方面看，用两个典型的财务指标——应收账款周转天数（Days of Sales Outstanding）和存货周转天数（Inventory Turnover Days）可以说明集成财经服务变革的成效 [应收账款周转天数的计算方式是期末应收账款余额除以销售收入，乘以 360 天；存货周转天数的计算方式是期末存货余额除以销售成本，乘以 360 天（华为，2016b）。这两个指标的降低表明企业绩效的提高]。从表 5–1 中可以看出，这两个指标在 2010 年前数值比较高，在 2010 年之后的应收账款周转天数、存货周转天数较之前出现了明显下降。这表明华为产品周转速度快，回款期缩短，资金流动加快。华为的产品交付到收款周期由 30 天缩短到了 5 天。此外，集成财经服务变革效果还体现在华为运营成本的降低。华为首席财务官孟晚舟在解读华为 2014 年年报时曾指出，包括集成财经服务变革在内的持续的管理变革给华为带来的收益占整个公司整体收益的 72%。其间通过多种方式的风险管控，华为的坏账率也大幅下降，2015 年净利润增加至 369.1 亿人民币（胡彦平，2016；华为，2016b）。

集成财经服务变革解决了大量财务问题。以财务数据准确性为例，2007—2008 年间，华为很多海外利润中心的数据都是错的，财务数据缺乏公信力，这导致业务和财务之间产生了较大的矛盾。2010 年，在 IDS Ⅰ阶段变革结束之后，数据不准确的矛盾就解决了。

表 5-1　华为的应收账款周转天数和存货周转天数（2008—2016）

年份	应收账款周转天数	存货周转天数
2008	127	110
2009	125	100
2010	95	92
2011	88	73
2012	90	60
2013	109	64
2014	95	104
2015	84	96
2016	75	86

来源：华为年报（2008—2016）

这表明 IDS Ⅰ阶段的变革对于提高数据准确性的效果非常明显，内部客户满意度有了很大的提升。在 2010 年之前，由于收入确认的规则不明确，华为一线员工中存在着操控数据的情况。历经变革之后，合同条款更加标准化、收入确认的流程更加规范化，操纵数据的行为得到遏制。

5.7　华为的财务管理

华为财务管理的其他方面，如融资、投资和并购战略，不是上述两次财经管理变革的重点，但是它们是华为财经管理的重要组成部分，也是华为成功的重要因素。

5.7.1 融资

股权融资，或者说是面向员工发行股票，是华为早期最主要的资金来源，而债务融资在某种程度上只是起到补充作用（彭志军，2016）。1990年，在成立后的第三年，华为创立了员工持股制度。《华为公司基本法》的第四章第十七条写道，“我们实行员工持股制度。一方面，普惠认同华为的模范员工，结成公司与员工的利益与命运共同体。另一方面，将不断地使最有责任心与才能的人进入公司的中坚层”（华为，1998）。

员工持股制度在过去20年间历经了多次变革。1997年，华为允许员工基于他们的股份获得分红。2001年，华为引入了虚拟股计划，逐步淘汰了原始的员工持股制度。2008年，华为实行饱和配股制，规定了员工的配股上限，给予新入职的员工更多配股机会和更多激励。同时设定了与股票期权计划类似的时间单位计划（Time-based Unit Plan），允许所有员工，特别是外国员工，分享公司发展的成果（Zhu et al., 2013；Yan, 2014）。但是这些变革都没有改变员工持股制度的最主要功能，那就是激励员工和筹集资金。据悉，2004—2011年，华为已经成功融资超过275亿元。仅2011年，华为就融资94亿元，同年，华为总借款（包括长期和短期借款）仅仅增加了74亿元（华为，2012）。

学术研究发现，员工持股制度可以提高公司的生产力（Kumbhakar & Dubar, 1993; Jones & Kato, 1995）。原因在于员工的所有权可以促使他们有更积极的工作态度（Pierce et al., 1991; Pierce et al., 2001），使员工产生责任感和与组织共存的担当感，增加对员工的激励强度（Druskart & Kubzansky, 1995；Kubzansky & Druskart, 1993）。华为高层认为员工持股制度是华为成功的最重要因素，这个制度将员工利益和公司的整体利益、员工激励都联系在一起，更有利于实现公司的核心价值，即“以奋斗者为本”（徐直军，2016）。

5.7.2 投资

学者们研究发现，跨国公司总部的主要职能是运营公司内部的资本市场，有效地对公司内部资源进行重新分配（Stein, 1997; Lamont, 1997; Mudambi, 1999）。跨国公司的总部可以通过在项目中重新分配稀缺资金来创造价值。一个部门业务产生的现金流可以投资于另一个部门回报更高的业务（Stein, 1997）。如果新业务或者新市场对于公司的发展至关重要，尽管这些新部门和新市场通常在最开始时入不敷出，跨国公司还可以利用内部资本运作，将资源从成熟的、创造利润的业务部门或市场转移到新兴的、快速增长的业务部门或新市场中去（Mudambi & Navarra, 2004; Mudambi & Swift, 2014）。

华为清楚地区分了成熟和新兴业务的赢利要求，成熟业务的赢利能力和运营效率要逐年增加，而新兴业务是可以有损失的。当华为制定年度预算时，往往会计入新兴业务的损失。如果一个新兴业务的损失小于预算中预计的损失，那么它的表现可以称得上优秀。华为还区分了核心业务和非核心业务的赢利门槛。那些对公司持续增长具有战略重要性的核心业务，即使遭受损失，公司仍然会支持其发展。对于非核心业务，华为将从业务部门收取 16.7% 的收入作为运营成本。这意味着这些业务的利润率必须高于 16.7%，才能保证不被公司舍弃

（彭志军，2016）。

与许多理论和公司的实践不同，华为不会将有限的资金根据项目回报重新分配到项目，华为会将资金分配给那些不一定带来更高回报但属于公司核心业务的项目。即使这些项目会亏损，如果它们与核心业务相关，它们仍可以从总部获得持续的财务支持。这种做法与华为的投资战略密切相关，反映了创始人兼 CEO 任正非长期以来的观点，即华为的财务是支持业务发展和扩张的，财务也要对业务进行有效的控制和监督。

5.7.3 并购

华为是一个内生增长的公司，收购与兼并在华为的发展中不是主旋律。我们将 2011 年后华为年报中披露的并购活动整理了出来（见表 5–2）。可以看出，这些并购的主要目的在于获取技术，比如在物联网、软件系统等领域，通过并购，华为有了获取技术和进入相关市场的机会。同时，我们也发现，这些被并购公司的市值和并购交易金额也不高，没有占用华为太多的财务资源。

表 5–2　华为的收购活动（2011—2015）

收购年份	被收购的公司 / 合营公司	被收购公司 / 合营公司简介	交易金额
2011	ITS 巴林	ITS 巴林是在巴林王国成立的公司，主要从事提供整体信息技术解决方案和软件服务	7.2 亿美元（折合人民币 41.9 亿元）
2012	北京朗新	北京朗新是于 1996 年在中国成立的公司，主要从事生产和销售网络通信产品，计算机软硬件及相关业务	11.6 亿元（折合 1.84 亿美元）

（续表）

收购年份	被收购的公司 / 合营公司	被收购公司 / 合营公司简介	交易金额
2012	香港数字技术	香港数字技术是香港华为与赛门铁克硬件于2008年在香港成立的合营公司，主要从事研发、生产和销售网络存储及安全产品	53亿美元（折合约333.6亿元）
2013	Caliopa NV（简称“Caliopa”）	Caliopa位于比利时，主要从事硅光子技术开发。2013年，Caliopa的所有服务均为向本集团内部公司提供	700万欧元（折合0.56亿元）
2013	Fastwire PTY Limited（简称“Fastwire”）	Fastwire位于澳大利亚悉尼，主要从事运营支撑系统研发	1 900万美元（折合1.17亿元）
2014	Neul Limited（简称“Neul”）	Neul是2010年9月成立于英国剑桥的一家物联网技术公司。Neul提供的技术可以帮助网络运营商升级，也可以帮助低网络功率的终端设备连续到其在线数据。华为通过这次收购增强了在物联网方面的实力	1 500万英镑（折合1.42亿元）
2015	Aspiegel Limited（简称“Aspiegel”）	Aspiegel位于爱尔兰都柏林，主要开发软件定义网络（SDN）技术，该技术能够使网络管理者通过分离更高层次的功能进行网络服务管理。本次收购增强了华为对SDN市场的参与程度	1 900万欧元（折合1.32亿元）

来源：华为年报（2011—2015）

5.8 小结

本章主要讲述了华为第一次大规模的财经管理变革——“四个统一”以及后来影响更加深远的集成财经服务变革的历程。它们分别是华为在毕马威和 IBM 的帮助下实施的。我们分析了华为两次财经管理变革的背景、动机、内容和影响，总结了华为财经管理变革成功的经验。

我们发现，华为财经管理变革的成功主要源自三个关键的要素，它们分别是新的流程、组织和 IT 工具。华为将流程从现行的、大量重复性的工作中梳理出来，然后将其标准化，目的是提高管理效率，降低运行成本。新的组织的建立是为了更好地推行变革项目。这些组织的员工设计、推行变革，并致力于在部门之间进行协调和沟通，以保证变革的顺利进行。新的 IT 工具的作用是用于执行新的流程，将新流程扩散到全公司。这三个要素是华为变革成功不可或缺的条件。

华为在成长和国际化的过程中遇到的很多财务问题是可以用财务管理、国际商务等理论解释的。但是华为的财务管理有着自己独特的地方。譬如，华为的财务管理是为业务服务的。投资决策不仅仅要基于各个不同项目的获利情况，而且要基于不同项目的战略重要性。这些策略自华为成立以来就没有改变过。财经体系是业务部门的重要支撑，更是业务部门的监督和控制者。此外，华为是一个由全体员工共同所有的民营企业，以员工持股为主要融资手段，这些都可以解释，华为历年来的财经管理变革为什么不是以投资和融资为重点，而是聚焦于财务会计流程。

第六章

华为的人力资源体系变革[1]

① 本章内容由许宏啟、约翰·彼得·穆尔曼教授共同完成。

6.1 引言

华为 30 多年的发展历程中，在员工数不断快速增长的同时，通信行业产业环境也发生着翻天覆地的变化。这使得华为公司需要不断变革自身人力资源体系以应对随之而来的各种挑战。之前描述华为人力资源体系的著作大都是阐述某一或某几个时间点上华为的人力资源政策（我们称之为静态视角的描述），本章则从动态发展演化的视角描述华为公司在发展壮大的过程中所做出的改变。由于驱动华为公司变革的因素不尽相同，因此华为公司人力资源体系所经历的不断制度化（routinized）过程与变革过程在本章将会被详细叙述。例如，在华为发展的早期，大量招兵买马是重中之重；而随着公司的不断壮大，人力资源体系的核心需求逐渐转移到选拔、激励、培养等其他活动中。为了准确描述这些变革，我们将华为人力资源体系的发展历程按时间划分成了 5 个不同阶段：1987—1991 年、1992—1997 年、

1998—2005 年、2006—2010 年以及 2010—2016 年；相应地，我们称之为人事管理阶段、人力资源管理的开端阶段、战略性人力资源管理阶段、国际化人力资源管理阶段以及员工赋能管理阶段。华为公司在一定程度上依靠国际顾问公司，例如合益集团（HAY Group），将西方先进的人力资源管理技术引进公司。

在华为的人力资源系统发展历程上很多的事件表明，相互交织的制度化过程与变革的过程对华为今天的成功起到了很大作用。另外，华为的发展历程同样表明，一个好的人力资源管理体系需要随着公司的规模和战略目标的改变而改变。

6.2 第一阶段：人事管理（1987—1991）

1987 年，华为在深圳成立，包括股东在内只有 14 名员工（唐继跃，2016）。当时华为主要从事销售用户级交换机（PBX），1990 年开始从事组装用户级交换机。但是仅仅从事组装和代工并没有使华为公司从众多的竞争对手中脱颖而出。当时为了在激烈的市场中生存下来，华为初期员工增长很少，因为只需要聘请少量员工就能达到公司组装和销售的要求（华为，2016）。不仅如此，在被国企垄断的通信行业，一家初创的民企是很难进行大规模招聘的。时至 1991 年，华为公司也只有 50 名员工，创始人任正非几乎熟悉每一个员工，因此员工间的利益分配相对比较直接和简单，只需要对已聘用的少量员工进行合理的贡献评估即可。

从 1991 年开始，华为通过让员工购买公司的股份以提供额外的奖励。这一举动对华为今后的人力资源管理工作产生了很大影响，这也是任正非在人力资源管理体系上展现其“以奋斗者为本”管理哲学的开端。“以奋斗者为本”是华为公司的核心理念之一，它强调公司的所有机制或者系统，都需要倾向于奖励那些努力奋斗以助力华为实现目标的员工。而人力资源系统在将“以奋斗者为本”的理念落地的过程中扮演了极其重要的角色，因为人力资源系统关乎利益的分配。作为民营企业的华为实行的员工内部持股机制，被多位学者认为是今后华为人力资源管理变革的先决条件（文丽颜、张继辰，2012）。

同样是1991年，华为开始了大规模的订单生产而公司员工数也开始经历快速增长。华为也开始了独立的研发活动，生产自己的用户级交换机，这也是中国首台自主研发并大规模生产的数字交换机（华为，2016）。由于市场需求的剧烈增长，华为仅有的50名员工已经无法满足企业的日常运营，华为开始进行大规模的招聘。而这些大量新招的员工给华为已有的人力资源体系带来了挑战。也正是这个挑战标志着华为公司仅仅关注招聘和进行简单直接利益分配的人事管理阶段的结束。

6.3　第二阶段：人力资源管理的开端（1992—1997）

1992年华为销售额达到1亿元，员工人数从50人增加至270人。从那时起，华为开始大规模招聘，1995年时员工超过1 800名。此时的华为高层管理者已无法通过自我主观认识去考核每一个员工，因此员工的奖励和分配系统遇到了极大挑战（文丽颜、张继辰，2012）。

不仅如此，华为的产品也开始变得越来越多元，特别是独立研发的C&C08用户级交换机的推出标志着华为进入快速发展时期。这种快速发展对华为人力资源管理带来了如下的诸多影响。首先在创立的初期，一个新的企业总是围绕着公司的“英雄”进行运作，这些“英雄”会用自己的方法去聘请和激励员工，而没有正式的规范和制度加以约束，这样的实践方式使华为各部门无法达到最优绩效（Peterson et al.，2009）。

不仅如此，很多早期的“英雄”随着公司度过第一阶段的生存期后，在企业中到达了较高职级。但是由于华为的战略目标已经逐渐转移到进一步扩大规模和影响力，用多元化的产品和服务成为行业领军企业，很多早期的雇员已经无法适应公司快速发展带来的更高的要求，这无疑会阻碍华为的发展。

华为人力资源系统的第一次变革也因此开始，变革首先在市场部实施。市场部被视为华为最重要的部门之一，因为其在以销售为主的华为早期发展阶段中有突出贡献。培养一名优秀的销售经理需要很长的时间，开除掉一名有经验的销售经理会带来很大损失，因为新人无法很快与关联方建立利益关系。即便如此，考虑到市场部的重要性，华为更加认识到好的销售经理是不可或缺的资源（宋海兵，2016）。即使市场部的变动会对公司带来危险，任正非依旧选择对市场部销售经理的选拔和任用过程进行变革，他认为不这样做的话整个公司会陷入停滞，今后的发展会受阻。

1996年，华为人力资源体系首个重大变革拉开了帷幕。1月，市场部的所有经理（代表处的正职）被要求同时上交一份年度述职报告和一份辞职报告，这两份报告用于重新评估他们的绩效并衡量他们是否还适合当前的岗位。通过这样的变革，市场部超过 30% 的经理被更有雄心和激情的新人替代。这次强有力的震荡使得华为变得更具竞争力，并得以进一步发展壮大，在中国市场的份额也实现了增长。

在某种程度上说，这次市场部员工集体辞职对于之后在公司内部建立所谓的“狼性文化”起到了很大作用。华为重新审视了企业的人力资源管理实践，开始关注于创造更加灵活的人力资源政策。华为开始系统性地以员工的个人能力为标准聘用和提拔干部，而不是像中国绝大多数企业那样以资历作为衡量标准。不仅如此，绩效不好的员工还会受到降级的处理，这样做的目的就是激活组织并向员工灌输一种需要持续奋斗的观念（文丽颜、张继辰，2012）。这种巨大的变革对销售人员的绩效提出了新的要求，之后也演变成了激活人力资源体系和发展更先进人力资源体系的基础。

1997 年初，华为又面临着另一个利益分配问题。由于华为没有一个清晰的考核标准，因此公平地评估每个员工的工作是很困难的。这对于公司的进一步扩张和发展是极其不利的。公司高层意识到需要开发一套正式的、综合的薪酬评价体系，根据统一的评价系统去决定公司每一个岗位的薪酬级别。

此时一个真实案例引起了华为领导层的关注。为了进一步扩大在中国的市场份额，华为同时派出了两名销售人员分别前往上海和新疆销售同样的产品。但是两人的销售业绩却天差地别，这是由于新疆市场的竞争压力是远远无法与上海相比的，因此新疆销售人员能更快地销售产品。于是，根据当时的薪酬体系，两个销售人员的薪酬相差 20 万元。显然，由于无法衡量在不同销售市场环境中销售人员面临的截然不同的销售压力，仅仅使用销售业绩去衡量他们的劳动贡献是不合适的，而且这种不公平的薪酬体系往往会使员工变得消极。这一案例反映出了华为工资体系的一种矛盾冲突，同时还揭示出人力资源管理系统中需要解决的问题。任正非因此特意成立了一个由高管组成的专门进行工资改革的小组。但遗憾的是，在多次激烈的争论之后这个小组并没有给出一个标准答案。最终，通过公开招标的方式，华为聘请了专业的咨询公司合益集团来帮助公司解决薪酬体系的问题。

合益集团将职能薪酬体系引入华为公司，这套体系强调每一个不同岗位的价值。这一体系是基于“人岗分离”的原则建立的。也就是说，这个体系从以下三个维度衡量员工——知识能力（作为输入）、解决问题的能力（处理过程）以及职责范围（作为输出）。采用该评价系统，各个职位的难易程度可以被计算出来，基于每个岗位的难度系数可以相应地给出符合岗位难度的薪酬。因此从理论上说，拥有相同难度的不同岗位会获得相同的报酬，这样报酬的多少就完全不取决于任职者的资历、年龄或者教育背景。这一先进的薪酬体系可以帮助华为从全方位去考察员工绩效并可以顺利地将公司“以奋斗者为本”的管理哲学顺利落地实施。

在合益集团的帮助之下，华为顺利地推行了职能薪酬体系，这一体系在整个公司今后的人才挑选、评估和提拔的发展过程中扮演了重要角色。在华为发展的这一阶段，华为开始将公司的人事管理体系向人力资源管理体系转变。这样的转变关注如何吸引人才以及如何全面提升整体的人力资源管理体系，最重要的是可以激励员工保持努力工作的热情。但在同一阶段，销售的持续快速增长以及员工数量的持续增加给华为带来了新的问题。

6.4 第三阶段：战略性人力资源管理（1997—2005）

为了在技术迅速迭代变化的产业中不断提升自身技术能力，华为需要聘请更多的研发人员。在 1997 年年末，华为首次进行大规模招聘，一次性招聘了约 800 名研发人员，而这一数目几乎使华为研发人员数翻了一番。当时由于新进入的研发人员数量与已有的研发人员数量几乎一致，公司得考虑如何将已有的文化和管理思想灌输到新员工头脑中。不仅如此，新员工的平均受教育程度要比之前的员工高，管理这些有着雄心壮志且一心想以自己的方式给华为带来改变的新员工是很困难的。公司的高管层被这一困境难住了很长一段时间（唐继跃，2016）。最终他们决定开发个人素质模型运用在招聘初期用以评估研发人员，这一流程于 1999 年开始在招聘研发人员过程中使用（唐继跃，2016）。

华为专门设计了用于测试申请者是否能达到岗位要求的个人素质测试模型，并特别用于评估潜在的研发人员。这一模型包括了如下 6 个不同的测量维度：思考能力、合作能力、学习能力、首创精神、坚毅品质以及渴求成功的激情。老员工会在面试的初期利用标准化的问题去判断申请人是否符合岗位的要求，只有分数达标，申请人才能进入下一个环节。这一套个人素质测试模型在研发部门取得很大成功，不仅新员工的离职率降低了，而且整个部门的招聘效率也大幅度提升了。因此，华为随后将这个方法运用到了销售部和售后服务部，最后运用到了全公司范围（唐继跃，2016）。

让如此一大批新员工迅速融入公司也是一个巨大挑战，华为公司高管为此展开了多次激烈讨论但一直没有找到有效的解决方法。直到公司运营商网络运营中心干部部部长唐继跃提出“导师制”（唐继跃，2016）。值得一提的是，干部部和人力资源部有所不同。每个运营中心的人力资源部门都是从干部部发展出来的。最初在研发领域设立干部部是用于培养和选拔干部的，主要关注点是干部，而人力资源部门则是对所有员工负责的。

华为的“导师制”就是为了使老员工能带着新员工更好地去理解华为的文化，更快地熟悉工作环境。老员工不仅需要将华为组织文化的核心价值观灌输给新员工，还需要将新员工介绍给办公室的同事，这样当新人遇到问题时就可以向周围的员工寻求帮助。为了有效地完成这个目标，华为将新员工分成若干组，分批进入公司以使其对公司的冲击最小化。这一过程十分有效，新的研发员工融入公司的过程很容易得以完成。基于“导师制”在研发部门非常成功，华为将该制度进一步推广到全公司，随后演变成对老员工晋升的一项考核要求，即员工必须成功当过“导师”，才能被提拔。

有机会得以晋升是很好的激励方式，因为通过晋升员工能获得更高的薪酬和更高的社会地位。特别是对于一心为公司付出的人，让这部分员工获得提拔是激励他们继续保持高绩效的关键，同时也是公司落实“以奋斗者为本”核心价值观的重要手段。然而那时华为的晋升体系还不够正规，如何从基层提拔干部也是华为当时存在的一个比较大的问题。在 1997 年之前，华为主要有两个提拔员工的途径。第一种是所谓的火箭式提拔，也就是员工直接被资深经理或者高层经理提拔。这种方式主要的问题是没有原则性，而且还充满了机会主义色彩。作为领导人，不可能熟悉和认识所有员工，这样的晋升体系必定会忽略一些有才华的员工。第二种晋升方式是所谓的贡献主导式的提拔。这种晋升方式主要基于员工对华为的贡献，特别是在销售和技术开发领域。这两种提拔方式都是基于员工的业务能力，几乎无法考察员工的综合能力以及员工是否真的与华为的企业文化相吻合。不仅如此，能较好完成日常工作只是成为领导人的一种必要才能。领导还需要具备处理偶发事件和危机的能力。

基于以上这些原因，华为急需一个更有效的任职资格系统用于评估员工是否达到晋升标准，这样一个系统可以更好地提升华为的内部组织能力。任正非意识到了这件事情的严重性，他表示："前些年，由于快速的发展，我们提拔了很多人，提拔时我们犯过'乔太守乱点鸳鸯谱'的错误，并不是我们选拔的所有干部都是合乎科学管理规律要求的。我们一定要把有责任意识、认真负责的员工提拔上来，给予培养的机会，通过这种置换，才能使我们的队伍更加强大。一定要把任职资格的工作扎扎实实做到底，先推行，后平冤，再优化，三到五年内形成自己的合理制度，就有了生存下去的希望"。(任正非，1998)

1998 年，华为开始通过引进英国国家职业资格体系（NVQ）让自己挑选和提拔干部的流程形成制度。英国国家职业资格体系最初是由英国国家劳动部与英国伦敦工商会考试局联合发起的项目。该任职资格体系在提升员工个人素质和帮助未来的领导成长方面得到了全球的广泛认可（唐继跃，2016）。在 1995—1997 年两年时间内，华为在册员工数从 800 人上升到 5 600 人，年销售收入从 15 亿元增长至 41 亿元。英国国家职业资格体系首先在华为的公司秘书中实施。华为使用 NVQ 体系建立了基础的人事管理以及员工培训平台，从而可以清楚地界定秘书工作的专业技能要求以及工作标准。基于这个已搭建起来的框架，华为根据实际的运营环境重新修改并细化了任职标准，紧接着建立了多层次的考核体系用于全公司的职业认证（唐继跃，2016）。举例来说，对于秘书工作的认证，打字速度、会议筹备以及办公室的信息管理都是任职资格体系的构成要素。作为评价过程的一部分，所有的秘书可以依据职位的任职标准来对标自身绩效。若察觉到自身绩效尚未达到任职资格体系中所设立的职位要求，他们能看到自身的差距，并根据这个提示进行培训然后提升绩效。

NVQ 系统在公司秘书中的首次施行取得了很大成功，这个方法在打开了秘书职员晋升通道的同时还提升了他们的积极性，因为员工知道在 NVQ 体系中所学的东西在未来职业发展的道路上会对他们有帮助。因为 NVQ 的引入，华为公司的秘书工作效率是别的企业的三倍（文丽颜、张继辰，2012）。

虽然 NVQ 体系具有一定的优越性，但是任正非发现这个体系存在僵化的问题。他主张华为应该通过将 NVQ 体系与合益集团引入的职能工资制结合，这样可以为系统注入活力。他相信这两个方法的结合可以有效地从内部培养和提拔干部。当 NVQ 体系在秘书中获得巨大成功之后，从 1998 年到 2000 年，华为逐步将 NVQ 体系和职能工资制融合在一起并推行到企业的其余部门中。

为了进一步保证任职资格的成功，华为成立了一个名为资格审查部的新部门。这个部门专门关注资格认证问题并完成了公司剩余岗位的任职资格认证。同时，在部门内部还成立了 6 个培训中心。这就标志着华为已经开始设计员工职业发展的双通道制，用于激励员工不断提升、改进自我。具体来说，职业发展的双通道就意味着不仅仅是业务条线的员工可以被提升，研发人员也能依靠贡献获得提拔。表现最优秀的研发人员可以获得“院士”头衔，该头衔和高层的管理人员级别对等。职业发展双通道为所有员工提供了更为平等的激励机制，特别是研发部门的人员也有了很明确的晋升机会。任职资格体系帮助员工得以知晓自己现阶段的工作状态与期望状态之间的差距，同时华为为员工提供定向培训以帮助员工消除差距。华为通过使用职能薪酬体系、NVQ 系统以及培训体系帮助员工提升自我的职业发展水平。在上述体系的顺利实施下，华为基本的人力资源管理体系框架已经建立，且企业的招聘、资格认证、职位晋升过程均已实现制度化运营。

在一个企业成立的初期，经理们通常都可以身兼数职。但是随着企业越来越大，层级越来越多，员工们会越来越被某个单一职位所限，而得不到流动。这样的事情也发生在华为，有一部分员工甚至已经失去继续奉献的动力。为了保证员工的工作动力以及长期稳定的高水平工作产出，华为在已有人力资源体系中加入了轮岗制和末位淘汰制（唐继跃，2016）。这一体系通过培养优秀员工和淘汰不良员工来激活组织活力。

这两个机制交织在华为已有的人力资源实践中，并通过以下三种方式影响人力资源管理系统。首先，这些过程是提升和培养员工很有效的手段。通过“轮岗制”，员工可以去寻找最适合自己的岗位，同时优秀的管理技巧也可以被带到组织中别的部门以提升华为的整体管理效率。正如前文所提到的，一些员工会因为在同一个职位待的时间太长而失去工作的激情。而轮岗制可以很好地解决这个问题，也可以为员工提供一个提升自身综合能力的机会。

其次，这个机制可以有效地避免一些个人或小群体形成“山头主义”以控制公司内部的某些部门，该机制可以使这些人调离“山头”而不至于影响公司对部门的领导。小团体如果可以长期控制公司的一些部门的话，他们通常会私下进行个人利益交换。为了消除（至少是减少）这种风险的发生，“轮岗制”是一个非常有用的战略。

第三，轮岗制有利于进行末位淘汰。通常来说提拔对于贬职来说要容易很多，因为员工都乐意被提拔。就人力资源部门来说，对员工进行合适的降职是有难度的。配合着“轮岗制”，华为施行了新的机制去开除那些低绩效的员工。根据强制性末位淘汰制度的标准，所有部门每年都需要淘汰排名的后 5%~10%（唐继跃，2016）。这个要求和杰克·韦尔奇 1981—2001 年执掌通用电气时的要求类似。强行辞退末位的员工为新人才的引进留出了空间。正是由于有这两个相互绑定的机制，华为员工的激励水平要高于别的中国企业，特别是高于国企的平均水平。这些手段的使用在华为今后的发展中起到了很大作用。

到 2004 年，华为在人力资源管理体系中已经拥有了一个相对完善的整体框架以及一些制度化的流程，包括系统性的选人过程、任职资格体系、轮岗制度、末位淘汰制度、双通道晋升制度以及一系列利益的分配制度。这些正式的流程帮助华为发展成为中国通信业领先的公司，其销售额在 2004 年达到 462 亿元，员工数超过 3 万人。

华为继续聘请专业的咨询公司为企业进行组织结构设计。帮助华为设计组织结构的咨询公司认为，华为缺少一个中央决策系统以对整个公司进行长期的战略规划及决策。不仅如此，华为对于高层管理人员的选拔也缺少系统性的流程，公司需要将高层管理人员的任命流程正规化并且组建经营管理团队用以发展华为的中枢系统。任正非并不想一直担任经营管理团队的主席，因为他更想创造一个更加集体化的领导团队。因此，他在公司内部推出了轮值主席制度（唐继跃，2016）。经营管理团队的8位成员轮流担任主席一职，每次任期为6个月。经营管理团队的主席同时也是企业的首席运营官，主要管理企业的日常运营和组织经营管理团队的会议。经营管理团队的轮值主席制度不仅仅可以帮助培养团队中的8位成员的个人素质，也可以使他们分别从自己所负责的业务单元来看待和处理问题。正是任正非采用了轮值主席制度，使得8位成员在自己"主席"任期内都需要平衡所有部门的利益，否则当别的经营管理团队的成员成为主席的时候他也不会得到相应的支持。正是由于这种在经营管理团队中的独特合作模式，华为的所有重大决策都会经过经营管理团队成员的检验。相对于一人担当主席并由其全权对公司重大决策负责的模式来说，华为领导层相信这种轮值制度可以在最大程度上减少错误的发生。2011年华为进一步将这种轮值主席制度发展成为轮值CEO制度（唐继跃，2016），这一制度将在本章后半部分进行详细介绍。

2005年，华为已经在通信行业获得了很好的口碑和声誉，并且仍然保持着高速的增长，这就使得华为在需要聘请更多员工的同时，还要找到优秀的各级管理人员。为了可以继续拓展市场并专注于内部的研发，华为必须给予管理者提升自我的机会以保证他们能带领华为在快速发展的产业中进一步扩张，成为全球化的企业。然而随着华为产品线的日趋复杂，经营范围也涉及越来越多的国家，华为当时并没有建立一套完整的培训体系用以培养干部，使其达到新环境所提出的新要求。

于是，2005年华为再次与合益集团进行合作，打造了一个全新的领导力培训项目，并在同年建立的华为大学运行。合益集团帮助华为公司从以下几个维度建立了领导力训练的标准模型：领导力培养、领导力开发以及领导力评估。华为也成立了自己的企业大学，这在企业界不算一个新的想法，通用电气在1956年就建立了世界上第一个企业大学（Tichy, 1989）。1993年，摩托罗拉也采用这个方式培养员工，在中国建立了第一所企业大学。因此，华为提出建立自己的大学这一观点可以说并不新颖，但是华为公司为企业大学这一传统培训模式融入了新的特色。

任正非最初是出于两点考虑成立华为大学的。首先是为了培训新员工，特别是那些刚刚从大学毕业的新员工。任正非觉得中国的大学是象牙塔，学生并没有学到用知识解决现实问题的能力，因此华为大学的作用是弥补中国大学教育的这个空缺。其次是想通过这个平台将华为的优秀经营实践传播到别的公司。然而由于企业各类资源有限，第二个目的暂时被搁置了。最终华为大学扩大了培训的范围，而不仅仅局限于培训新员工（宋海兵，2016）。

华为大学的目标是培养所谓的“将军”。华为大学建立之初是免费向学员开放的。但任正非认为，不断提升自我素质是员工自己的事情，他们需要自己承担培训的费用，特别是对于部门经理级别以上的员工。因此华为公司出台了相应的政策，职级在部门经理以上的员工参加个人发展培训项目需要自行支付学费。但是那些用于介绍基本业务和运营流程的课程是免费的。新员工的培训也是免费的且通常是在晚上和周末进行。这一政策与别的企业大学的免费培训模式截然不同。不仅如此，华为员工如果在华为大学参加个人发展培训项目，不仅仅要支付学费，还会因为暂时离岗而被减扣工资。这一原则是任正非提出的，因为他相信只有这样才能把传统的、被动的培养领导的模式转变为一种积极的模式。通过这种方式，领导者能意识到自我提升的重要性并可以改变他们对待领导力培训项目的态度。任正非说："在公司内部，除了收学费，停产学习还要停薪；教材也要卖高价，你想读书你就来，不想读书你就不要来。交学费不吃亏，为什么不吃亏呢？因为学好了能力就提升了，出绩效和被提拔的机会就多了。"（任正非，2011）

在别的企业大学中管理培训教师也是一件很难的事情，因为员工培训的规模比较小，没有得到足够的重视。基于这个心理暗示，培训老师会失去工作的激情和信心。华为则采取了截然不同的方式来解决这个问题。首先，高层管理者，特别是任正非十分重视寻找和培养优秀培训老师。在华为大学超过 1 700 名有经验的培训老师中，有将近 1 500 人是在华为业务和技术领域的专家过来兼职的，只有一小部分是华为大学的全职老师（陈海燕，2014），这就可以保证华为大学培训的质量。华为大学每年最多培训近三万名员工，平均每年培训超过两万名员工（陈海燕，2014）。不仅如此，退休的专家和教授也经常被请到华为大学进行授课（张继辰、文丽颜，2015）。

华为大学偏向于使用案例学习的方法进行培训。任正非要求华为大学所使用的教学案例必须是华为或其他公司发生的真实事件。任正非反对使用教科书般的假想案例（张继辰、文丽颜，2015）。

任正非高度重视短期培训的重要性。他强调："'将军'不是培养出来的，一个月两个月就够了，学一点、学个方法就上战场。"员工可以在网上学习，然后认识几个老师，与他们在网上及时交流（张继辰、文丽颜，2015）。

华为大学的建立是华为人力资源体系建设的一个里程碑，它标志着华为已经有能力在公司内部为员工提供领导力培训。人力资源部门的发展也保证了华为能使用内部培养的人才去替代那些即将离开华为的员工。

总的来说，截至 2005 年，华为的人力资源管理体系已经变得很全面了。“人才是唯一竞争优势”，这一原则经常被提起但是很少有企业能真正落实到人力资源体系的实践中去，华为用长远的眼光和坚定的信念将这一原则成功落实。任正非很好地阐释了“保护人才”这个问题，他说：“什么都可以缺，人才不能缺；什么都可以少，人才不能少；什么都可以不争，人才不能不争。”（张继辰、文丽颜，2015）可以说，华为之后在人力资源管理上的实践都是基于以上提到的基本框架。

从 1997 年到 2005 年，华为为自己的快速发展打下了坚实的基础，华为的战略性人力资源管理过程是其人力资源管理变革历程上影响最深远的一个阶段。从此以后，华为所面临的其他一些挑战主要是来自其快速的国际化过程，也就是变革人力资源管理体系，以更好地管理来自不同国家和地区、有着不同文化背景的员工。

6.5 第四阶段：国际化人力资源管理（2006—2010）

华为从 20 世纪 90 年代末就开始了全球化运营（华为，2016）。1996 年华为成立国际市场部，1999 年成立第一个海外研发中心，2005 年海外市场的销售额首次超过国内。随着华为国际化进程的不断深入，华为遇到了诸多的管理问题和日常运营问题。一个主要的问题就是如何使不同的文化恰当地融合。为了成功实现国际化的目标，华为需要再次变革其人力资源管理体系。

例如，华为在1999年刚开始进入沙特阿拉伯市场时，只聘请了两个员工，但是到2005年时，沙特阿拉伯办事处的员工数超过了300人（文丽颜、张继辰，2012）。沙特阿拉伯是伊斯兰国家，所有工作人员每天都会在固定的时间放下手上的工作去参加礼拜。这就为华为在沙特阿拉伯的办事处的日常运营带来了挑战。这是一个文化融合的问题，这种困扰不仅仅发生在华为的沙特阿拉伯办事处，同时也发生在很多别的国家办事处。因此，在华为进行国际化扩张的时候，首先要做的就是尊重不同国家和地区的文化，需要尊重文化的多样性。华为在向外籍员工灌输企业核心价值观的同时，需要通过逐步的文化融合来找到两种文化的平衡点。

在国际化过程中遇到的第二个问题就是语言的问题，这个问题对工作的效率有很大影响，因为交流和沟通是企业日常运行最基本的活动。由于存在文化差异和语言问题，在外的中国员工不能很好地和外籍员工顺畅地沟通。另外，当时外国代表处的主管都是中国人，而副主管以及公司至少60%以上的员工都是当地人。由于沟通存在困难，很多当地的员工就只向他们当地的副主管汇报工作，从来不与中国的主管进行交流沟通。同样的，中国驻外的员工也只向代表处的中国主管汇报工作，这在无意间将一个组织分割成了两支截然不同的队伍。这一问题被反映到了公司总部。当时，如果有外籍员工发送邮件到总部，需要间隔很多天才会收到回复，因为邮件会先被送到翻译部门翻译后才能进行发送，这无疑影响了员工之间交流沟通的及时性。像很多欧洲的跨国公司一样，华为总部没有将自己的工作语言切换成英文。这给外籍员工的晋升也带来了问题，因为当他们到达某一层级之后就必须要和总部进行交流沟通。这种沟通问题也是为什么华为所有海外办事处的主管都是中国人的原因；这也是外籍员工晋升的阻碍。这一种阻碍与华为基于奉献和能力考核员工的核心价值观是相违背的，会很大程度上减弱外籍员工的工作动力。为了取得国际化的成功，华为必须解决这个问题。

于是，华为从两方面做出了改变。一是改革总部的工作模式。华为成立了旨在帮助员工提升语言能力的语言改革小组，并设立全公司不同岗位的语言标准。华为采用托业（TOEIC）、托福（TOEFL）以及雅思（IELTS）等标准化考试进行评估。该小组同样也设立了很多规则去推动变革。比如说，在 2007 年年底，中国员工所有发到海外的邮件和报告必须用英文书写；当收到英文邮件时，必须采用英文进行回复。在 2008 年，某些特定岗位需要用英文进行报告和邮件的书写；到 2008 年年底，这些特定岗位需要实现全英语化（文丽颜、张继辰，2012）。例如供应链部门就必须用英语召开例会。将使用英文变成一种习惯能使一家国际化公司在非英语国家的经营更加顺畅。这次变革给了员工一个提升自身英语水平的机会，也为华为进一步夯实自己的国际化运营之路奠定了坚实基础。

二是尝试让国外员工接受华为特有的文化。一种方式就是华为选拔出在国外代表处表现优秀的员工送到中国总部并参加特定的关于文化、实践以及技能的培训（宋海兵，2016）。这些项目帮助外国员工更好地吸收华为的文化。当他们到达中国总部后，被要求在总部的日常运营中积极地工作和学习。在总部培训的时长不尽相同，视每个人具体情况而定。这样的培训使得外籍员工可以更好地经历和感受华为的文化。最重要的是，在他们回到自己的工作地之后，这些优秀的外籍员工可以深刻地理解和接受华为文化，并带着这种情绪去影响周围更多的外籍员工。建立一个能更好地融合众多外籍员工的人力资源体系是一个系统性的工作，不是简单地举办一个活动或者喊几句口号能解决的（宋海兵，2016）。

2007 年，正当华为努力解决自己全球化运营所面临的问题时，一场变革正在中国缓缓拉开序幕。中国政府在2008年1月出台了《劳动合同法》。《劳动合同法》规定，为了保护劳工的权益，企业不能解聘在企业工作超过 10 年，或者已签订过两次劳务合同的员工。这使得华为很难解聘在公司工作年限较长，但是绩效较差的员工，这显然与华为的核心价值观是不吻合的，华为的管理层担心新的劳动法会使得华为变得僵化，进而降低华为对未来新技术发展的反应能力。

为了恪守华为的核心价值观，高管决定开展新一轮的集体大辞职。正如上一次集体辞职一样，公司内部所有工作超过 8 年的 7 000 余名员工需要在 2007 年年底上交一份辞职报告。接下来有两种选择：第一是与华为签订新的劳动协议，第二是带着补偿金辞职。不仅如此，华为还趁着这个机会为选择续签的员工调整了工号。在这之前，华为是根据进入公司的日期进行工号排序的，工号数字越小，往往就代表员工进入公司的时间越长，越可能是处于较高的层级（文丽颜、张继辰，2012）。在重新签订劳动合同后，每个员工都会获得一个随机的工号，这样他们的职位就不能通过号码被轻易识别，这样做是为了在某种程度上打破公司内部员工之间明显的阶层划分。这次集体大辞职受到了外界广泛的争议，但是华为相信这样做可以加强企业对有奉献员工的甄别能力，这样才能帮助企业打破组织惰性。

6.6 第五阶段：员工赋能管理（2010—2016）

到 2010 年，华为已经成为通信领域的巨头之一，年销售额达到 1 825 亿人民币，全球雇员超过 11 万名（华为，2010）。当时华为公司定下的战略目标是引领通信产业未来的发展，而在这一过程中优秀的员工必将扮演至关重要的角色。因此，人力资源管理体系需要进一步变革，需要培养并对员工进行赋能。

第一个最重要的变化出现在 CEO 岗位。不可否认，华为历史上的诸多成就都要归功于创始人任正非。正是由于他的重要性，外界对谁会接替他的位置一直都有议论。任正非本人也对此深有考虑，他曾说道："今天的接班人，个个都是人中精英，他们还会不会像我那么愚钝，继续放权，发挥全体的积极性，继往开来，承前启后呢？他们担任的事业更大，责任更重，会不会被事务压昏了，没时间听下面唠叨了呢？"（任正非，2012）

因为华为一直坚持系统性领导力培养，所以它并不缺少人才。延续前文提到的轮值主席制度，华为从 2011 年开始施行了轮值 CEO 制度，这在中外企业史上都是一次不寻常的举动。设计轮值 CEO 制度的基本逻辑是，一个人的能力是有限的，而且作为 CEO 长期负责企业日常运营，是没有时间充实自己的，也没有时间详细规划公司未来。华为的轮值 CEO 制度集合了几个人的集体智慧，这样可以减少决策的偏差与偏执。无论是否处于自己的 CEO 轮值任期，轮值 CEO 团队的核心成员都需要参与企业日常的决策过程。任正非说过："华为的轮值 CEO 是由一个小团队组成，由于和而不同，能控制企业不

断地快速适应环境变化。”（文丽颜、张继辰，2012）

第二个重要的变化是由华为的战略目标变化引起的，华为要从事更多的基础研究以继续提高对世界级领先技术的开发能力。为了达到这一目标，华为建立了诸多研究中心，并聘请了很多知名科学家和工程师来做最先进的研究。2013 年年底，华为在全球建立了 16 个研发中心，为研发人员提供了可以不断提升自己的平台。不仅如此，为了让优秀的员工能产生更多、更好的创意，他们需要与企业内部或者外部优秀的人才合作沟通。从 2014 年开始，任正非鼓励研发人员之间多见面、多交换想法，并不断强调员工间非正式沟通的重要性，为此他专门给所有员工写了一封邮件，邮件中写道：“一杯咖啡吸收宇宙能量，你们这些 Fellow[①] 的技术思想为什么不能传播到博士和准博士这些未来的‘种子’里面去？你们和大师喝咖啡，现在为什么不能和‘种子’喝咖啡？”（任正非，2014）任正非要求最顶尖的 17 位“院士”专家每年要花他们三分之一的时间去参加学术会议和走访世界名校，这样才能理解和吸收最先进的技术。还要求他们在公司内部组织研讨会，去讨论世界上最新技术的发展以及它们对公司业务发展的启示（田涛，2016）。

近几年，华为已经就企业的长期激励问题做出了相应改革。前文说道，华为从 20 世纪 90 年代就开始了员工持股计划。然而根据中国的法律法规，外国人是不能参加员工持股计划的。不仅如此，很多已经退休的华为前员工仍然持有华为的股票，某种程度上来说他们可以

① Fellow，代表华为公司专业技术人员重大成就的最高称号。在产品、技术、工程等领域做出创造性成就和重大贡献、具备足够业界影响力的华为员工，可能被推荐参与华为 Fellow 的评选。——编者注

不做出任何奉献就能分享华为发展的收益，这显然与公司的“以奋斗者为本”的核心价值观相冲突。为了解决这个问题，2014 年华为公司推出了“时间单位计划”（TUP），TUP 是一个包括外国员工在内的、基于所有员工绩效的利润分享和奖励计划。TUP 的基本概念是根据员工的岗位、级别和绩效，每年免费给予每位员工一定数量的五年期期权。TUP 的分配方案为“递延 + 递增”，TUP 增加的权益值等于同期虚拟受限股的权益值。TUP 的本质是为员工提供长期但非永久的奖金分配权，它可以直接实现对来自不同国籍的所有员工的激励，并能纠正由 ESOP 导致的不公问题。在 TUP 引领下，基于时间的单元被奖励给有能力的员工，这是一种基于每年利润分配数额和最后一期累计获得的现金的激励方式（Cremer & Tian, 2015）。使用 TUP 旨在避免那些拥有大量公司股票但已不为公司奉献的人继续享有收益，以及基于华为的“以奋斗者为本”的核心价值观对所有优秀员工予以长期激励。尽管内部持股计划和 TUP 近些年都会作为华为的激励机制，但是 TUP 的占比会逐渐提升，而相应的内部持股计划的比重会下调（吴建国，2015）。

华为在近几年人力资源管理体系做出的最大的变革应属战略预备队的建立（任正非，2015）。通过一系列基础的培训之后，战略预备队的人员具备了在公司不同职能、不同地区和不同岗位就职所需的基本知识和能力。比如说，华为计划将 2 000 名技术员工在 2016 年转移到战略预备队，接下来让他们从事一些研发之外的活动，例如提供产品解决方案或者在全球技术服务部工作等。战略预备队也需要吸纳由于市场环境变化、战略重新调整或技术变革而导致失去原先岗位的员工。例如，从事服务性工作的员工可能会在人工智能强大到足以预测网络故障时失去自己的岗位，这时他们就可以进入战略预备队。这种情况下，战略预备队作为一个可以在公司中保证持续管理变革的使能器，一方面培训员工，使他们有能力胜任其他岗位的工作以增强公司人员的流动性，另一方面战略预备队可以对失去岗位的员工提供支持和保护。

组织结构方面，任正非是战略预备队指导委员会的主席，三个轮值 CEO 加上人力资源部门总监是指导委员会的成员。因此战略预备队已经成为华为人力资源管理系统中非常重要的一部分，并与人力资源部门以及华为大学一起直接向公司高层汇报。

战略预备队的实施范围不仅仅局限于研发部门，而是面向整个公司范围，包括市场营销、金融和供应链等。战略预备队的成员主要通过三种途径进入。第一，从公司排名前 25% 的员工中挑选。第二，由于市场不确定性或者市场形势的变化，在某些国家的业务可能会遇到临时的困难。华为会把负责该市场业务单元的员工全部转移到战略预备队，而不是让他们死守在市场正在萎缩的国家。第三，由于业务战略的重新调整，一些产品线会被停止。这些产品线的研发人员会因此解散，同时员工会被转移到战略预备队。

任正非在演讲中强调，战略预备队的重要功能是挑选出人才并把他们放在前线（任正非，2016）。但战略预备队没有职位分派的权力，只可以把预备队的员工推荐到人力资源部门，由人力资源部门决定是否把人安排在前线。战略预备队有自己独立的预算，它主要有两个收入来源：第一，当战略预备队的员工被派到部门或者区域办公室的前线，若他们表现很好，帮助企业获得了收益，那么该部门必须与培训这个员工的战略预备队分享收益；第二，如果某办事处或者团队由于业务萎缩被分入战略预备队，那么该办事处或者团队的预算自动归入战略预备队。

6.7 小结

从一个只有几名员工的小公司成长为一个大型跨国企业，华为的人力资源体系经历了很多的变革。为了详细地描述其中的重要变化，我们将华为人力资源体系的发展历史分成 5 个独立的阶段：1. 人事管理（PM）；2. 人力资源管理的开端（HRM）；3. 战略性人力资源管理（SHRM）；4. 国际化人力资源管理（IHRM）；5. 员工的赋能管理（TM）。表 6–1 总结了华为的人力资源体系在不同阶段遇到的主要挑战，以及为应对挑战做出的变革措施。

为了实现持续增长，华为在西方咨询公司的帮助下引入了众多优秀的人力资源实践经验，并将中国企业善于培养员工奉献精神的传统融入其中。华为在西方的管理思想上进行创新，例如，要求员工为在企业大学参加提升个人素质的培训付费等。华为的 CEO 总是想要在公司中引入变革然后将其制度化。但是当新的方法不再奏效时，又会主动引入新一轮的变革。当创始人任正非不再参与公司运营时，目前的人力资源管理体系是否仍然有效？让我们拭目以待。

表 6–1　华为人力资源体系遇到的主要挑战和相应的变革措施（1987—2016）

阶段	员工数（名）	主要挑战	主要变革措施
人事管理（1987—1991）	14~50	• 在激烈竞争的行业生存下来	• 实施内部股权激励计划
人力资源管理的开端（1992—1997）	270~5 600	• 考核数量越来越多的员工 • 建立工资体系 • 激励经理	• 引入合益集团和职能工资体系 • 集体大辞职
战略性人力资源管理（1998—2005）	9 500~50 000	• 选拔有才能的员工 • 管理大量研发人员 • 提拔干部 • 激励员工持续贡献	• 运用个人素质测试模型 • 采用导师制 • 引入 NVQ 体系 • 采用轮岗制 • 采用末位淘汰制
战略性人力资源管理（1998—2005）	9 500~50 000	• 缺乏进行长期战略决策的中枢机构 • 培养有才能的员工	• 采用轮值主席制 • 引入合益集团建立领导力培训模型 • 成立华为大学
国际化人力资源管理（2006—2010）	50 000~110 000	• 实现全球化运营 • 瓦解明显的层级	• 建立语言改革小组 • 融合不同文化 • 随机分配工号
员工的赋能管理（2010—2016）	140 000~180 000	• 开发高管团队领导力 • 提升创新能力 • 提升员工灵活性和才能 • 激励外籍员工和新员工	• 实施轮值 CEO 制度 • 全球建立新的基础研发中心 • 聘请知名科学家 • 建立战略预备队 • 施行时间单位计划（TUP）

第七章

华为研发管理变革①

① 本章内容由李兰花、郭斌、约翰·彼得·穆尔曼、吴东共同完成。

7.1 引言

2013 年，华为超越爱立信，成为世界第一大电信设备制造商。通过长期投资和不断优化的研发管理，华为储备了强大的技术能力，从而占领了电信领域的技术制高点。华为公司在 1987 年成立，成立 5 年后开始重视研发，并且每年将其年度销售收入的至少 10% 投入到研发中（大多数年份超过 10%）。几年后，这样的研发投资策略被纳入 1998 年正式颁布的，堪称公司"宪法"的《华为公司基本法》中，并被一直保持下来。就人力投入而言，华为的研发人数一直不少于公司总人数的 43%，这也体现了研发的重要性。2016 年，华为的研发费用总计 763.91 亿元，占公司年收入的 14.6%，而研发人员的数量达到 80 000 人，约占其总员工数的 45%（华为，2016）。尤其在 2003 年竞争对手思科起诉华为专利侵权后，华为更加意识到通过研发来建立自主知识产权的必要性和迫切性。

随着研发规模日益增加，华为在研发管理上不断遇到问题，例如如何克服研发规模扩大带来的低效率等管理问题。本章着重介绍华为的研发管理变革，详述华为如何通过变革应对内部危机及外部机遇。纵观华为历史，它一共经历了三次主要的研发管理变革，如图 7–1 所示。

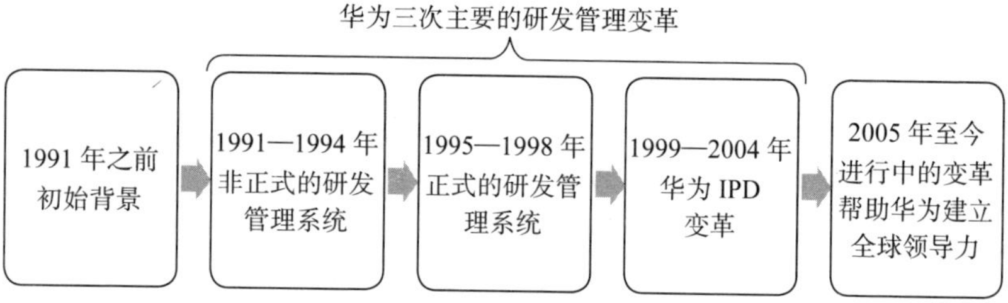

图 7–1　华为研发管理变革历程

为了增强本书的可读性，本章也概述了华为在第一次研发管理变革之前的公司情况，并且讨论了自 2005 年以来持续进行的研发管理变革。第三次变革为华为建立起了集成产品开发（IPD）过程，从根本上重塑了华为的研发系统，因此被视为华为历史上最重要的研发管理变革。以四个阶段变革管理的框架作为本章节的理论指导，针对每一次变革，本章将分析华为为什么要进行研发管理变革以及怎样来实施变革。最后从三次研发管理变革的案例中提炼出若干经验和结论，以期对国内外企业研发体系变革管理有所启发和借鉴。

7.2　变革管理的过程分析框架

在极富变化的商业环境中，企业为了保持持续的竞争优势，管理好组织变革是非常关键的。正如莫兰（Moran）等人（2000）所定义的，变革管理是一种为满足内外部顾客要求、持续更新组织的方向、结构和能力的过程。现实中很多企业殚精竭虑地试图推行组织变革，最终却以失败告终。学者们将变革的失败归因于变革目标不清晰、利益冲突未妥善处理、缺乏必要的变革管理技巧、管理高层支持度不够等因素。科特（Kotter, 1995）认为如果低估了变革中可能会遇到的阻碍，变革过程中企业未提供强有力的支持，那么变革很可能会失败。另外，如果没有一个合理清晰的目标，组织变革很容易变成充满问题、难以融入固有系统的失败项目，组织可能会因此停滞不前，甚至走向错误的发展方向。汉南（Hannan）等人（1984）提出组织结构惰性给组织带来内外部的各种约束，最终会演变成变革的阻力。尤其在企业经营情况稳定的情况下，企业更不愿意去改变，变革失败的可能性更高。拉扎（Raza, 2011）也认为组织变革中冲突是不可避免的，尤其关于资源分配等方面的矛盾，如果未妥善处理，可能会导致变革的失败。鉴于变革的重要性，管理起来需要很强的技巧和能力（Senior, 2002）。安德森（Anderson, 2000）提到如果缺乏系统化的方法，或者忽视内在意识形态的重塑，组织变革通常也会失败。

尽管有些学者（Pettigrew et al., 1993）认为，变革管理并没有普适性的方法，目前学术界已经提出多个模型帮助企业来一步步进行管理变革。例如，其中比较著名的是科特（Kotter, 1995）所倡导的“八阶段变革管理模型”，8 个阶段分别是：1. 树立紧迫感；2. 创设领导联盟；3. 设计愿景与战略；4. 沟通变革愿景；5. 授权员工为愿景而努力；6. 系统计划并夺取短期胜利；7. 巩固并深入推动组织变革；8. 将新行为模式融入企业文化。虽然科特的模型在学术界影响深远，但它仍存在一些局限性。首先，科特强调以上 8 个阶段必须按顺序进行，前一个阶段是后一个阶段的前提条件（Appelbaum, 2012）。然而，在企业实际运作时，这些阶段往往并不是严格按科特模型的顺序发生的，为了提高变革的效率，有些阶段会并行发生，甚至嵌入其他的阶段中。这种现象在华为研发管理变革的案例中就有所体现，有时候阶段一和阶段三同时发生，因为企业往往同时确定变革的需求和变革的愿景。而且，有些变革，比如建立新的职能部门，并不需要或者不能完全经历这 8 个阶段（Appelbaum, 2012）。另外，科特的模型告诉企业要沟通变革愿景，但是整个模型都是从管理者领导变革的角度出发，在企业实施变革遇到各类困难时，很难提供相应的指导。尤其对于华为这样的公司来说，处于高度变化的电信行业中，变革的某些阶段，比如基于评估和反馈来不断改进变革过程的阶段，会变得非常重要。

本节设计了一个“四阶段过程模型”作为全章的理论框架，并用该模型来分析华为所经历的三次研发管理变革。如图 7–2 所示，该过程模型共包括 4 个阶段：1. 识别变革需求；2. 发起变革；3. 基于反馈进行调整；4. 让变革融入公司的管理体系。

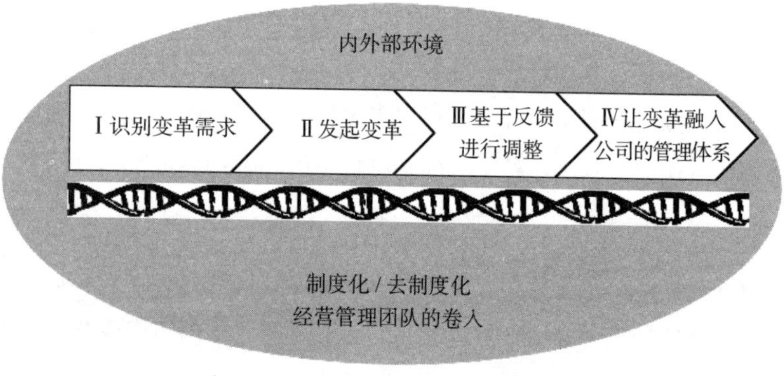

图 7–2　变革管理的理论框架——“四阶段过程模型”

第一阶段是挖掘变革的需求和动机，它们可能是外部环境或组织内部存在的问题、危机或机遇。这种需求和动机大致可以分为两类：一类是外部诱因，如商业环境变化、技术变迁或者政府政策改变等；另一类是内部诱因，如企业战略的调整，企业经营遇到的问题等。变革需求的产生一般是不可预测的、非连续的，企业通常都是因为内部危机而被迫变革。另外，变革需求必须获得组织成员的认同和理解，因为只有绝大部分参与者都认识到变革的必要性和迫切性后，变革才能顺利推行（Kotter, 1995）。

第二阶段是发起变革，首先要确立变革的目标以及切入点。变革的切入点可以是一块试验区，也可以是整个系统。这意味着如果变革推行者有足够的信心，就可以一次性做出彻底的改变。但是在多数情况下，为了减少失败的风险、缓解变革的阻力，变革一般会采用渐进的方式，从试点切入，比如系统的边缘区域，然后推广到其他区域（Luecke, 2003）。

第三阶段是在收到来自相关人员和部门的反馈后进行必要的调整。在对组织结构和流程做出改变后，变革推行者需要积极关注变革的实施过程并收集相关部门的反馈。这些反馈可以检验变革是否取得了预期效果（Ford et al., 2008），基于此判断是否需要进一步做出调整。这一阶段对处于动态环境的企业尤其重要，因为它们需要根据内外部环境的变化来实时校正变革的实施过程。

第四个阶段是让变革融入公司的管理体系。将变革从试点区域推广到其他区域，并将新的工作方法及行为模式深植于企业的制度和文化中，以巩固小范围试验形成的变革成果（Luecke, 2003）。

最后三个阶段涉及不断地制度化和去制度化。制度化指的是

“立”的过程，逐渐建立新的制度。而去制度化则相反，指的是“破”的过程，消灭长期执行的旧制度。固有的制度是组织变革阻力的源头之一（Edmondson et al., 2001）。制度化和去制度化都需要适当的授权才能协调好、实施好（Edmondson et al., 2001）。因此，本章的变革模型强调了经营管理团队的介入作用，尤其对于阶段二和阶段四，通常需要经营管理团队发挥一定的作用才能顺利推行下去。

需要注意的是，阶段三和阶段四在某些变革中无须实施。例如，某些公司直接在系统层面上开展变革，就不需要进行阶段四。某些公司在实施变革时一步到位，不需要调整和改进，可以跳过阶段三。

以上阐述的理论框架将被用来分析华为的三次研发管理变革，在此基础上，本章将详述华为是如何一步步推进组织变革的。

7.3　1991 年前：研发管理变革的背景

华为在创立的前 4 年并没有成立实质性的研发部门，本节首先介绍华为早期的创业故事，以及在此过程中华为面临的困境，从中可以窥见华为后期建立专门的研发部门以及高度重视研发的缘由。

7.3.1　代理起家

1987 年，华为公司正式成立，主要业务是代理销售香港鸿年公司生产的用户交换机产品。此时中国电信市场潜力巨大，人们电话通信的需求日益增长，但相比之下国内通信技术却很落后。而且，由于中国正处于改革开放早期，国际上的大牌电信设备提供商在内地市场并不活跃。商家只要能够在香港等其他发达地区想方设法搞到交换机，再卖到内地去，就可以赚取巨额利润。通过这种代理销售的业务，华为实现了原始资本的积累。在创业的头几年，华为不断扩大业务，建立起全国性的销售网络。然而好景不长，由于电信设备的代理销售门槛较低，并不需要多强的技术能力，当许多竞争者杀入时，华为很快面临激烈的市场竞争。仅在深圳，一个月内就有几百家类似企业如雨后春笋般涌现（张利华，2009）。

另一方面，这种业务模式风险较大。如果要订货，买家需要至少提前半年下定金给华为，华为再向香港的厂商交付定金，交付周期较长且财务风险大。而且由于用户小交换机的销售非常火爆，华为代理的 HAX 系列程控交换机供不应求，香港制造商往往收取定金后无法准时交货。此外，由于厂商不提供备板、备件，用户的售后服务得不到有效保障。

7.3.2 绝处逢生

为了解决上述问题，华为于 1990 年首次生产了自主品牌的交换机产品 BH01。这虽是一款从国企购买散件再组装而成的产品，却让华为的经营状况大大改善。第一，华为公司从国有企业买回散件，自行组装，制作说明书并包装，最后打上华为的品牌销售。这样华为能够确保备件的供应，从而改善其技术响应能力和售后服务的质量。第二，公司的运营成本得以降低。由于拥有了自主品牌和产品，华为不需要再花钱购买代理权，也不用为了订货提前支付大量定金，还能通过发展国内代理商，收取代理费用，在一定程度上改善了企业的盈利能力。

尽管华为的产品与别家的产品并无二致，但其优质的售后服务和更低的价格使得 BH01 成为市场上的热销产品。后来任正非总结说，虽然华为后期是依靠先进技术而不断壮大的，但是在早期，华为确实缺乏先进的技术。关键在于 33 个服务中心组成的售后网络（蔡云飞，2009），能够快速响应用户的诉求，很好地弥补了华为早期的技术短板。

然而，这些优势的背后却暗藏危机。华为提供的低价和优质的服务吸引了超出预计的客户，纷至沓来的订单让华为感受到空前的供货压力（Ru-chy, 2015）。雪上加霜的是，散件供应商也生产销售自己的产品，华为的散件供应有时不能及时满足。华为因此陷入了无法按时向客户交付产品的困境。公司在 1991 年收到的订货预付款也用完，账上已没有什么资金，再发不出货，就要破产了。此时，华为意识到唯有自救才能继续生存——在最短的时间内实现自主研发，开发所有组件，生产自己的产品，否则，如果客户上门索赔，公司只能就此倒闭。

1990 年年底，华为发起首个产品开发项目。这时候华为并没有专门的研发部门，仅有一个由五六个工程师组成的产品开发团队。鉴于华为几乎为零的技术储备，只能通过逆向工程实现产品开发。华为的研发团队反复研究 BH01 的电路和软件等组件，从中提取设计信息并进行重建。那时华为的开发实验室就是生产车间，产品的硬件和软件开发、制造和测试都是由一个项目组全权负责。当时来自全国各地的催货电话、电报和传真接连不断，项目组感到前所未有的压力，只能背水一战。经过将近一年夜以继日的奋斗，华为最终推出了首款自主研发产品——BH03。1991 年，这款产品通过了邮电部的验收并取得了入网许可证，华为开始正式生产销售，并且次年产值突破 12 000 万元，华为终于活下来了（华为人报，2006）。

7.4 1991—1994：建立非正式的研发管理系统

自 1991 年起，华为逐渐开始进行自主研发。在早期，华为所有的研发项目都由制造部负责。随着时间的推移，研发的技术复杂度日益增加，研发过程中问题频出。1993 年，华为成立数字机组，开始以一种全新的组织架构来管理研发项目。

7.4.1 识别变革需求：混乱的“游击队式”研发

由于代理业务激烈竞争、信贷和设备进口方面的政策紧缩，华为意识到代理生意难以为继。1991 年，公司开始进行电信设备的自主研发，主攻技术门槛较低的电信交换机市场。华为历经艰辛通过逆向工程完成了第一款产品的研发，它深深地意识到，没有自主研发就不能控制生产，给客户提供优质服务的承诺也就成了空中楼阁，因此非常希望未来能够系统化地开展研发项目。华为公司的前任高管李奕概在采访中（2016）提到，自从意识到研发的重要性以后，华为就一直坚持研发在公司的战略性地位。即使在深圳的股市和房地产业发展得如日中天，包括联想在内的很多高科技企业投身其中，在股市或者房地产业赚热钱的时候，拥有足够资金的华为在这股浪潮中也抵制住了诱惑，始终致力于通信技术的研发。

然而，缺乏技术能力是华为的硬伤，自主研发很难取得持续的进步。在这样的情况下，任正非积极联系中国的顶尖大学，邀请优秀的教授和学生来公司参观，并借此寻求技术合作的机会。这样，越来越多怀揣才华和梦想的年轻毕业生加入了华为，其中一些人后来成长为公司高管，华为常务副总裁郑宝用就是其中的代表。1992—1994 年，华为的员工人数从 270 人增加到 1 000 人（张利华，2009），几乎翻了两番。

事实证明，华为这种集中化的研发战略是非常正确的。1992—1994 年间，公司的年收入由 1 亿元增长到 8 亿元，更重要的是，华为的技术能力得到了显著提升。1991 年，华为推出了第一款空分交换机 HJD48（一开始叫 BH03U，原来的 BH03 改为 BH03K），该产品有效地利用了电路空间，产品的集成水平得以提升，产品容量扩大的同时成本却降低了。研制成功的第二年，HJD48 就给华为带来了约 1 亿元的销售收入，重新点燃了大家的信心和激情。随后，华为计划扩展业务，准备攻克局用交换机的自主研发，于是华为在 1992 年启动了第一个局用交换机 JK1000 项目，在 1993 年启动了数字交换机 C&C08 项目。

华为以前所未有的速度成长，但繁荣的背后总是种种困难和挑战。用户交换机的客户是事业单位、企业等个体单位，而局用交换机的客户是各级电信运营商，因此它比用户交换机功能更加复杂，对整体性能的要求更高。研发的技术复杂性显著增加了，华为如果只凭借早期的研发管理能力难以应对。

此外，这一阶段华为的研发管理较为混乱。产品的开发几乎完全依赖几位“高手”的技术发挥，他们在几个产品开发项目之间奔波，像打游击一样灵活机动。大部分研发人员都是刚从学校毕业的年轻学生，缺乏实战经验，甚至很多人缺乏通信技术的基本知识。他们来华为后，上级拿来一堆资料和项目介绍文档，他们就摸着石头过河，边学边干。华为刚开始研发数字程控交换机时，任正非将项目组笑称为“半桶水”，因为除了项目经理毛生江外，其他成员之前连交换机都没见过（胡红卫，2009），大家都要从头学习程控交换机的国内规范。华为当时软硬件的研发水平都很低，员工搞研发常常走一步算一步，只为实现基本的通话功能。这种游击队式的研发导致的后果就是工程师忙于到处“救火”，研发效率极低。此外，产品版本迭代处于失控状态。有时，在收到来自顾客的紧急反馈后，工程师前往解决问题，在现场调试出一个临时版本就直接投入使用，而这一过程没有整个项目团队的参与。项目进度和计划管理成了纸上谈兵，那些现场解决紧急问题的“消防员”比项目经理反而更加受人尊重了。

在这样的情况下，各种意料之外的技术问题出现了。例如，在广东等潮湿地区，交换机的硬件工艺文件上没有要求涂防潮漆，导致有潮湿天气时交换机返潮损坏。于是公司只能要求工程师事倍功半地每一个局、每一台机器地去上漆（张利华，2009）。

7.4.2 发起变革：研发与制造分家

1993 年之前，BH01 和 BH03 项目的研发都挂在制造部下面。那时华为发货量少，生产一台发一台，研发和制造的组织界限并不清晰，如图 7–3 所示。

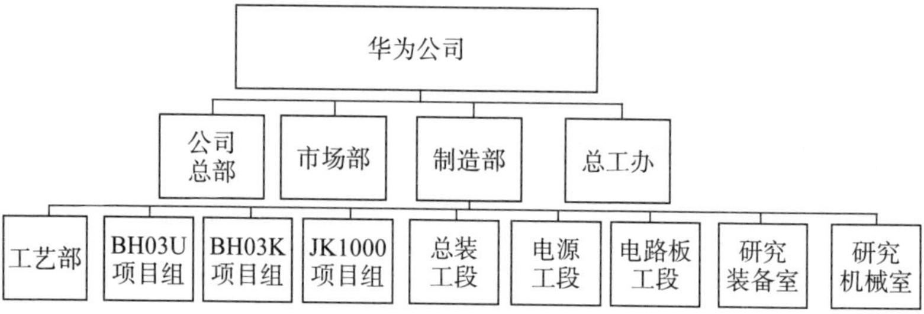

图 7–3　华为 1992 年的组织架构

来源：张利华，2009

华为刚启动数字程控交换机 C&C08 项目时，项目组仍挂在制造部下面，但是整个项目进展并不顺利。C&C08 项目无论在团队规模还是技术复杂性上都明显高于之前的研发项目，具体而言，共计近 300 名研发人员参与到 C&C08 项目下 50 多个子项目的研发中（张利华，2009）。因此，采用之前的经验和做法来管理 C&C08 项目并不可行。

于是在 1993 年，总工郑宝用在任正非的支持下，将 C&C08 项目从制造部剥离出来，建立了与制造部平行的数字机组（张利华，2009）。

除了组织结构上的调整外，华为总结出一套新产品研发的"土方法"——先理论拆解再集成。早期先进的交换机技术大多是由外国公司控制，华为手上没有任何可拆解的设备供参考和学习。若华为开始开发新产品，技术背景扎实的经理会带领项目团队，从理论分析开始，首先将整个产品分解成若干技术模块，然后再通过实验依次进行技术论证，最后把它们组合为一个完整的产品（张利华，2009）。例如，当华为在开发极具挑战性的 C&C08 产品时，郑宝用将整个产品分解为 7 个核心技术点，层层进行功能分析和技术分解，化难为易。团队在验证了每个细分模块都能工作后，通过整合最终获得了初始产品。后来在客户反馈的基础上，他们继续优化改进产品。总体而言，研发流程并不那么正规，也不是完全固化的，一切只为确保研发工作的顺利完成。

研发管理方面，华为采用的是直线式管理。一个项目经理带领几个研发工程师，项目经理不仅要负责所有技术任务，也要负责项目管理工作，这要求项目经理同时具备较高的技术能力和综合管理能力。

为了促进知识共享和研发人员培训，华为也采用一些非正式的团队学习机制。例如，公司买不起专业的测试仪器，交换机研发失败时，工程师一直使用万用表和示波器来测试交换机，新手往往测来测去找不出问题。之后，硬件部经理徐文伟专门写了一篇文章来指导大家如何使用万用表和示波器来进行交换机的测试和维修（张利华，2009）。

另外，为了改善游击队式的研发作风，华为召开了一次“研发人员反幼稚大会”，给每位研发人员发放了一个由废弃物料制作的纪念品，给研发部发放呆滞物料打包而成的“呆滞物料奖”。管理部门还收集起研发人员到处“救火”的机票，以警示研发人员的浪费行为（张利华，2009）。

7.4.3 基于反馈进行调整：数字机组推动的管理方式改进

C&C08 项目的成功证明了数字机组在管理复杂研发项目方面的优势。1993 年 5 月，郑宝用对数字机组进一步调整，采用了一种类似 C&C08 项目的分层控制结构（见图 7–4）。由总体组负责总体方案的制订、技术评估和技术协调。总体组下设置 7 个二级的总体组，负责不同的技术领域，如终端总体组、ISDN 总体组等。这 7 个二级的总体组下又分不同的项目组。具体来说，总体组负责技术，包括技术方向和技术规划，而底层的项目组主要负责项目管理，包括人员的调度管理和项目进度安排。在项目运作时，项目经理通过不断细分项目来实现总体目标。两三个工程师组成一个小团队，便于管理和激励每一位团队成员（张利华，2009）。

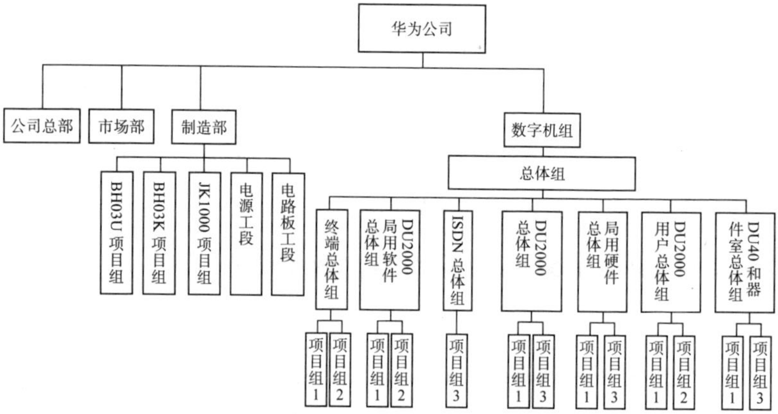

图 7–4　数字机组改革后的组织架构

来源：张利华，2009

尽管总体组加项目组的运作方式显得更为复杂，但这样的方式非常有利于大规模复杂产品研发的管理。因为它在强调总体技术规划的同时，又充分重视产品开发目标的完成，提升了产品开发的效率。到 1994 年，随着数字机组的不断扩大，有 50 多个子项目同时运作。这种新的研发组织架构，帮助华为成功适应了不断扩大的研发规模。

华为在研发管理的过程中还建立了一种跟随产品的人才流动机

制。新产品开发完成后，项目经理就跟着流动到制造部参与生产，或者转到市场部负责产品的销售。1994 年，华为开始准备大规模生产和销售 C&C08 交换机，参与这个项目的研发人员开始分流到销售、生产和采购等部门。例如，C&C08 的项目经理毛生江被调为生产部负责人，后来又去负责市场部。这些懂技术的管理者在不同的部门之间流动，避免了人才短缺。这一机制在华为的早期发展阶段作用明显。

7.5 1995—1998：建立正式的研发管理系统

为了优化研发管理，华为在 1995 年建立了中央研究部，将公司所有的研发力量汇聚起来，整合成一个大规模的、正式的研发团队。此外，华为于 1995 年成立中试部，并于 1996 年成立战略规划办，逐渐形成了正式的研发管理系统。

7.5.1 识别变革需求：如何管理日趋复杂的研发

经历了前几年的快速增长，1995 年华为年销售收入达到了 15 亿元，拥有 800 多名员工。然而，此时国内电信设备市场的增长已经开始放缓。尤其是传统的程控交换机，空前的竞争不断拉低产品价格，厂商的利润空间严重缩水。另一方面，市场需求趋向多元化，网络服务和移动通信受到越来越多的关注。纵观整个行业，大多数跨国通信设备厂家开始由交换机产品供应商向全面通信解决方案提供商转型（蔡云飞，2009）。为了保持竞争力，华为开始改变其产品开发战略，由单一集中化向横向一体化发展。

在这样的战略指导下，华为研发项目数量节节攀升，研发管理的复杂性急剧增加。1995 年，在 C&C08 项目的技术成果和人员基础上，华为开始了一些新业务单元的研发，如 C&C08 智能平台，C&C08-Q ISDN 排队机和 EAST8000 数字程控交换机。此外，华为启动了智能平台、无线接入和芯片设计的研发项目。这些新项目属于全新的技术领域，并且相当复杂，不好纳入已有的数字机组或者制造部。当时郑宝用成了最忙的人，同时负责管理近 10 个项目（张利华，2009）。而且令他头疼的是，这些项目相当分散，有些早期的项目仍属于制造部（见图 7–4），有些则被安排在数字机组，而有些新兴项目甚至在组织架构中找不到合适的位置，因此无法被统一管理。

缺乏技术共享和协作是当时华为研发系统存在的另一个问题。那时候研发活动大多由不同的团队单独完成，研发系统中山头林立，项目团队之间鲜有技术交流。结果，一个技术问题在某个项目中出现，攻克后，同样的问题在其他项目中再次出现时，团队还得花费大量时间和精力去解决。另外，相同的模块或功能在不同的项目团队中被重复开发，降低了研发的效率。这都是公司对研发缺少统一管控的弊病。

此外，华为在不同领域技术能力迥异。1995 年，华为最擅长的领域是交换机，但在一些新领域，技术能力相当薄弱。无线产品的开发困难重重，既缺乏技术积累，又没有充足的人才支援，很难在核心技术上取得突破。即便如此，研发团队仍不愿继承交换机项目中成熟的系统软件和硬件，过于强调团队内部的“原创”意识。这样的情形下，无线产品开发团队在项目管理、产品系统设计和测试等方面的表现都不尽人意，研发进展缓慢。

7.5.2 发起变革：组织架构与流程化的同步更新

7.5.2.1 建立中央研究部

1995 年，为了优化研发管理，华为将公司所有的项目团队进行整合重组，成立了中央研究部（以下称中研部）。早期中研部的组织结构如图 7–5 所示。

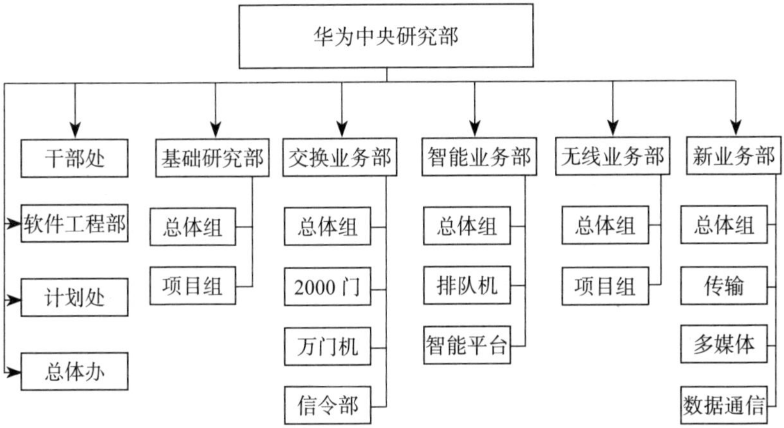

图 7–5 1995 年华为中研部的组织架构

来源：张利华，2009

中央研究部下设总体办、干部处、计划处、软件工程部、基础研究部和 4 个业务部门。划分业务部的一个原则是该部门是否形成了成熟的产品，如交换业务部的 C&C08 交换机、智能业务部门的 C&C08 智能平台，这些产品都已经投入生产和销售。新业务部门主要负责尚未形成销售的新业务的产品化。另一个原则是不同产品的技术联系，特别是产品之间核心技术点的关系。每个业务部门不仅为其产品成功负责，也要对前瞻性技术进行研究，以保持华为的产品和技术处于相应领域的领先地位。

然后，每个业务部下设二级的总体组和各个产品部（之前称为项目组）。比较有特色的是，每个业务部下还设置一个共同技术平台，专门研究该业务部内各个产品部之间可以共享的共同技术平台，如信令研究部就是交换机业务部下的一个共同技术平台。这样有利于同一个业务部内的技术共享，使新产品的研发更具可控性、可继承性。

干部处是中研部专有的人事部，负责研发人员的招聘、培训和薪酬激励机制的设计，体现了研发人员管理工作的专业性。研发部门一直处于快速扩张的状态，而且在管理上有一定的特殊性。例如，研发工程师的工资水平一般高于其他员工，有时甚至可能高于部门经理。中研部的干部处是从各个业务部的技术负责人中抽调过来的，专职负责中研部的人力资源管理。

为提高软件开发的能力，1994 年 C&C08 2000 项目团队的软件项目经理李仪提倡制定软件编程标准，注重软件测试工作，但少有人支持（张利华，2009）。这是因为各个团队只管把产品做出来，不太关心产品软件的质量。即使出现了问题，还能通过成功“救火”来获得公司的重视。然而，令他们吃惊的是，任正非格外重视软件测试的工作。在一次出差中，他出乎意料地让李仪去负责软件工程。因此，在 1995 年中研部成立时就设立了软件工程部，负责软件质量的规范和控制工作。

中研部的成立标志着华为研发管理的新纪元。产品不断地推陈出新，不仅需要技术上的改进和发展，还需要技术管理能力的加强。在中研部全新的体系下，华为技术管理能力得到大幅度提升。简单来说，第一个明显的变化就是权力下放，将决策权分散到每个业务部门，各业务部下都设置二级的总体组来执行该领域的技术规划。其次，组织结构清晰，体现了分层控制的特点，从上到下依次为规划层、管理层、控制层和执行层。另外，中研部作为华为全国各地乃至后来全球化研发网络的中心，起到了技术和人才方面的辐射作用。华为研发的产品都是从深圳的中研部开始的，各地研究所的负责人、技术管理人员也都是从中研部走出去的。而且华为的研发管理变革也都从中研部的试点开始，取得效果后再向其他研究所推广开来。

中研部成立后，跨部门的合作和交流也有所改善。中研部可以统一管理所有研发资源，取长补短，从而平衡其在不同领域的技术能力。例如为了加快无线业务部的发展，中研部从交换业务部抽调了不少身经百战的技术专家到该部门。同时，中研部还明令要求无线业务部充分利用交换部开发的软硬件。在项目管理方面，无线业务部也积极学习其他成熟业务部的成功运作经验。在中研部的统一部署下，成熟业务部的经验得到广泛推广，也正是基于此，无线业务部很快迎头赶上。

7.5.2.2 中试部为产品质量护航

另外一个重要的变化是中试部的成立。在早期阶段，华为只注重产品的开发，却忽视了测试这一关键环节。一个产品开发出来后，研发工程师自己测试一下，如果没有问题的话就直接交给生产部。结果到了批量生产阶段，问题频发，如生产过程中废品率高居不下，出货前才发现产品安装存在问题。如此一来，研发人员只能匆忙地临场解决问题，把生产线当成了解决问题的实验室。

于是在 1995 年，华为成立中试部，其职责是确保产品质量，加速产品研发成果的成熟化，刚成立时约有 30 人（胡红卫，2009）。该部门下设试制部和测试中心，而测试中心下又细分为硬件测试部、软件测试部、测试实验室。中研部主要由大量的本科生来开展研发工作，然而为了确保产品质量，中试部却招聘了很多博士生，因此，中试部成了华为当时博士生最多的部门。

7.5.2.3 流程变化

中研部成立之前，项目经理需要兼顾所有的技术和项目管理工作，对项目经理的能力要求极高。随着华为研发项目的规模日益扩大，研发复杂度逐渐增加，导致项目经理精力分散，无法实现某些关键技术点的突破。而管理上的漏洞也经常造成项目进度延误、成本失控等问题。此外，多个项目之间的配合并不理想。在成立中研部后，华为开始采用矩阵式管理，以上问题得到了很大改善（见图 7–6）。

	交换机业务部	智能业务部	无线业务部	新业务部
总体办	交换总体组总工	智能总体组总工	无线总体组总工	新业务总体组总工
干部部	交换干部部经理	智能干部部经理	无线干部部经理	新业务干部部经理
计划处	交换计划处经理	智能计划处经理	无线计划处经理	新业务计划处经理
硬件部	交换硬件组硬件经理	智能硬件组硬件经理	无线硬件组硬件经理	新业务硬件组硬件经理

业务线：管产品、管进度、管市场和业务

流程线：管资源、管规划、管流程

图 7–6 中研部内的矩阵式管理

来源：张利华，2009

图 7–6 每列中的业务部负责产品开发和市场的成功，而每行中的研发支持部门致力于提高研发整体效率、降低研发成本。当业务部从销售部拿到客户需求和反馈，从中试部取得产品制造方面的改善要求之后，首先向那些资源部门寻求支持。然后这些研发支持部门会形成专业团队和公共的技术模块来协助业务部解决具体难点。纵向的业务部相当于前线冲锋的部门，而横向的资源部门则负责准备军需物资、养兵练兵、指挥战略方向，这种矩阵式管理改善了不同部门的沟通与协作问题，更增强了组织的适应能力。

对于重点研发项目，如果牵涉各业务部的技术点，中研部就会从不同业务部抽调专业人员来进行集体攻关。平时这些人员受所属业务部的垂直领导，在抽调阶段则接受项目负责人的领导。1996 年，为抓住接入网的机遇，华为很快成立了一个由多媒体业务部、传输业务部等多部门共同参与的攻关项目组，其中不乏各个业务部的核心技术骨干。在各个部门的通力配合下，仅仅三个月内华为就形成了功能和成本上都具有一定竞争力的 ETS 无线接入、会议电视等新业务产品（张利华，2009）。

虽然华为的矩阵管理取得了显著成功，有相当一部分企业的矩阵管理却以失败收场。这是因为矩阵结构中存在两条权力线，可能会引发双重指挥问题。项目经理负责项目的成败，却缺少相应的资源支持，权力和责任的错位使得项目运作和绩效考核困难重重。为避免矩阵管理的潜在问题的发生，华为采取了多项特殊的举措。

首先，华为建立起一个有效的高层协调组织。由于矩阵管理会带来很多协调上的问题，华为开创性地为跨部门项目设立了一个高层的监督和协调组织，即领导小组，由中研部总裁和各相关部门的经理组成。跨部门项目团队与职能部门平级，同时受领导小组的监督。例如在接入网项目中，中研部总裁担任领导小组的组长，接入网项目组经理、硬件部、交换业务部、智能业务部、总体办等相关职能部门的领导都加入该项目的领导小组，一旦项目协作中发生任何冲突，项目负责人将直接向总裁汇报，领导小组将进一步跟进并讨论解决问题。

其次，华为将项目规划和日常经营计划纳入统一的综合规划，将表面看起来互相冲突的任务错开安排，规定优先级。如此一来，就可以根据统一的规划来评估项目的完成进度，考核体系也得以完善。同一职能部门工作的同级人员，如果有人参与重要项目并表现优异，那么他（她）的奖金越高，晋升越快。奖金将根据整体项目绩效和个人表现来分配，从而鼓励员工们积极参与重要研发项目。

尽管采取了上述措施，矩阵管理中的冲突还是不能从根本上得到解决。华为的经验是在日常工作中提倡团队精神，企业文化成了解决矛盾的润滑剂。在进行绩效考核时，也将团队精神作为评估项目经理的重要方面。

为了改善项目管理，1996 年华为招入 1 000 名 MBA（工商管理硕士），其中大部分人加入了中研部。这些训练有素的员工与技术专家展开合作，他们专注于专业化的管理方法，而技术专家则分享实践经验。他们共同为华为项目团队的管理奠定了基础。这里正体现了华为的管理哲学，在原有的系统中注入全新的血液，取长补短并相互制衡，从而增强企业的实力，华为人管这个理念叫“掺沙子”。

7.5.3 基于反馈进行调整：研发系统趋向正式化

在见证了新变化给企业带来的发展力量后，华为更坚定不移地继续推进变革。

7.5.3.1 中试部的扩张

1996年，中试部的规模扩大为300人左右，当时中研部约有600名员工。尽管华为已经总结出产品试制和测试的初步方法和流程，但中试部的主要职能仍是解决一些迫切的产品质量问题，如批量生产问题。华为意识到，除了设计质量，还必须提高产品的制造质量。因此，中试部于1996年增设了以下部门：一是工艺实验中心，主要负责新产品的工艺设计，提高批量生产的效率，并降低生产成本；二是装备研发中心，主要负责生产线的研制、引进和集成；三是物料品质测试中心，保证批量生产的物料质量；四是BOM中心和技术文件中心，主要负责提升对BOM（物料清单）和技术文件的管理水平。BOM是公司采购和生产的基础，也是产品成本和定价的重要价格参考资料。在此之前，包括BOM在内的技术文件都由研发部提供，但由于研发人员根据需要频繁变更，比如今天加一个元件，明天改一个元件的数量，导致其他部门如采购部、生产部和定价中心都要及时跟着BOM做出调整，造成了管理混乱，极易出错，拉低了这些部门的效率。新的BOM中心和技术文件中心成立后，由专门的人员审核并发布这些技术文件。而且通过BOM中心对研发人员刨根问底，很多潜在问题得以发现并解决，使得错误极大地减少了。另外，BOM也制定了一些奖惩制度，促使研发人员摒弃以往随意的态度，逐渐意识到BOM的重要性。

由产品开发过程和成果记录而成的产品数据，是企业各类IT系统的重要基础数据。1998年华为曾做过统计，大量的产品数据错误导致了很多废料和废品的产生，损失高达 4 000 万元。而产品数据错误导致的发货错误，也给华为造成巨大的经济损失和难以预计的公司形象损害（张利华，2009）。1998 年 11 月，华为在中试部又建立了产品数据管理中心。

到 1998 年年底，中试部的员工人数已增加到 700 人左右，而当时中研部的员工人数为 1 800 多人（胡红卫，2009）。随着中试部的不断扩张，华为的产品质量得到了显著提升。

7.5.3.2 形成正式的研发体系

1996 年，华为建立了与中研部和中试部平行的产品战略研究规划办公室（以下简称战略规划办）。战略规划办负责公司整体产品战略的研究和输出，回答“我们做什么产品”的问题，为中研部的产品开发指明方向。中研部是产品开发的主战场，职责是“做出产品”，避免无法向市场按时交付产品的情况。一旦确定产品的市场潜力后，中研部将全力以赴开发出产品。而中试部则是为了保证产品质量，职责是“做好产品”。这三个部门共同构成华为早期正式的研发系统。1997 年，任正非在讲话中对战略规划办、中研部、中试部的相互配合做了精辟的阐述：“逐步聚集人力、物力资源进行项目研究，集中优势兵力一举完成参数研究，同时转入商品性能研究。在严格的中试阶段，紧紧抓住工艺设计、容差设计，更加突出商品特性。进一步强化产品的可生产性、可销售性研究试验。从难、从严、从实战出发，在百般挑剔中完成小批量试生产。在大批量地投入生产之后，严格跟踪用户服务，用一两年时间观察产品的质量与技术状况，完善新产品。”（新浪博客，2014）

7.5.3.3 迈向长期研发

由于电信行业具有开发周期长、投资大、竞争激烈等特征，确定主流的技术趋势就像一次次豪赌，有起有落。在1993—1997年，华为虽然抓住了一些重要机遇，投资研发了数字交换机C&C08、智能网、传输和接入网等产品，获得了令人瞩目的成就，但是每年也有很多研发投资以失败收场。之前新产品的开发通常由公司的领导层或者战略规划办拍板决定，没有严格地进行技术和市场潜力的评估。另外，仅仅着眼于下一个产品对华为的长期发展是远远不够的。1998年华为的年收入已经达到89亿元，拥有8 000名员工，其业务遍布中国的主要城市。随着规模的扩大，华为开始进军国际市场，并于1998年成立了国际产品部。华为逐步从市场跟随者成长为行业领导者，它需要看得更远，识别并抓住至少未来5年内的技术机遇。

另一方面，华为过去只是在不断追赶，追随着技术领先者的脚步，并不能影响行业技术标准的制定和改变。1993年，当华为开发C&C08交换机和GSM项目时，它只能努力学习已有的技术标准，还要不断担心其产品是否完全符合这些标准，防止被“驱逐出局”。现在华为成长得愈来愈强，自然也想拥有与市场地位相匹配的行业影响力，参与技术标准的制定，特别是国内电信标准的制定，以维系长期的市场地位。

于是在1998年年底，华为建立了预研部，作为中研部下的一个细分部门，它主要负责开展前瞻性技术的研发。华为规定，预研的资金必须不少于总研发支出的10%，相应的研发人员也应不少于总研发人员的10%（胡红卫，2009）。从1995年起，华为每年的预研费用就不低于2 000万。对于这种极其昂贵的长期投资，任正非评价：“在短期利益和长期投资上没有看得很清楚的人，实际上他就不是将军。将军就要有战略意识，没有战略意识怎么叫将军呢？搞研发可是一门苦功夫，千万要放弃任何急功近利的想法，要做好每年投入十几亿，而三五年内不见明显效果的准备。”（吴建国，2006）

预研部肩负两类职责。首先，它需要预先做技术储备。如果某项技术在产品开发之前没有经过验证，整个开发过程将变得不可控，更容易出现质量风险。其次就是产生更多属于华为自己的专利和标准，开展通信领域相关标准和协议的研究工作。尤其在2003年华为遭遇思科公司的知识产权诉讼后，这个战略目标更加受到了重视。预研部的工作人员广泛投身到相关的国际技术论坛、技术协会和标准组织中，挖掘竞争对手最新的技术情报，积极参与国内标准的制定。从电信标准的被动接受者转变为新标准的积极塑造者，华为的研发跨向了更高的境界。

华为新技术的创新和应用得益于这样一个强大的预研系统。例如，业界3G还没有实现商业化时，华为已经预研4G、5G了。与一些国外科技公司类似，华为的预研可以被看作是一种风险控制手段。因为在预研阶段，华为已经对所涉及的技术、合作伙伴、商业前景等方面展开了深入的分析，以降低技术和市场的不确定性。华为的研发流程首先从预研开始，到技术开发，最后再转入产品开发阶段，随着流程的不断深入，项目也逐渐趋向成熟化。预研系统的设立大大提高了新产品开发的成功率。

截至2009年，中研部超过80%的人员都在做预研部输出的项目。由于预研工作的效果很难评估，华为规定预研成果的转化率要始终保持在70%~80%。太低了不行，说明预研远离了市场，但太高了也不行，说明预研过于保守，容易漏掉潜在的技术方向（张利华，2009）。那么，什么样的员工可以去预研部呢？在华为，只有在成熟产品项目团队做过项目负责人的优秀技术人员才能进入预研部，没有成熟产品研发经历的研发新手，是无法进入预研部的。

7.6　1999—2004：IPD 变革

随着华为的快速扩张，其原有研发系统却濒临崩溃。1999 年，华为开始了集成产品开发（IPD）变革，并且建成了研发 IT 支撑系统。然而，改革之路从无坦途，华为从试点项目开始，逐步推广 IPD 流程。

7.6.1　识别变革需求：快速扩张的危机

到 1999 年，华为成立已逾 10 年，无论是在市场的深度还是广度上，华为都完成了充分的拓展。华为的产品系列从固话通信设备发展到无线设备、智能网络、数据通信和传输产品等多种系列，在通信领域日益精进。同时，华为市场版图也不断扩大，为国内外多家运营商提供服务。总体而言，华为稳步增长，与国际领先企业的差距逐渐缩小。1998 年，华为的销售收入达到 89 亿元，次年上升到 120 亿元，员工人数也从 1998 年的 9 500 名增至 1999 年的 15 000 名。研发规模也同步扩大，单就 1997 年，华为共招入了 4 000 名研发人员。在华为快速发展的光环笼罩下，研发系统却并没有跟上整体规模化发展的步伐，危机重重，主要表现如下：

一是"串行"研发的流程亟待优化。1997 年以前，产品研发由中研部主导，以传统的"串行"方式工作，即开发人员先设计，在用户使用并反馈后进行修改。例如，华为的 C&C08 万门机，在 1993—1997 年间，共推出 10 多个版本，平均下来每三个月就出一个新版本（张利华，2009）。这虽然反映了华为的研发速度之快，但从另外的角度来看，也体现了版本维护缺乏预见性和规划性。研发人员往往只强调功能的实现，却很少重视产品的可操作性和可维护性。直到客户开始使用，发现使用和维护都不方便，再返回来修改，这不仅影响了设备的运行，还导致研发周期不断拉长，长此以往损害了华为在客户心中的企业形象。

二是产品线越拉越长，市场响应速度逐渐变慢，产品按期交付能力受到严重损害。截至 1997 年，华为已有上百个产品在同时研发，而这些产品的研发都需要被动地满足各类市场需求，来自前线的各类新需求越来越繁杂。中研部的总裁每天在办公室收到的客户投诉和新业务需求的邮件达到上百封，而一个研发部的产品经理从早到晚接打来自市场和客户服务的电话，每月话费居然高达 6 000 元（张利华，2009）。

三是研发系统扩张太快。很多刚走出校门的年轻人加入华为，有些凭借出众的才华很快成长为核心研发工程师，但美中不足的是，这些未经社会历练的年轻工程师普遍重视科研成果，却忽视了成果的商品化。简而言之，他们的成本、效率和市场意识都较为淡薄，自我感觉良好，却不利于华为的业绩增长。

以上问题非一朝一夕能够得到根除，因此也深深牵动着华为领导层的心。1997 年年底，任正非赴美访问 IBM，他被 IBM 的变革故事所震撼：借助组织变革，IBM成功走出了企业快速规模化之后的困境。“以古为鉴，可知兴替”，想起华为此时的处境，我们仿佛看到了历史上 IBM 的影子。回国后，任正非发表了著名的文章《我们向美国人民学习什么》，借此来强调华为面临的管理危机，呼吁变革。这篇文章得到广泛传播和讨论，激起了华为变革的火花。

7.6.2 发起变革：始于“特区”试验

7.6.2.1 建立三个试点项目

1999 年 2 月，华为正式邀请 IBM 帮助其实施 IPD 变革项目。IPD 流程的核心在于“产品研发是基于市场的创新，是一种投资行为”。因此，研发不再仅仅由技术部门主导，其他各个部门，如市场部、财务部，都要共同参与到研发过程中。

历经近一年的调研和培训，华为最终选择了三个试点来开展 IPD 流程的试验，在无线、宽带和传输产品部建立起三个跨部门运作团队。如图 7-7 所示，华为使用了一种全新的矩阵架构来管理 PDT（产品开发团队）。

IPD 变革下的矩阵架构与华为过去研发系统的矩阵架构完全不同。上一节提到的中研部的跨部门合作矩阵中，涉及的资源部门都是中研部的下属部门，然而在 IPD 的跨部门矩阵中，资源线都是来自研发部以外的部门，如市场部、生产部、用户服务部等，IPD 使原来相对封闭的研发系统变为公司各个部门都需要参与的开放系统。另外，之前产品经理大多来自研发部，试点 PDT 开始引入市场部的员工担任产品经理。2000 年 5 月，无线业务部建立了第一个试点 PDT，作为过渡，这个团队的产品经理由既有研发部工作背景又有市场部工

	无线产品 PDT	宽带产品 PDT	传输产品 PDT
市场部	无线产品市场代表	宽带产品市场代表	传输产品市场代表
生产部	无线产品制造代表	宽带产品制造代表	传输产品制造代表
用户服务部	无线产品服务代表	宽带产品服务代表	传输产品服务代表
中试部	无线产品中试代表	宽带产品中试代表	传输产品中试代表

产品线：管市场、管财务成败

资源线：管技术、管人才

图 7–7　IPD 体系中的新型矩阵管理

来源：张利华，2009

作经验的员工担任。而在第二个试点 PDT 建立时，选择了完全没有研发经验的市场部人员担任。

在 IPD 流程中，产品研发分为 6 个阶段。其中前两个阶段是概念和计划阶段，主要为了明确产品的市场需求以及它的商业价值——能为公司带来多少利润。其他 4 个阶段见图 7–8。

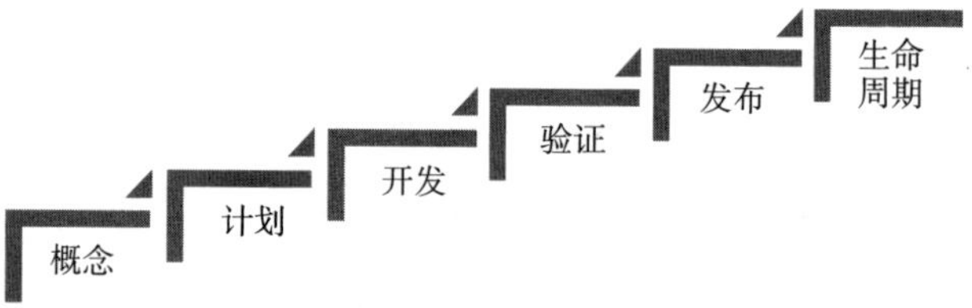

图 7–8　IPD 体系中的产品研发流程

7.6.2.2　研发 IT 支撑系统

作为 IPD 项目的一部分，华为还建立起“研发 IT 支撑系统”，为员工的互助和研发资源共享提供了一个高效便捷的平台，知识共享从过去的无序、自发状态转变为有序支持、统一接口、高度提倡的状态。

过去，华为公司的员工求助都是靠口耳相传、师傅带徒弟的方式实现的。如果新员工有问题，一般只能求助于师傅等熟悉的同事，而从师傅的角度考虑，往往担心“教会了徒弟，饿死了师傅”，不肯毫无保留地指导徒弟，另外，师傅通常也没有足够的时间来事无巨细地回答徒弟的问题。早期华为曾搞过各类宣传，鼓励知识共享和“传、帮、带”机制，然而实际上却一直流于形式，研发 IT 支撑系统的建成改善了这种局面。

首先，它为员工提供了便捷的求助通道。新员工往往需要在短期内学习很多新知识，比如复杂的开发平台和一些工具的使用。通过研发支撑系统，他们可以快速获得公司各方面专家的支持。首先，一旦员工们提出问题，值班专家将实时在线回答。如果问题较为复杂，值班专家无法给出明确的解决方案，该问题将进入下一步骤，交给专家组开展“会诊”。如果该问题属于专家组也不能妥善处理的“疑难杂症”，他们也会想方设法地通过其他的途径解决，如求助于供应商的技术支持系统，于是该问题就借助公司外部的资源支持得到了解决。平均而言，支撑系统的问题解决率保持在 95% 以上，员工求助的效率得到了充分保证（张利华，2009）。

其次，该系统的另一个重要作用是经验共享。支撑系统的专家需要定期总结所有的提问和解答，形成常见问题集，并及时发布在“经验库”中方便大家查阅。同时，支撑系统还鼓励大家把日常工作中总结的宝贵经验共享出来。另外，为了保持华为技术资料的与时俱进，专家们还定期从供应商的网站中下载有价值的技术文章、培训资源，整理后发布到系统中。

7.6.3 基于反馈进行调整：从怀疑到认可

在试点项目之前，有些人对 IPD 流程的效果抱着怀疑的态度，他们担心 IPD 将整个研发流程复杂化。尤其是研发人员，在产品开发项目的各个时间点上，需要与其他部门的人多次开会，还要编写很多资料和文档，工作量大大增加，他们似乎不能集中精力搞研发了。然而，经过试点试验，他们发现看似烦琐的流程却真正解决了版本管理混乱的问题，因为在产品开发的每个关键点上，研发人员都必须反复确认是否存在潜在问题，每个版本的质量得以提升。并且，通过完整的文件记录，包括版本迭代信息等在内的产品开发全部信息都可追溯，便于版本的维护和管理（孙业林，2016）。

试点项目刚开始运行时，这些优点并不明显，销售人员对 IPD 变革也颇有微词。在变革之前，推出一个版本仅需一个月，现在却需要半年甚至一年多的时间，产品质量看起来没有明显提升，市场响应速度却明显降低了。事实证明，长期而言，IPD 流程缩短了总体的产品开发周期，因为 IPD 强调的是一次把事情做对。过去华为用极短的时间设计方案、开发产品，再花费大量的时间来来回回修改，满足市场、生产和用户的要求。相比较而言，在 IPD 流程下，用更多的时间充分调查需求、设计方案，再有条不紊地进行产品开发，产品的维护变得简单了。三个试点项目后，产品变得越来越稳定，再也不需要快速的版本更新来修复问题了，客户在使用过程中也不再频繁地投诉，可以说，IPD 流程的成效有目共睹。

7.6.4 让变革融入管理体系：充分授权、稳步推进

经过近一年的试验，IPD 流程在三个试点项目上都取得了较好的效果。在 IBM 顾问的带动下，IPD 流程开始向整个研发系统推广。华为采取了渐进式的推广路径，首先推广到华为 50% 的研发项目中，然后扩散到公司 80% 的项目中，到 2003 年华为所有的产品研发都采用了 IPD 流程。

在 IPD 流程下，华为建立起产品线管理团队，每个产品都由相应的 PDT 负责。PDT 的成员是来自各个部门的代表，产品经理通常由市场部的人员担任。每个 PDT 就像一个小型创业公司，为产品的市场表现全权负责。

然而整个体系的推广并不容易，华为面临着严峻的管理挑战。新的体系需要打破华为固有的部门壁垒，建立新的流程结构。过去，产品功能方面有问题找研发部门就行了，现在市场部被捆绑在同一个 PDT，他们不愿意承担更多责任。对于研发部门而言，基于以往的产品成功，他们认为研发是公司最重要的部门，感觉大权在握，产品开发和工作汇报也都由研发部门所掌控。但是在新体系下，他们要与其他非技术部门一起讨论如何开发产品，研发人员要经常向其他部门的代表汇报进度，只有所有的代表都同意后，才能进行下一步开发。因此，研发部门的权力被严重削弱，令研发部门的工程师们难以适应。就这样，IPD 在推广过程中遭遇了大众的抵触、部门的阻挠，明争暗斗屡见不鲜。

为了 IPD 体系的顺利推广，任正非充分授权 IBM 的顾问团队，他表示，一定要按照流程打破所有部门的壁垒，谁阻挠了 IPD 的发

展，就把谁裁掉。之后，IBM 按照总裁的指示对不配合变革的部门负责人进行处理，让不合适的干部“下岗”。在这样严格的管理下，一些明争暗斗的员工终于放弃了斗争，尝试慢慢融入新体系。华为高级副总裁何庭波回忆道：“以往研发策略和方向更依赖个人和资金，而全新的 IPD 流程更强调决策的流程化和组织化，强调研发为市场所主导。”2001 年前后，随着研发管理变革的逐渐深入，就在何庭波所在的软件及芯片部门，不少领导干部被迫“削足适履”，“人治”过程中累积的个人英雄主义情结向标准化的组织流程妥协，相应地约有 30% 的人离开了华为。

推广过程也是不断优化的过程。经过试点项目的验证，2001 年，华为推出了 IPD 体系 1.0 版本，2002 年经过 50% 的试运行后，又推出了 2.0 版本。经过 5 年的努力，到 2003 年，华为 IPD 流程已经全线贯通。IPD 变革之前产品质量依赖于中试部的事后控制，而现在产品质量在严密和严格的流程中得到充分的控制和保证，中试部的各项业务活动已经融入 IPD 流程中，中试部也无须再作为一个单独的部门存在。因此，在 2003 年，华为解散了中试部，将其各项业务活动分别划归相应的资源部门，由这些部门负责相应业务的继续建设和优化（胡红卫，2009）。

另外，基于 IPD 体系，华为的研发能力得到显著提升。产品研发周期从 2003 年的 84 周缩减到 2007 年的 54.5 周（欧阳剑鸿，2015）。另外，研发管理能力同样也得到明显增强。副总裁徐直军曾提到，之前华为 3 000 名研发人员都管不好，经过了 IPD 变革的洗礼，现在华为能够轻松管理 7 万人的研发队伍了（田涛，2015）。正是流程化，让华为从“人治”走向“法治”，管理效率得以提升。

7.7　2005 年至今：建立全球领导力

7.7.1　各地研发机构整合全球资源

十几年来，华为逐渐成长为一个全球化企业。2005 年，华为国际市场的销售额第一次超过了国内市场的销售额。如图 7–9 所示，国际市场的销售额持续增长，并且成了华为销售额增长的主要动力。如何在国际化的背景下，保持持续的成长并不断增强技术能力，是华为面临的新问题。

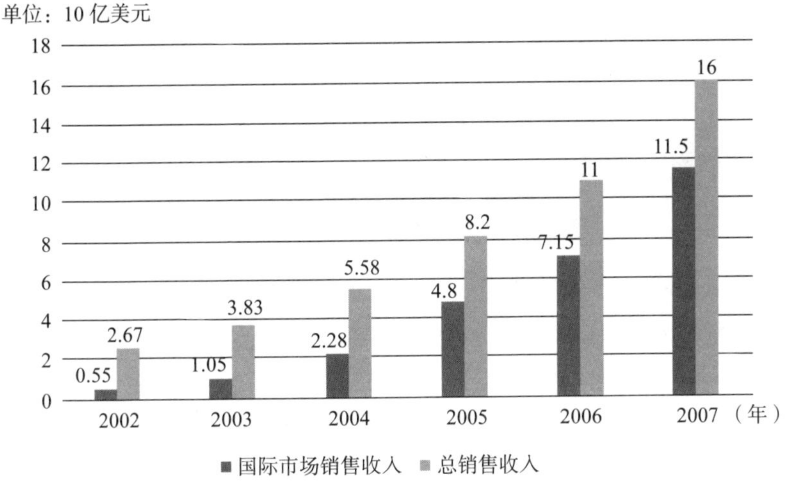

图 7–9　华为 2002—2007 年销售收入情况

资料来源：华为历年年报

1991 年，华为开始战略性地在美国、欧洲、印度等全球各地部署研发机构。到2016年，华为已经建立了15所国外研发中心（华为，2016）。这些遍布全球的研发中心帮助华为跟踪全球范围内最先进的技术，整合全球技术资源。更重要的是，通过这些研究所，华为可以吸收全球各地的顶尖人才。

与国内研发中心的选址策略一样——尽可能地靠近北京、上海等人才聚集地，而不是公司总部，华为在海外研发中心的选址也尽量考虑国家和地区的技术优势。如图 7–10 所示，华为海外几个主要研究所的选址也体现了这一策略。

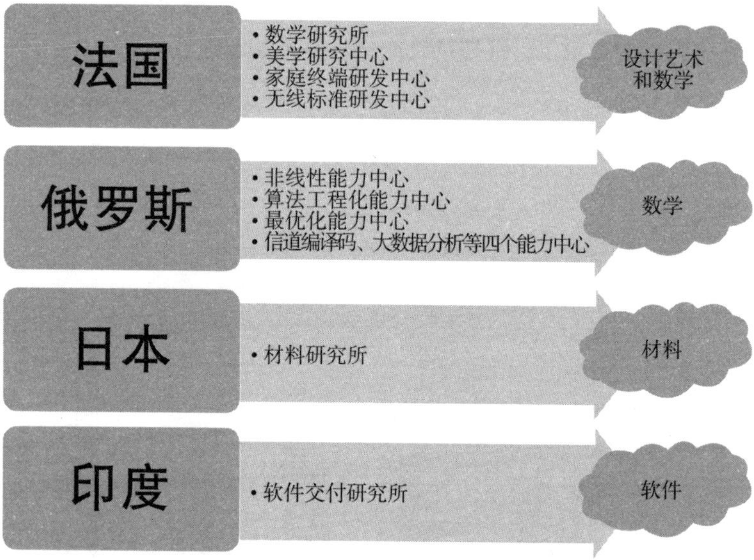

图 7–10　华为主要的海外研发机构分布及主要研发方向

2015 年 3 月，以主攻美学创新设计为目的的华为全球“美学研究中心”在巴黎落成。目前，该研究中心的设计团队正在积极研发华为新一代手环、手表，该团队由 10 位顶尖设计师组成，被誉为华为最小却最有力的研发团队之一（邢雪，2015）。数学研究方面，华为的俄罗斯研究所雇用了多位世界一流的数学家，并且已经取得了 2G 和

3G 技术上的算法突破，包括为业内所称道的 Single RAN 技术（田涛，2015）。值得注意的是，无论国内还是国外，所有的研究所都是为业务需要而设立的，它们是作为资源部门存在的，服务于业务部门。

另一方面，华为也积极投身到开放式创新中。2006 年 10 月，华为联手沃达丰在西班牙设立移动创新中心（MIC）。截至 2016 年，在全球范围内，华为已经建立了 36 个联合创新中心，与多个重要客户达成技术合作（华为，2016）。通过这样广阔的开放式创新网络，双方能够就 100 多个创新主题展开探索，从而开创战略共赢的局面。

7.7.2 “诺亚方舟”拥抱未来挑战

回望创新的历史长河，大公司往往不经意间被小公司击败，尤其那些引进颠覆性创新的创业公司总是一鸣惊人。尽管华为几十年来已经拥有了很强的创新能力，但目前看来华为贡献的创新大多数都是渐进性创新和追随式创新，而非颠覆性创新。虽然有着众多专利，但是有些核心技术华为还得依赖于美国公司，如芯片、操作系统和其他一些核心部件（田涛，2015）。对于大公司而言，鲜有成功引入颠覆性创新的先例。过去的成功往往阻碍了今后的改革创新。面临移动互联时代日新月异的变化，Google 和 Facebook（脸谱网）这样的大公司都感受到前所未有的危机。对华为而言，虽然预研系统一直在研究前瞻性技术，华为的高管们却认为这样也不足以抵御未来的挑战，新的变革正在酝酿。

2011 年，为了进一步强调长期研发，华为将原来的预研部改为“2012 实验室”，并提升了该部门的地位，使之独立于中研部（孙业林，2016）。据说该实验室由任正非命名，著名的灾难电影《2012》触发了他强烈的忧患意识，未来信息像洪水一样泛滥，不可预测的

“黑天鹅”事件可能随时发生，华为想要基业长青，就得提前投资制造“诺亚方舟”（张利华，2009）。2012 实验室成了华为面向未来技术的创新平台，研究范围涉及机器学习、自然语言处理、第五代通信技术和新兴材料等多个领域。值得一提的是，为了孕育更多的颠覆性创新，2012 实验室的运营完全独立于现有的研发系统，由李英涛担任总裁，直接向 CEO 汇报。之所以要隔离进行研发，是因为大公司普遍对成功路径存在依赖，较为封闭和保守，处于萌芽、模糊状态的技术想法往往会被体制扼杀。

据任正非透露，截至 2016 年年底，2012 实验室的全职和合作科学家总数会超过 1 400 人（新华社，2016）。同时他呼吁华为的高端科学家们每年至少花 1/3 到 1/2 以上的时间到全球各地优秀的大学、技术论坛、学术会议上交流访问，勇于做“技术思想领袖”（田涛，2015）。作为一家全球化的领袖级企业，华为的发展眼光早已超越了投入产出比的考量，其创新理念也不再单纯满足于短中期的市场成功，从技术追随者一步步成长为“领航者”，2012 实验室的创立无疑标志着这一转型。如果说，过往 30 年间，工程师商人文化造就了华为昔日的辉煌，相信在今后，科学家将发挥更重要的力量，与工程师合力实现华为作为全球领导者的未来战略格局！

7.8 小结

本章设计了一个“四阶段过程模型”来分析华为历史上三次主要的研发管理变革。第一次变革（1991—1994）帮助毫无研发实力的华为建立起非正式的研发系统；通过第二次变革（1995—1998），华为的研发系统逐渐形成清晰的组织架构和流程；而1999年以来成功推行的第三次变革帮助华为建立起流程化的高效研发系统。最后，本文总结了华为每次变革的诱因和动机、变化以及结果，见表7–1。

表7–1　华为三次研发管理变革的内容总结（1991—2004）

	第一次变革（1991—1994）	第二次变革（1995—1998）	第三次变革（1999—2004）
外部诱因	• 代理业务市场竞争激烈 • 国家进口和信贷政策紧缩	• 移动通信技术的兴起	• 无线通信、智能网等新技术机遇的出现
内部诱因	• 从电信设备代理向产品自主研发的战略转型 • 缺乏研发经验和技术能力 • 缺乏管理，频繁出现“救火”情况	• 产品开发战略由单一集中化向横向一体化过渡 • 研发管理复杂度逐渐增加 • 技术交流和合作不足	• 规模快速扩张导致研发系统濒临崩溃
研发部门的职责变化	• 负责C&C08交换机等新产品的研发	• 负责所有研发项目	• 与其他部门共同负责集成产品开发
组织结构变化	• 1993年建立数字机组 • 对数字机组进行了调整，采用了分层式组织架构	• 1995年建立中研部、中试部 • 1996年对中试部进行扩张，建立战略规划办 • 1998年建立预研部	• 2003年中试部解散
流程变化	• 总结出先理论拆解再集成的新产品开发“土方法” • 采用直线式研发管理	• 在中研部内采用矩阵式管理 • 建立起领导小组制度	• 建立起需要所有职能部门参与的矩阵式研发管理架构 • 建立研发IT支撑系统
变革结果	• 从零基础的研发逐渐建立起非正式的研发管理系统	• 形成以战略规划办、中研部、中试部为核心的正式研发系统	• 采用IPD流程来管理所有研发活动

纵观三次变革，本文发现所有的研发管理变革始终与华为的市场地位和战略定位保持高度一致。早期阶段华为为求生存而转型，从代理走向自主研发，在黑暗中摸索前方的道路。随着华为逐渐成为技术实力雄厚的行业领导者，它开始积极主动地提升研发系统，并且有意识地向优秀的同行学习。在目前仍在进行的变革中，为保持持续的全球竞争力，华为开始整合全球资源，同时高度重视长期研发。

另外，变革的中心由组织结构变化转移为流程变化。具体而言，研发管理系统从职能化系统向更复杂的矩阵式系统演化，最终演化为流程导向的系统，根本上只为在企业规模不断扩张的过程中兼顾效率和灵活性。

华为变革管理各个阶段的特点总结如表 7–2 所示。

我们可以看到，前两次变革并不是以非常正式的方式推行的，而且这两次变革改变的大部分是研发系统的组织结构。相比之下，在外部专业咨询团队的帮助下，第三次变革的实施更加系统化。在此次变革的第一阶段，变革需求由总裁正式提出并阐述，意在激发公司上下的危机感，帮助员工理解变革的必要性和迫切性。然后，先在试点区域启动变革，根据试点项目的反馈进一步调整，再向整个研发系统推广，员工的态度也从开始时对变革的抵触转为认可和接受。这样的变化印证了模型所倡导的观点——先从试点区域出发，再推广到其他地方，渐进式的方法能够有效缓解变革的阻力。

制度的动态变化可以从微观上反映组织变革，帮助我们理解变革的过程。作为“一种重复的、容易辨识的、由多个主体参与的行为模式”（Feldman & Pentland, 2003），制度的作用是为了提高效率和组织绩效（Luecke, 2003），有利于巩固组织的稳定性，但从另一个角度来

表 7-2 华为研发管理变革四阶段特点总结

变革阶段	第一次变革（1991—1994）	第二次变革（1995—1998）	第三次变革（1999—2004）
阶段一：识别变革需求	• 变革需求非常迫切，关乎企业存亡	• 为了增强公司的技术能力，长远发展，做出变革	• 变革由内部危机所驱动 • 华为开始积极向国外先进公司学习 • 总裁公开发文强调变革需求
阶段二：发起变革	• 核心管理者直接做出调整 • 显著的组织结构变化，流程变化较少	• 组织结构变化较多，也有部分流程变化 • 为顺利推行矩阵管理，高层权威进行监督和协调	• 试点阶段重塑研发流程
阶段三：基于反馈进行调整	• 从成功的项目中汲取运作经验，再调整组织架构	• 组织架构不断调整	• 试点项目的成功，让心存疑虑的员工逐渐接受新系统
阶段四：让变革融入管理体系	/	/	• 以渐进的方式逐渐向整个研发系统推广 • 为解决冲突，向咨询团队充分授权

看，也给组织变革带来了阻力。为了克服变革阻力，三次变革都使用不同的权力机构来协调组织制度的更新。在第一次变革中，华为当时的核心领导郑宝用被任命为数字机组的负责人，为新成立的部门立威。在第二次变革中，华为建立了特殊的领导小组来确保跨部门协作的成功。而在 IPD 变革中，总裁充分授权 IBM 顾问团队，以保证变革的顺利推行。然而，冲突并没有得到完美解决，华为最终付出了变革的代价，不少核心研发人员离职。

华为在研发管理变革中总结的一些经验对其他公司的制度更新也有一定启示。例如，当规划和实施变革时，具体的职责和工作流程需要资深干部与年轻员工共同讨论来决定。公司过去的规章制度并非是“祖宗之法不可变”，但“变法”一定要科学合理，要保持不断的协调。在制度更新时必须先“立”再“破”，从而有效避免管理上的真空地带引起的混乱局面，即旧的已经废除，新的还未产生，这也解释了为什么任正非一直强调改良，不提倡天翻地覆的变革。

总体而言，华为的变革历程也彰显了变革管理制度化的重要性。之前有一些研究表明，频繁变革的企业可能效率会比较低，并且容易引发管理上的混乱（Rieley & Clarkson, 2001）。短短30载，华为已经经历了三次重大的研发管理变革，并且还有新的变革持续进行，研发管理系统一直在不断更新，而研发的效率却始终在提升。这表示华为已经逐渐建立起固定的制度，有足够的能力安全平稳地不断更新组织和其中的核心系统。

正如学者吕克（Luecke, 2003）所述，不断变化的状态也能成为一种常态。华为在推行管理变革的过程中，任正非也经常引用英特尔前任总裁安迪·格鲁夫（Andrew S. Grove）的经典名言，世界上唯一不变的就是变化（吴建国，2006）。尤其自IPD变革以来，华为建立起专业化的变革项目团队来推行变革，而不是高层领导直接下令做出改变。从被动到主动，从靠直觉而变到进行系统化的变革，这彰显了华为的变革管理已经走向了制度化。这样的制度化是企业能力的储存，可以帮助企业在未来不断学习、发展（Winter, 2000）。

第八章

华为的国际化之旅[1]

① 本章内容由李文、常晓然、郭斌共同完成。

8.1 引言

1995年，华为在中国电子百强企业中排名第26位（项兵，2009）。当时，国内通信设备市场方兴未艾，华为的市场地位和行业影响力不断上升。然而，1995年及随后的3年，中国通信市场的竞争格局发生了剧烈变化。一方面，由于当时国际市场的衰退，世界上大型电信设备制造商纷纷进驻中国市场以弥补它们在其他市场的损失（刘文栋，2010）。另一方面，20世纪80年代中后期，国内新生了400多家通信制造类企业，国有企业、民营企业、多种所有制背景的公司纷纷崛起（田涛、吴春波，2012）。因此，中国电信市场由原来的产品短缺、供不应求发展到了中外产品撞车、市场严重过剩、竞争环境日益恶化的尴尬局面。所以，华为面临着企业发展上的一些重大困境，例如日益饱和的国内市场、大量未被充分利用的生产能力，以及较高的研究与开发（R&D）成本。在这种情况下，为了生存，华为开启了国际化历程。

除了国内激烈的市场竞争背景，华为开启国际化历程还与任正非的战略愿景有关。1994 年，任正非提出，“10 年后，世界通信行业三分天下，华为将占一分”（田涛、吴春波，2012）。1998 年，“华为将成为一个世界级的领先企业”这一点甚至被写进了《华为公司基本法》：“华为的追求是在电子信息领域实现顾客的梦想，并依靠点点滴滴、锲而不舍的艰苦追求，使我们成为世界级领先企业。”从培养人才的角度来看，华为的国际化可以提升华为人承受风险和控制危机的能力。此外，当时国内通信市场激烈的竞争环境点燃了任正非的使命感和民族感，作为全国通信行业的一员，华为必须努力成为一家具有较强竞争能力的大型跨国公司。正如董事长孙亚芳说：“我们不想成为世界第一，但我们不得不走在成为世界第一的路上！”（田涛、吴春波，2012）

以上论述或许解释了华为开启国际化路径的动机，但华为国际化的成功却依赖于其他一些因素。这些前提条件包括：第一，在国内市场上的成功。1998 年，华为的核心产品已经在中国所有发达省份和大城市销售，华为基本实现了“围绕农村，最终赢得城市”的战略目标，并成为国内最大的通信企业（刘文栋，2010）。在国际化进程中，华为把国内和国际市场有机地结合起来，以国内市场为基础支持国际市场的发展，以国际市场的发展拉动国内市场的增长，从而较好地均衡了国内和国际两个市场（吴春波，2014）。第二，先进的企业管理系统。从 1995 年开始，华为先后引进国外先进的管理系统，使企业管理达到国际水平。例如，华为投资 1 000 万元引进一套 MRP II 软件，投入 20 亿元引进先进的 IBM 管理模式，包括集成产品开发、集成供应链、集成财经服务等项目（标杆企业考察，2016）。第三，完善的知识产权管理体系。1995 年，华为成立知识产权部，每个研发产品线和销售部门分配 2~5 名全职或兼职专利管理人员，使知识产权工作渗透产品开发的每一个阶段。高级技术专家为每个产品和市场制定适当的知识产权战略，研发人员和知识产权人员共同分析专利风险并及时申请专利。此外，华为定期举行知识产权相关事项会议、开展知识产权绩效考核、培养知识产权信息利用能力、技术合同管理、知识产权评估和保密。通过这些系统，华为逐步加强了知识产权的积累、管理、保护和应用。

1996 年，华为以海外销售转换器和传输设备开始国际扩张。1999 年，华为的海外销售额占总销售额的比例尚不足 4%。2002 年，海外销售额为 5.52 亿美元。2003 年，海外销售额翻一番达到 10.5 亿美元，占公司总销售额的 27%。2005 年，海外销售额首次超过国内销售额（陈姝，2012）。2013 年，华为成为全球销售额和净利润额最高的通信设备制造商（华为，2014）。2015 年，华为实现了 395 亿美元的全球销售额，海外销售额占总销售额的 58%（华为，2016 年）。华为在全球 500 强的企业中排名第 228 位（财富中国，2015）。截至 2016 年，华为的产品销售覆盖 170 多个国家和地区。华为的海外销售额和总销售额的变化趋势如图 8–1 所示。

罗马不是一天建成的，华为也是如此。从一个默默无闻的中国创业公司到全球知名的跨国企业，华为经历了艰难的历程。事实上，华为的成功是通过屡败屡战、艰苦奋斗和在干中学实现的。在漫长的国际化历程中，华为在不同的阶段面临不同的挑战。本章将分析华为在国际化进程中所面临的挑战，并讨论华为是如何克服这些挑战的。华为国际化的三个阶段历程及面临的相关挑战如图 8–2 所示。

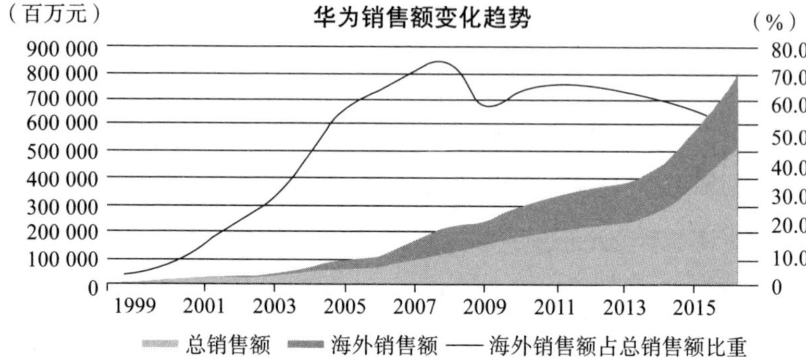

图 8–1　华为总销售额与海外销售额的变化趋势

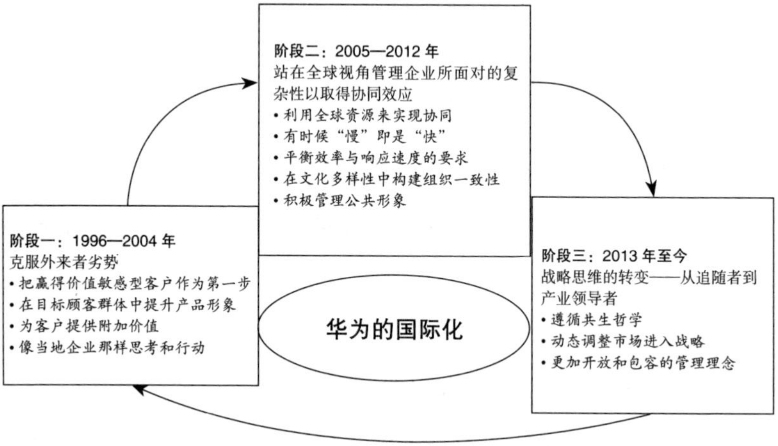

图 8–2　华为国际化历程中面临的挑战及应对措施

1996—2004 年是华为海外扩张的初始阶段。起初，华为在国外市场上并不知名，与爱立信、思科和诺基亚等西方大型公司相比，处于不利地位。华为必须抓住每一个可能的市场机会。在此期间，华为的国际化活动主要集中在吸引海外顾客并通过克服外来者劣势进行快速扩张。华为在 1996 年进入俄罗斯市场，1998 年进入印度市场，2000 年进入中东和非洲市场，2001 年进入欧洲市场。从 2003 年开始，华为品牌逐渐为国际运营商所熟知。

随着其在全球的迅速扩张，华为面临的新挑战是面对与全球运营相关的复杂性，实现全球协同式的运营。华为进入该阶段的里程碑事件是 2005 年海外销售额首次超过国内。从那时起，国际市场对华为越来越重要。一方面，2005—2012 年，华为必须建立提高全球运营效率所需的流程和机制。另一方面，面对全球经济的波动，华为必须调整甚至放慢国际扩张的步伐，练就强大的技术能力，使其能够参与更加激烈的市场竞争。

2013 年，华为超过爱立信成为全球销售收入和净利润最多的通信设备制造商（华为，2014）。为了实现可持续增长，华为必须将思维方式从“后来者”转变为“全球领导者”。

8.2 第一阶段：克服外来者劣势

当华为决定走出去的时候，它意识到会遇到各种阻碍。通常来说，与东道国本地的企业相比，外来者将面临更高的成本。这些成本来自文化差异、制度差异和市场差异，以及由于需要在跨国情境下协调各个子公司运营所产生的复杂的协调成本。就此而言，外来者劣势就是跨国公司在海外市场运作的时候发生的额外成本，东道国的本土企业是不会产生这个成本的（Hymer, 1976；Zaheer, 1995）。在华为开始国际化的早期阶段（1996—2004），克服外来者劣势是公司的首要任务。

早在 1995 年，任正非就下决心要开始海外扩张，但在那个时候华为对全世界来说都是陌生的。最开始的时候由于十分缺乏国际化人才，华为选择外派的经理和普通员工的首要条件就是会说英语，同时要求外派的人员一定具有丰富的国内运营经验。在那时，华为通过职业发展、社会和经济手段来激励本地人才出国。华为为此提出“派出最优秀的人到国外来确保华为的未来”。当员工们回忆那时海外生活的时候，他们并没有后悔选择经历这一段特殊过程，因为他们认为这对于他们施展才华和实现个人梦想是不可多得的机会（田涛、殷志峰，2016）。同时，通过长期股权持股激励的方式，员工认为华为的国际化对于华为的未来和他们的职业发展规划来说都十分重要。然而，尽管华为员工对在本地运作有丰富的经验，但当他们被外派到国际市场的时候，依然感觉到无助和紧张，不得不被逼去迎接文化差异带来的冲击。在那个时候，很多外派员工都没有国际化经验，在来到目的地之前他们几乎只知道要去的国家的名字，却不知道这个国家是什么样子的。即使在 2001 年，由于外派的中国员工英语沟通能力不足，华为依然受到语言问题的困扰。正如任正非所表述：“仅仅因为大量的外籍员工读不懂中文的文档，大量的国内员工英文也没过关，就足以看到华为的国际化是多么的困难。”（任正非，2001）由此可以看到，华为国际化初期遇到的问题远远比想象中要困难得多。华为也没有足够的时间去为早期国际化做好准备，尽管如此，华为依然选择了主动进入国际竞争的大潮中。有一次，任正非对员工们说：“我们总不能等待没有问题才去进攻，而是要在海外市场的搏击中，熟悉市场，赢得市场，培养和造就干部队伍。”（任正非，2001）

8.2.1 把赢得价值敏感型客户作为第一步

作为一个新兴市场的国际化公司，华为与作为竞争对手的成熟跨国公司相比，缺乏先进的产品技术和丰富的国际化管理经验，华为知道自己第一步要做的就是先找到顾客活下去。华为最开始派员工出国的时候，并不知道自己的客户究竟在哪儿。所以，华为采取了在发达国家和发展中国家进行“撒种子”的策略。这意味着华为往每一个国家或地区都会派出一到两个人，把他们作为“种子”，希望他们能够开拓当地市场，找到潜在的用户。功夫不负有心人，华为最终养成了发现未被满足的需求的能力，同时华为用定制化的产品和服务来满足这类价值敏感型顾客。

随着对国际市场理解的不断加深，华为开始把国际化重点放在了发展中国家和新兴市场上。在一开始，公司高管就知道他们并不能说服来自发达国家（如德国和法国）的大型运营商购买华为的产品。因此，华为一开始不能直接和大型跨国公司进行正面的竞争。然而，在发展中国家等新兴市场中，通信设备市场一直被大型跨国公司忽略，华为认为这无疑是一个很有潜力的、待发掘的市场机会。所以，华为决定开拓发展中国家市场，然后再慢慢地向发达国家市场渗透。任正非在一次讲话中说道：“当我们计划国际化的时候，所有肥沃的土地都被西方的公司占领了。只有那些荒凉的、贫瘠的和未被开发的地方才是我们扩张的机会。”一名当时在刚果的员工回忆道：“虽然刚果动乱不断，但是对华为来说更容易做生意，因为如果西方公司想要这个市场的话，要支付高额的补贴，对于它们来说这类市场的利润和吸引力都是很低的。”（程东升、刘丽丽，2007）

基于这种考虑，华为在 1996 年进入了俄罗斯市场，1997 年进入拉丁美洲市场，1998 年进入非洲市场，2000 年进入亚洲市场。同时，由于这些市场和母国中国的市场在某些程度上十分相似，市场发展水平都不成熟，本地消费者在这样的市场中通常对价格十分敏感，同时他们对产品的质量要求也不会像发达市场那样高。所以，华为能够很有效率地把中国市场的产品不需要做特别的调整和改动就能转移到这些市场。

即使在发达国家，华为最开始也是从已有的巨型竞争对手所忽略的利基市场和小规模客户入手。早年在欧洲市场，华为长时间地支持和关注小型的通信公司。华为会主动地寻找一些小规模的客户，发现它们未被满足的需求，然后尽可能地用最低的价格、最高的性价比去满足它们。例如一家英国小型通信运营公司 Evoxus，这家公司需要和大型的通信公司（如英国电信）竞争，因而 Evoxus 就迫切需要节约成本来降低服务的价格。对于这种小型公司来说，它们很难负担得起巨额的设备费用和售后服务成本。因此，华为找到这家公司，承诺提供更低价格的设备和免费升级服务。考虑到成本更低，而且产品功能和爱立信这些大型企业的产品类似，Evoxus 最后选择了华为，最后也非常满意华为所提供的产品和服务。

8.2.2 在目标顾客群体中提升产品形象

对于通信运营商来说，设备投资通常是一个长期性的决策。所以，一般情况下，客户只相信那些能够提供高质量产品和良好售后服务的供应商。对于年轻的跨国公司来说，与当地市场客户建立信任是一件十分有挑战性的事情。任正非知道当时外国顾客对于华为产品依然持很大的怀疑态度。所以，华为尽可能地宣传自己有能力提供高性价比的产品。例如，华为对于研发的投资巨大，多年来，每年把超过10% 的销售收入用于研发。华为相信“只有高投入才会有高产出”(任正非，1995）。1996 年，在第八届莫斯科国际通信展会上，华为对研发的坚持受到了来自俄罗斯专家的认可。事实上，当时俄方并不相信中国公司能够在通信设备上具有先进的高科技能力。当他们看见华为产品时觉得很出乎意料，于是私下要求见任正非。他们问任正非："你们有来自西方国家的帮助吗？"任正非自信地回答说，华为并没有西方国家的帮助，相反，所有的产品创新都是公司自己努力换来的（任正非，1996）。

在提升技术的同时，华为也为提升品牌形象而努力。最开始的时候，很多外国消费者并不了解华为。在他们眼里，"中国"代表着落后。一位来自南美市场部门的员工说道："你完全不能想象他们是如何看待中国的。他们甚至觉得中国人依然是穿着长袍的。有一次我们邀请顾客来中国，他们在来之前到处查阅相关书籍，最终决定读关于末代皇帝的书。"在这样的刻板印象中，华为是不可能成功地把高科技产品销售给外国客户的，因为他们一直认为中国企业只擅长制作一些廉价的鞋子，而不是高科技产品。为了扭转目标客户对中国公司过时的印象，华为需要努力地提升自身的产品和品牌形象。为此，华为提出支付所有潜在客户到华为中国总部参观的旅费。同时，华为还会准备很多关于公司情况的精美宣传手册，把这些当作礼品分发给目标客户。此外，华为还设计了一条名为"新丝绸之路"的商业参访路线，让顾客参观北京、上海、深圳和香港。通过这样的实地参观，客户能够深切感受到中国经济和社会所发生的转型，从而对华为有了更深的了解。华为也会充分利用一切可能的国际展览机会，向潜在顾客展示自己的产品和能力。在 2002 年香港通信展期间，华为总共邀请了 1 500 家目标客户参访华为香港和深圳总部。

8.2.3 为客户提供附加价值

在最开始，任正非清楚地知道华为的产品并不是客户选择华为的首要原因。所以，华为需要寻找其他的方式来吸引顾客。在他看来，只有向客户提供额外的附加价值才能实现。因此，华为通过以下一些方式来给顾客提供附加价值。

第一，为了让本地客户建立对其产品的信任，华为向客户免费提供样品。在 2001 年，法国通信公司 Neuf 确定了供应商的名单，当时华为并不在这个名单上。华为高管于是向 Neuf 公司首席执行官米歇尔 · 保兰（Michel Paulin）表示，希望参与投标。米歇尔 · 保兰那时十分怀疑华为产品的可靠性。所以，华为决定与 Neuf 公司签订一个免费进行三个月测试网络的合同，并约定如果米歇尔 · 保兰对华为的产品性能和质量的测试结果满意，华为就有机会加入投标。对于米歇尔 · 保兰来说，免费的尝试并无大碍，因此同意了。最终，华为在三个月内提前交付了测试网络，米歇尔 · 保兰也十分满意系统的测试结果。考虑到华为产品价格很低，能够帮助 Neuf 降低投资和运营成本，米歇尔 · 保兰最终选择了华为作为其合作供应商之一。

事实上，价格并不是华为吸引外国顾客唯一的武器。尤其对于欧洲顾客来说，他们更加在乎所购买产品的质量。基于此，华为建立了“R&D 需求”部门，这个部门旨在促使顾客和工程师更畅通地交流，从而有利于工程师帮助顾客定制解决方案。在一些情况下，华为会派遣 12 个工程师与顾客一起开发适合对方的产品，而其竞争者一般也就只派 4~5 个工程师（程东升、刘丽丽，2007）。

第二，华为通过对当地市场需求做出迅速响应，以增加顾客附加价值。一家大型欧洲通信运营商的负责人曾提到："我们最害怕的就是当我们购买了产品好几年后，设备供应商破产了，以致并没有人能够帮助我们维护和升级系统。"华为员工在为顾客提供可信赖的服务上做了一系列努力。不管现场施工环境多么恶劣，华为工程师总是高效率地按时交付产品。2001 年,《华为人》报报道了一个有趣的故事。华为在埃塞俄比亚获得了一个系统升级项目。项目刚开始的时候，本地运营商并不相信华为能够按时完成所有的任务。然而，华为在恶劣的环境和紧张的期限中付出了一切努力，最终在规定时间内完成了所有的测试和升级项目。有一个在 Mehal 的基站叫 Meda，位于与埃塞俄比亚首都相距 100 公里的一个叫 Addis 的地方，海拔高达 4 000 米，天气十分寒冷。华为员工却要在这样的天气中行走超过 8 个小时，一般情况下，他们到达 Mehal 已经是晚上了，小镇里本地餐馆都早就关门了，因此华为员工只能靠吃鸡蛋来充饥。在晚上，他们还要经受严寒天气的考验。一大清早，他们往往来不及好好休息就不得不早起去下面的基站。就这样，华为员工完成一个基站，又到下一个基站，在这样的工作环境中坚持了一个半月。他们每天不是在到下一个基站的路上，就是在设备室工作。最终，华为员工按时向顾客交付了产品和服务。当地运营商感到十分惊讶，因为在它们看来，华为在这个项目里所担负的工作任务是最多的。这之后，华为在当地建立起了很好的声誉。

还有一个例子。为了快速响应科隆圭和布兰太尔（马拉维的城市）客户的需求，华为员工每个星期要驾驶 600 公里的路程到那里去，这意味着一年要驾驶 10 万公里（田涛、殷志峰，2016）。有意思的是，即使有些时候设备出现的问题并不是华为产品存在的问题造成的，华为依然会遵循这样的原则：先修理，再讨论后面的责任和费用问题。

8.2.4 像当地企业那样思考和行动

不同的国家有着不同的制度环境，例如法制规则、社会文化和商业规范。对于华为而言，由于缺乏国际化经验，很可能会面临文化冲突和法律理解偏差的问题。所以，必须要学会像当地企业那样思考和行动，以做到合规、合法。

基于此，华为逐渐建立了法律服务，专门为各个子公司提供必要的法律支持。在 1998 年，华为建立了国际市场部门，专门为海外子公司提供法律支持。1999 年，法律事务办公室成立，下设三个子部门，即知识产权部、投资法律部和综合法律部。法律事务部门花了长达两年的时间来准备一份海外投资指南，其中包括 100 个国家和地区的制度环境、税收政策、当地消费者介绍和其他敏感内容等。每一位外派的员工都需要学习这本指南，通过考试后才能被派出国。这项工作为华为当时的国际化提供了良好的基础。任正非也着重强调企业要遵从当地法律，尤其是向政府纳税，这是华为的义务。

华为同时采取了开放和包容的态度来面对多样化的国际文化环境。文化的适应通常需要长期的理解，因为文化是嵌入社会交流之中的，刚开始华为很难在短时间内理解和适应当地环境。例如，在中东的机构里，一次一名中国员工开玩笑地拍打了本地人的臀部，但是这在穆斯林看来是不合适的行为。在这类宗教敏感地区，华为决定为员工提供文化培训。公司专门组织了一个名为“穆斯林文化”的培训项目，并且把制作的光盘分发给中国员工去学习。通过用心的培训，中方员工变得更加国际化和专业。同时，这样的活动促进了与当地人的友好关系。例如，在沙特阿拉伯的华为当地员工很惊讶华为在当地并没有像在中国总部那样引入“狼性文化”。一个更有趣的例子是，华为当时想开拓巴西市场，而当地顾客刚开始对华为的产品并不感兴趣。在遭到客户多次拒绝以后，时任华为南美销售主管的范厚华决定学习当地桑巴舞和文化，他决定在谈生意之前，先和客户跳支桑巴舞。正因为他向客户展示出了对当地文化的尊重，最终获得了在巴西的第一笔订单。可以看到，主动去适应当地的习俗是华为在海外扩张市场所坚持的重要原则。

在从国内大量派出员工之前，需要雇用当地员工展开业务运营。通过不断试错和学习，华为发现仅仅将中国员工安排在海外市场并不是最好的。为了加快国际化速度，华为决定大比例地雇用当地员工。当地员工比从总部外派的员工而言在人力成本上更低，而且当地员工也更加熟悉本地的文化、制度和市场需求。这些当地雇员能够帮助华为在当地实现有效的运作。同时，雇用当地员工也是华为向当地政府和社区展示企业责任的最好方式，因为员工就业率和当地政府的目标是高度相关的。2012 年，消费者服务部门 BG 主管余承东总结华为的国际化经验时说道：“对于中国企业来说，走出去的目的不仅仅是建立子公司，我们需要像本地企业一样运作，为当地创造就业。”通过这样做，企业能够为当地经济做贡献，提升当地的就业水平，从而获得当地政府对中国企业的信心。例如，作为华为最大的海外研发中心，印度研发中心中 80% 是印度人。这个比例在亚太地区是 70%，在韩国和中国香港是 70%，在中东和北美是 50%，在独联体是 80%，在非洲是 50%，在南美是 73%。通过雇用当地员工，华为能够高效地适应当地的政治、经济与市场环境，减少了在海外运作时所面临的障碍。

8.3 第二阶段：站在全球的视角管理企业所面对的复杂性以取得协同效应

截至 2005 年，华为已经扩张到世界各地，建立了很多海外子公司。华为面临的下一个战略问题将是，华为全世界的机构能否有效地运营？怎么样才能实现全球协同？每一家子公司都不是孤立的个体，而是一个投资组合中的一部分，华为必须通过管理来实现协同效应。

8.3.1 利用全球资源来实现协同

华为提倡开放式创新来提高创新效率。通信产业一直被视为“富商俱乐部”，这意味着如果华为不能掌握一定的专利和核心技术，它就无法和西方公司展开直接的竞争。所以，华为投入大量精力在建立全球研发网络上。截至 2014 年，华为已经建立了 16 个研发中心，28 个合作研发中心，以及 200 多个与大学的合作项目（田涛，2014）。管理分布在世界各地的研发中心，对华为来说无疑是一大挑战。

华为对这些研发中心有着清晰的建设计划。除了一些研发中心要考虑靠近竞争者外（例如荷兰、芬兰和瑞典研发中心），海外研发中心最主要的职能就是支持华为技术的发展和提升。所以，研发中心地点选择的核心原则就是基于本地化的技术优势和人才。例如，华为在印度班加罗尔建立研发中心，因为印度在软件开发和项目管理上有很强的能力；由于俄罗斯有很多数学家，因此华为在俄罗斯建立研发中心，以服务于算法解决方案；在瑞典，有很多无线技术方面领先的专家，因此华为在瑞典建立了研发中心，来关注无线开发技术领域的发展。此外，华为还在伦敦建立了全球设计中心，在日本建立微型设计和质量控制中心，在美国建立大数据运作系统和芯片中心。最近，华为在巴黎又建立了美学研发中心，因为巴黎是世界闻名的时尚和设计之都。由此可见，这些研发中心的职能都是被明确规定好的，并且避免了重复设置，这确保了协同作用在全世界范围内的发挥。通过全球的网络联系，华为能够有效地获取来自全世界多重来源的知识，而这对于华为的技术和产品创新来说是十分关键的。

公司内部的IT架构对于管理多地点的研发也有着重要的贡献。因为很多研发中心零散地分布在世界各地，所以华为不可避免地会遇到管理研发中心全球网络的挑战。只有这些研发网络发挥协同效应才能实现和支撑华为的竞争优势。基于此，华为引入了一个基于全球的IT系统来管理分布在全球的资源。在IT系统中，虽然每一个研发中心有不同的任务和需求，但科学家和工程师只要打开他们的电脑，就能相互交换信息和想法。基于华为的云中心，所有的信息都会被发送到世界各地相应的员工手中，这些员工就好像在同一个办公地点工作一样。在这种方式下，华为在全世界所有的研发中心可以同时为了一个大型开发项目展开合作。

华为也逐步培养了充分利用母国优势和东道国优势的能力，从而取得全球运作的协同效率。一方面，华为在海外扩张中充分利用母国制造业的成本优势。当华为在海外积累到一定经验时，它也能把东道国的优势转移到母国市场。一个典型的例子就是3G在中国市场的成功应用。最开始，由于政府牌照发放时间的滞后，3G 无法在中国市场取得突破。华为于是将 3G 首先引入欧洲市场。在长期的运作中，华为积累了很多 3G 系统的商用经验，并且在经历过发达国家用户严格要求检验后，华为对 3G 技术的应用更加驾轻就熟。在 2008 年全球经济下行时期，华为依然能够成功地获得中国 3G 市场 30% 的市场份额。

8.3.2 有时候“慢”即是“快”

通常，企业通过两种方式来实现规模扩张：一种方式是内生成长，另外一种方式就是实施一系列的并购。思科无疑是最成功的通过并购成长的公司。相比之下，华为采用的是内生成长路径。在高科技行业，产品生命周期越来越短。为了适应高度变化的商业环境，思科在过去完成了 150 多个并购项目，三分之一的思科技术是通过并购得来的。思科的首席执行官约翰·钱伯斯（John Chambers）相信并购的收益来自能够让全世界的研发中心共同为思科工作。例如，思科公司并购 Linksys 迅速占领了网络设备市场。在 1993 年，LAN 交换业务也是通过并购 Crescendo 而来。然而，华为的高管层并不喜欢并购策略。他们觉得虽然并购能够很快地应对市场的变化，但是它并不能帮助华为真正掌握核心技术。同时，如果公司没有足够的吸收能力，他们依然很难将并购的技术和公司已有的技术结合起来。并购之后的公司还会遭受财务和整合管理上的困难，以及文化冲突等潜在问题。所以，尽管刚开始创新会很慢，但华为始终坚持一步步地建立自己的内部能力。

8.3.3 平衡效率与响应速度的要求

为了平衡快速增长带来的权力集中趋势，华为会有意识地开展自下而上式的组织变革。换句话说，华为的一线员工通过“自下而上”调动资源的控制方式支持总部管理层，从而快速响应客户的需求。在华为的快速发展过程中，一个常见的趋势是资源和权力逐渐向远离“战场”的高层管理人员和职能部门集中。因此，一线员工常常抱怨“他们 70% 的时间都耗费在了解到货情况和资源调动上”（任正非，2009）。例如，2006 年 8 月，华为苏丹代表处的员工在努力工作两个月后投标失败，这对他们来说是巨大的打击。其根本原因是，传统的运营模式下客户接口涉及多部门，但各部门各自为政、相互之间沟通不畅、信息不共享（例如，会计部门的员工不知道交付和价格信息，而交付部门的员工不知道客户和产品信息），导致客户需求不能很好地得到满足（胡左治，2015）。随着华为不断扩张，华为的市场战线不断拓展、拉长，及时响应客户需求为华为带来了巨大挑战。同时，要支持 140 多个国家和地区的 15 万名员工的日常业务，每年有超过 9 亿封电子邮件和数千万个在线会议，这对提高流程效率和员工工作效率也提出了巨大的挑战（傅军，2012）。因此，为了平衡运营效率和响应速度，华为开始执行组织变革计划，并大力改善融入业务支持的企业 IT 系统。

早在 2009 年，任正非就意识到“后方配备的先进设备、优质资源，应该在前线一发现目标和机会时就能及时发挥作用，提供有效的支持，而不是拥有资源的人来指挥战争、拥兵自重”。这带来了组织改革的基本想法——“让听到炮声的人呼唤炮火”（任正非，2009）。

在这种情况下，根据授权规则，一线团队被授予决策权，后方支持前方发起的决策，并保证实施过程的顺畅进行。这种改革的灵感来自 2006 年华为驻苏丹办事处采用的以客户为中心的“铁三角”业务作战模式。2009 年以来，“铁三角”体系已在整个华为建立起来并不断得到强化。该体系包括两层，即项目层铁三角团队和系统部铁三角组织（见图 8–3 和图 8–4），后者是前者的支持平台（胡左治，2015）。该体系的基本单元是聚焦客户需求的一线共同作战单元，由客户经理 / 系统部部长（Account Responsibility, AR）、产品 / 服务解决方案经理（Solution Responsibility, SR）、交付管理和订单履行经理（Fulfill Responsibility, FR）组成。

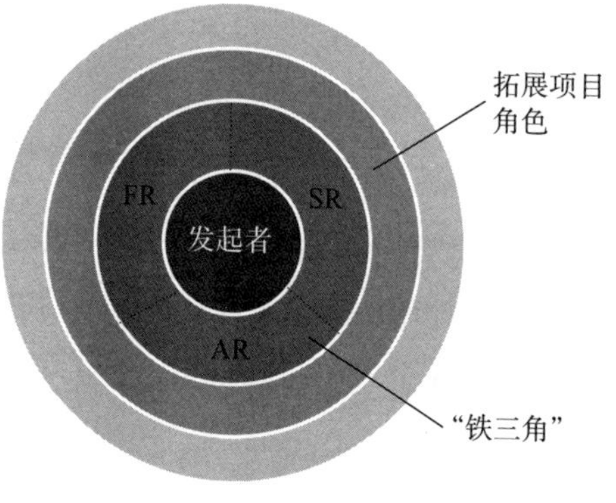

图 8–3　基于“铁三角”的项目管理团队构成体系

这种业务作战模式不同于原有组织模式。原有模式中，仅 AR 在前线接触客户，然后常规地向 SR 和 FR 请求帮助。但在“铁三角”的作战模式中，AR 和 SR 首先向客户提供解决方案，同时 FR 也会参与到该过程以确定交付信息，这不仅提高了解决方案的可行性，还提高了产品的交付性。然后，FR 安装产品。因为 FR 早期参与了解

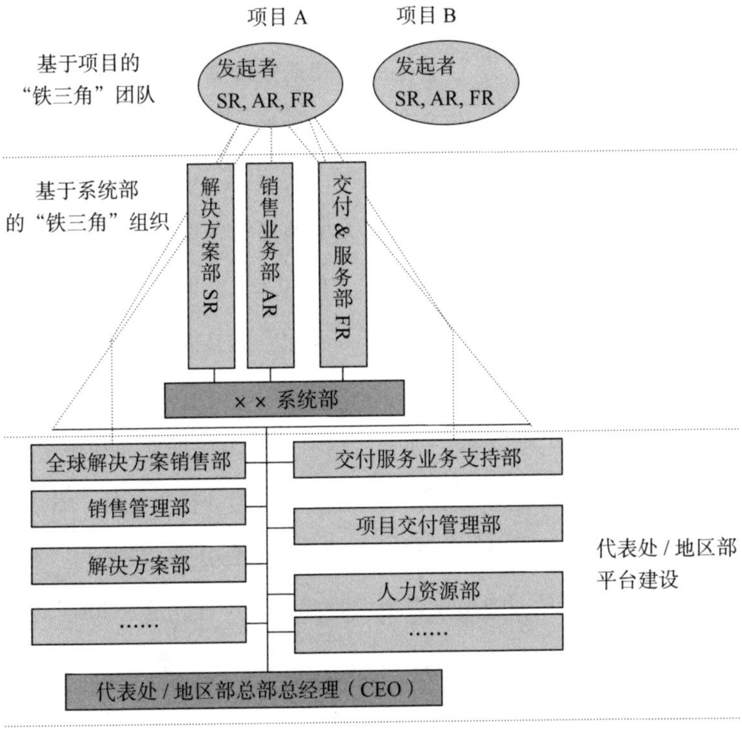

图 8–4 项目“铁三角”的支撑体系：系统部“铁三角”以及代表处 / 地区部平台

决方案的制订，可以比较容易地操作该产品。同时，当操作过程中出现问题时，FR 可以立即向 AR 和 SR 请求帮助以快速解决问题。如果他们都无法解决某问题，FR 可以向地方办事处、区域办事处甚至总部寻求帮助，并立即获得资源和其他工作人员的支持。“铁三角”系统是一个灵活的运营团队，成员间互相支持以及时响应客户需求（范厚华，2016b）。这种模式的本质是“聚焦一线，打破功能障碍，简化管理，提高沟通效率，实现决策前移和风险可控”（胡左治，2015）。

为了实现上述变革目标，提高运营效率，必须精简不必要的人员和流程（任正非，2009）。过去的组织和运作机制是中央权威的强大发动机在“推”，不必要的流程和人员不可见。而现在“拉”的机制逐渐形成，不必要的流程和人员随时可见，利于及时清除（任正非，2009）。聚焦前线，支持团队在尽可能少的部门参与、内部协调以及更好的业务集成下准确、及时地满足他们的需要。但是，前线在产品介绍、价格谈判和项目开发等方面必须有很强的技能，以及一些对资源调动的授权。

上述作战模式的职能分工如下：第一，华为根据毛利和现金流，向前线基层作战单元提供相关条款、签约和价格的授权文件。基层作战单元可以直接调动在其授权范围内的资源（任正非，2009）。如果超越授权，需要按照一些预先设定的程序审批（任正非，2009）。如果不能及时获得回复，则可以启动相应的投诉机制。第二，完善前线责任制是减少前线和后方之间协调的关键。特别是，AR 要提高营销的四要素（客户关系、解决方案、融资和回款条件、交付）的综合能力。第三，为了及时响应客户需求，华为建立了一个基于 IT 的需求管理系统（范厚华，2016a）。该系统可以对客户和前线的需求进行检测、筛选和优先排序，这确保了作战团队满足客户需求、解决前线投诉的强大执行能力。

此外，效率和响应速度之间的平衡已被纳入华为的 IT 系统设计中。华为每年将其营业额的 1% 用于 IT 系统开发（傅军，2012）。在 2008—2012 年间，IT 系统的建设实现了统一架构下的本地化（白宁，2012）。在这个 IT 系统中，主干应用的标准化提高了系统效率，而不同区域中的本地化补丁有助于适应当地条件。例如，华为采用了“三统一、一分散”策略，即“统一管理，统一实施方法和输出件模板，统一总体方案，分散实施、变更受控”来实现企业资源规划（ERP）的全球覆盖（白宁，2012）。在这一阶段，华为完成了主流程的变革，首先满足了全球控制的要求。华为凭借分散资源的集中控制、IT基础架构集中管理和具有统一流程的应用平台成了全球垂直管理IT组织。其次，华为还建立了全球工作协作平台。2012年，有65 000名员工在这个平台上工作。同时，华为还建立了全球移动OA平台eSpace（钟啸灵，2012）。到2015年，eSpace上有20万用户，每天举行2万次会议。此外，来自不同部门的员工和管理人员可以使用统一通信服务和邮件服务进行沟通和协作，并通过个人收藏功能获取和订阅与其角色相关的行业信息，处理个人待办事项。2012年，华为在深圳建立了数据中心，在南京建立了备份数据中心，在欧洲、亚洲和美国建立了8个子数据中心，并在所有办事处提供了35个VPN（虚拟专用网络）网关。华为内部互联网系统覆盖140多个国家和地区，连接687个办事处。这种扁平化设置确保了位于不同国家的员工间的沟通时间延迟在0.1秒内（傅军，2012）。

2009年以来，随着全球业务的发展，华为内部管控模式已经开始转变为前线支持管理总部的“自下而上”控制模式。随后，为帮助前线员工快速获取所需信息，华为对现行的IT系统进行了一些调整。2015年，通过设置20多个POI（Point of Information，信息点）基本实现了上述目标。通过这些POI，前线员工可以了解所有订单信息，包括产品的到货状态、安装等，后方员工主动提供以上信息，前线员工在完成安装后将相关信息传回后方。另外，所有员工都有一部具有统一通信功能的手机，前线员工可以随时与后方员工举行会议（钟啸灵，2012）。此外，所有需要批准的事项都显示在界面上以便集中审批，这大大节省了时间。

8.3.4 在文化多样性中构建组织一致性

截至2012年年底，华为共有来自156个国家和地区的15万名员工，员工的本地化率超过70%（华为，2013）。因此，在文化多样性这么高的组织内必须谨慎构建组织一致性。前文说到，由于相关法律的限制，外籍员工无法享受公司内部的员工持股计划，这使外籍员工感到不公平。此外，他们也会因此缺乏强烈的组织归属感。因此，当华为最初向外籍员工传播"华为文化"时，一些外籍员工提出了反对意见，提出"为什么要学习'华为文化'"的问题。不过，华为管理层认为，在整个公司实施核心价值观是组织一致性的基础。因此，华为采取了一系列措施，在整个公司传播核心价值观。

首先，对于外籍员工，华为采取了"通用的核心价值观"政策。例如，华为利用容易被外籍员工接受的"职业精神"来鼓励员工工作。2011年，福岛"3·11"核事件期间，爱立信的售后服务人员出于安全的担忧暂时离开了日本，而华为员工仍然在灾区坚守工作。日本客户被这种艰苦奋斗的行为和职业精神感动，还特别给予了华为奖励。这也为华为此后在日本的经营带来了巨大收益。2013年，华为在日本的销售收入接近20亿美元，是2011年的4倍（兰涛，2015）。

此外，为了提高员工的公平感和归属感，根据当地市场形势和工作环境，制定差异化的人才发展计划、薪酬制度、社会保障和奖金制度，对来自不同文化的所有员工使用统一的职位晋升渠道和绩效考核制度。再者，公司特别规定，所有海外公司的管理会议对处在同一职位的中国员工和外籍员工同样开放（范厚华，2016a）。

8.3.5 积极管理公共形象

华为的快速扩张使华为处在制度多样化的情境下，海外业务所涉及的外部利益相关者不仅有客户，还有政府机构、当地社区和竞争对手。为了获取合法性并顺利实施海外扩张和经营，华为积极地管理与当地利益相关者的关系，并积极承担起企业的社会责任。

事实上，西方国家对“国家安全”的担忧是华为所面临的一个全球性问题（堀越功，2012）。例如，在印度市场，华为一直面临印度政府的安全审查，并于 2010 年 5 月被要求在一个月内披露公司所有权的所有细节。此外，华为还一度被视为一个恶性竞争者，一些投资项目被印度、澳大利亚和美国政府以“国家安全”为由拒绝。为了消除西方政府的这些疑虑，华为采取了越来越开放的做法。

第一，2010 年 11 月，华为与英国政府和英国电信在英国班伯利建立了安全认证中心。该中心主要负责对包括硬件和软件方面的华为产品进行测试，确保产品能抵御网络安全威胁。此外，作为全球网络安全官，前英国首席技术官约翰·萨福克（John Suffolk）担任执行董事，负责华为网络安全战略和管理、监督实施。这个中心就像一个对客户、监管机构都高度开放、透明的玻璃房（Frieslaar, 2010）。因此，该中心的建立体现了华为在电信网络安全领域坦诚相对、赢得客户信任的努力，同时展现了华为向英国客户提供优质而可靠的通信服务的承诺。

第二，针对印度市场，华为已经向印度政府表明诚意。例如，2010 年，华为的一位发言人表示，根据公认的国际行业惯例，华为可以向当局提供源代码，并宣布华为对印度政府持开放态度。2012 年，华为全球首席安全官约翰·萨福克在接受《中国经济时报》采访时表示，华为愿意发布其网络系统源代码，并与印度政府合作，以缓解它的担忧（李珣，2012）。这种开放态度减轻了印度政府的忧虑。

第三，2011 年 6 月华为在澳大利亚成立了第一个海外董事会。在该董事会中，三名前澳大利亚官员担任独立董事，包括前澳大利亚外交部长亚历山大·唐纳（Alexander Downer）、维多利亚前州长约翰·布鲁姆比（John Brumby）和澳大利亚退役海军上将约翰·洛德（John Lord）。这些前澳大利亚官员可以通过与当地政府沟通帮助华为缓解政治障碍。

此外，华为还积极发起多项全球的社会责任活动。例如，华为已经启动 IT 培训中心计划和“未来通信种子”项目。2012 年 6 月，在马来西亚成立了第一个海外全球 IT 培训中心，承诺在 5 年内培训 10 000 名本地人，为此华为与 10 所当地大学签署协议，在每所大学建立培训实验室（文慧，2012）。截至 2012 年年底，华为在印度、尼日利亚、肯尼亚和埃及等多国建立了 36 个培训中心（华为，2013）。“未来通信种子”项目旨在向来自世界各地的学生提供 ICT 实践培训、奖学金、工作经验和实习机会。自 2008 年以来，该项目已在澳大利亚、法国、德国、加纳、印度尼西亚、肯尼亚、摩洛哥、挪威和西班牙等 14 个国家展开。截至 2012 年年底，有来自 50 多所大学的学生从中受益（华为，2013）。

华为还在世界各地提供捐款援助。例如，2007 年，为了提供线上会议的宽带接入服务，华为向卢旺达政府捐赠价值 13 万美元的通信设备。“关注印度”基金会于 2007 年在新德里成立，致力于帮助没有地位的印度女孩完成学业。类似“关注印度”基金的项目还有很多，如向几内亚和科摩罗捐赠医疗物资，向赞比亚第一夫人基金会和马里儿童基金会捐资等（华为，2008）。2011 年，为支持几内亚的“年轻人雇佣”政策，华为捐赠了电话亭、手机维修工具并提供培训，为青年人创造就业机会（华为，2012）。

8.4 第三阶段：战略思维的转变——从追随者到产业领导者

截至 2014 年，华为约 70% 的销售收入来自海外（孟晚舟，2015），在全球拥有 15 万员工，为全球 170 多个国家和地区的 30 亿人提供服务（华为，2014）。2013 年，华为营业收入超过爱立信，开始成为全球最大的通信设备供应商（刘育英，2014），这标志着华为已经成为该行业的全球领导者。这一转变同样改变了华为的管理理念、思维和战略导向。

8.4.1 遵循共生哲学

在追求行业领导地位的同时，华为努力与供应商、其他合作伙伴和竞争对手建立价值生态系统。通过利用外部资源和能力，华为努力为整个行业价值链创造最大化的价值。随着管理思维的转变，2013 年 12 月，任正非说，“华为应该成为行业规则的维护者而不是破坏者”。换句话说，为了保持所有行业参与者的合理利润，华为未来不会参与任何价格战。事实上，华为很早以前就已经开始这样做。根据“市场定价、竞争定价”的营销策略，华为提供具有最低综合成本和最高客户价值的产品和解决方案，而价格并不总是最低的（范厚华，2016b）。

2014年，华为在中国拥有3 500多个合作伙伴，培养了5 000多个华为认证网络工程师（马悦，2014）。在2014年华为中国企业业务服务合作伙伴大会上，华为根据“开放创新和双赢战略”原则，推出了“一个平台+三种模式”的“大服务”生态系统（孙茂录，2014）。“一个平台”融合客户服务中心、备件、流程IT、知识库、案例库、人才联盟、渠道精英俱乐部等服务能力，通过加强对合作伙伴的培育、激励和支持，打造面向客户统一的服务平台。“三种模式”是指认证服务合作伙伴、授权服务合作伙伴和联合服务解决方案（马悦，2014）。在这个生态系统中，将致力于提供全生命周期的“大服务”解决方案，该方案涵盖了规划、设计、实施、运营和提升等各个阶段，围绕基础保障、业务使能、创新引领和人才联盟四大价值共享主线。该生态系统可以实现华为与合作伙伴的互补和对接。前者体现了价值贡献和能力共享；后者使得流程和业务能够平滑运作，秉承了华为合作共赢、按贡献分配价值的理念（马悦，2014）。在2015年华为云计算大会（HCC）和2015年华为网络大会（HNC）上，华为分别与合作伙伴打造了“开放、协作、共赢”的云生态系统和开放的敏捷网络生态系统（徐直军，2015；张顺茂，2015）。在第一届中国智慧产业展览会（2015）上，华为宣布将与合作伙伴建立智慧城市生态系统。在2016年华为中国合作伙伴会议上，华为宣布将投资2亿元与独立软件供应商（ISV）共同建设一个解决方案生态系统，为ISV合作伙伴构建分层支持系统（蔡英华，2016）。

在构建这些生态系统时，华为遵循“聚焦”战略，即首先定义自己的市场定位和优势业务组合，然后在其他业务领域寻找战略合作伙伴（徐直军，2015；张顺茂，2015；蔡英华，2016）。例如，在构建云生态系统时，华为明确强调以下发展理念——“上不碰应用，下不碰数据”（郑叶来，2015）。此外，华为遵循“集成”战略，首先确定核心合作伙伴，然后向其开放平台，为其提供市场机会。

近年来，为了开发第五代通信技术5G，华为开展了一系列合作活动。5G技术是为了实现万物互联（人与人、物与物、人与物）所带来的互联互通。这意味着5G技术不仅作用于移动通信行业，而且是一个可共享的平台式网络，是整个社会的关键基础设施（胡厚华，2015a）。另外，5G技术能否在不同行业得到大规模的广泛应用，取决于5G技术和标准能否满足不同行业的个性化需求（胡厚华，2015b）。因此，5G的研发需要各方的深入合作，包括跨行业合作。自2009年华为建立第一个5G研发团队以来，华为与纽约大学、哈佛大学、斯坦福大学、剑桥大学和香港科技大学等20多所大学，与德国电信、沃达丰、NTT DoCoMo（日本一家电信公司）、Telefonica（西班牙电话公司）、TeliaSonera（北欧一家电信运营商）和Etisalat（阿联酋电信）等20多家运营商，与其他行业的领先企业（如宝马、大众、沃尔沃、西门子和博世等），以及10多个5G全球行业机构建立了密切合作关系。此外，华为还是一些5G联盟组织的成员，如欧洲5G公私合作联盟（5G Public-Private Partnership Association，5GPPP）、日本的5G MF、韩国的5G推进论坛、国际电联、IMT-2020和中国3GPP（胡厚华，2015a）。

表 8–1 华为在 5G 研发中的合作举例

合作伙伴	合作内容
英国萨里大学的 5G 创新中心	共同启动世界上第一个 5G 测试床，并一起整合 5G 测试资源实施概念验证、外场验证，共同推进 5G 进程
5G 公私合作联盟（5GPPP）	华为是董事会成员之一
俄罗斯及独联体领先运营商 MegaFon	签署了一份 5G 合作谅解备忘录，双方将为 2018 年俄罗斯世界杯足球赛合作实验使用 5G 网络
阿联酋电信（Etisalat）	为 2020 年世博会场馆共同提供 5G 网络保障
瑞典移动通信设备商爱立信（Ericsson）和美国芯片制造商高通（Qualcomm）	共同研究 C 波段，并与 2015 年 8 月共同发表一篇关于 C 波段优势的报告
韩国的 LGU+	双方签订 5G 合作备忘录，共同合作验证 5G 新空口关键技术如 SCMA、F-OFDM 等，并计划在 2018 年平昌冬奥会开通 5G 预商用网络
韩国电信（Korea Telecom，KT）	约定在 LAA、Massive MIMO 等诸多领域开展联合创新和合作
日本软银（Soft Bank）	计划在东京、名古屋、大阪等流量高地（占据 80% 现网流量），率先引入 4.5G TDD+ 解决方案，显著提高频谱效率并降低运营成本
日本电信公司 NTT DoCoMo	在中国成都建立了一个多用户测试点，并系统性地验证了 SCMA、F-OFDM、Polar Code 等 5G 新空口技术和网络架构，这也标志着对于 5G 技术的验证，正式从实验室阶段走向了外场实地验证阶段，具有里程碑意义

8.4.2 动态调整市场进入战略

2001 年以来，华为在进军美国市场时遭遇了许多困难和障碍，例如思科的诉讼案和美国政府对华为多项收购项目（如收购 3Com、

2Wire、MOTO 的移动网络）和合作项目（如华为与 Sprint、Verizon、AT&T 和 3Leaf 的合作）的反对。2012 年，华为在美国的销售额仅为 13 亿美元，而其总销售额约为 350 亿美元（王爽，2013）。2012 年，美国国会发布的一份报告宣称，华为的通信产品将威胁美国国家安全（Rogers & Ruppersberger, 2012）。另一方面，作为全球最大的手机市场之一，美国市场是华为未占据的最后一个市场。因此，为了进一步的全球扩张，华为必须改变其进入战略。

为了做到这一点，华为试图通过销售智能手机和可穿戴设备而不是受美国政府质疑的通信产品来渗透美国市场。2014 年 12 月，华为在纽约时代广场推出了一个关于 Glory 6 Plus 的高调广告，这对华为而言是一个新的开端。2015 年，华为在巴塞罗那的移动世界大会（MWC）上发布了第一款智能手表，并计划在美国等 20 多个国家和地区销售。

但是，此时在美国手机市场上华为的品牌知名度并不高，并且美国手机市场几乎被苹果和三星垄断。此外，与全球其他区域不同，美国市场的智能手机销售大约 95% 都是通过 Verizon、AT&T、Sprint 和 T-Mobile 等运营商渠道卖出去的（绍洋，2015）。因此，华为现在更注重营销和品牌。目前，华为已经通过运营商和电子商务渠道实现了营销的“多渠道”战略（绍洋，2015），如亚马逊（美国）电子商务平台和自建的 B2C 网站 www.gethuawei.com。华为还与 Google（谷歌）合作，为 Google 生产 Nexus 6P 高端手机，这有助于提升华为的品牌知名度（李娜，2015）。2016 年 3 月，华为智能手机 P9（型号：FCC ID QISEVA-L09）获得美国联邦通信委员会认证，表明华为已在美国高端市场取得了巨大进步（谢泽群，2016）。

8.4.3 更加开放和包容的管理理念

华为在管理和激励员工方面变得更加开放和包容。为了能够在全球竞争中获胜，华为需要聘用具有国际经验的顶尖人才和高级管理人员（郭局，2015）。例如，在消费者业务快速增长的关键时期，诺基亚前中国市场总裁兼前全球执行副总裁赵科林（Colin Giles）于2015年12月回到华为担任华为消费者业务的执行副总裁，负责全球销售的终端产品。事实上，近年来，华为聘请了多位类似赵科林的优秀人才。例如，前文提到的英国政府前首席信息官约翰·萨福克担任华为全球互联网安全总监；曾任诺基亚、索尼和爱立信全球供应链管理高级主管的莱尼·于利约基·托米（Laine-Ylijoki Tommi）担任华为消费者业务集成交付部总裁；爱立信前高级主管约翰逊（CT Johnson）担任华为财务专家；苹果公司前设计总监阿比盖尔·萨拉·布罗迪（Abigail Sarah Brody）担任华为消费者BG首席用户体验设计师；三星的前创意总监金俊绪（Joonsuh Kim）担任华为的手机设计副总裁。此外，华为英国的董事会成员结构也表明了华为在管理上更加开放和包容的态度。在华为的英国董事会成员中，有3位英国爵士担任非执行董事（约翰·布朗勋爵、海伦·亚历山大女爵和安德鲁·凯恩爵士）和3位华为高级管理人员担任执行董事，并任命约翰·布朗勋爵担任董事会独立非执行董事主席。

此外，如前所提到的，受中国法律和监管的限制，外籍员工无法享受员工持股计划。华为也逐渐意识到ESOP难以对外籍员工实现长期激励。另一方面，随着ESOP的实施，公司利润分享逐渐向高层持股者集中，这令基层员工感觉不公平（吴建国，2015；蓝血研究，

2016）。以上现象被华为管理层认为显然背离了华为“以奋斗者为本”的核心价值观。因此，为了解决上述问题，华为正在采用一种全新的利润分享制，即前文提到的时间单位计划。

8.5 小结

通过上面的分析，可以看到，华为在渗透海外市场中遵循着渐进的策略。这个策略包括：1. 从市场方面来看，华为从向最小的运营商卖产品，逐渐扩展到把产品卖给本地主流的运营商，最终卖给大型跨国公司顾客；2. 从产品层面来说，华为首先用顾客最想要的产品作为渗透方案，然后逐渐扩展到多条产品线，提供定制化产品，并最终增加高端产品。

为了执行这样的国际化策略，华为必须让自身经历一个变革来适应外部环境中具有挑战性的需求。华为整个国际化过程在本章中就可以被视为一个不断形成“制度”和不断打破“制度”的过程。制度的形成意味着华为有效转移母国实践到海外，而打破制度意味着将现有的制度进行重构，以适应新的国际市场竞争格局和要求。

从母国到东道国，华为大量转移在母国的最佳实践，如将研发和管理流程在早期转移到海外子公司。当华为意识到母国和东道国有差异的时候，华为会立刻改变在母国的管理流程和规则。因此，华为能够灵活地让自己的子公司适应当地情境，遵循当地法规和文化，像本地企业一样进行运作。

随着发展，华为也逐渐形成了复杂的制度和自上到下的管理流程。但是，这样的管理体系很难迅速响应顾客需求。为了解决这个问题，华为又打破固化的最佳实践体系，在新的“铁三角”体系中让“听到炮声的人来呼唤炮火”，由此形成了自下而上的管理体系。此外，考虑到可能导致的员工间不公平问题，华为打破已有员工持股制，建立 TUP 激励体系，使得外籍员工也享有利益分享的权利，这在一定程度上激励了外籍员工。

在华为整个国际化过程中，华为持续性地调整战略焦点，克服新的管理挑战。从最初的以克服外来者劣势为重点，逐渐转向从全球角度管理企业所面临的复杂性以实现协同效应，最终完成从一个追随者到一个产业领导者的角色转变。在这个过程中，华为必须抛弃许多过去建立的旧的制度，不断建立新的制度，以保持持续的竞争力。

另一方面，华为将来自海外市场的最佳实践转移回母国，从而尽可能地打破和更新组织内部已有的僵化管理规则。例如，在与英国电信（BT）公司合作的过程中，英国电信对华为认证的标准包括 13 项，从商业计划、客户关系管理、组织内部沟通管理到需求获取、发展和生产、安装和交付甚至采购伦理（田涛、殷志峰，2016）。作为欧洲大型运营商英国电信的供应商，华为必须打破已有的规则来适应对方的要求。在长时间地和这样的运营商合作中，华为学会了怎样提升母国的管理实践，形成世界标准的管理流程（范厚华，2016b）。又例如，在 2005 年，很多在中国 29 个省区市的销售代表被有海外运营经验的经理人接替。这些海归员工能够把先进的管理思想应用到母国的运营实践中去。

在不断建立制度和打破制度方面，华为的国际化道路也给很多跨国企业带来了启示。这些经验和教训对于没有先进技术、强大的品牌和先进的管理经验的新兴国家的跨国公司尤其有价值（Luo & Tung, 2007; Li, 2007）。华为的经验告诉了新兴跨国企业应该如何处理建立新制度和打破旧制度之间的关系，如何成功应对海外投资的潜在风险。

第一，需要强调的是高管团队在国际化中的作用，他们长远的发展视角在华为的成功中扮演了重要的角色。华为并不是上市公司，所以高管并不需要为了股东的短期利益而在战略制定的过程中承受短期化倾向压力。这对于海外运作尤其重要，因为突破国际市场往往需要长时间的投资和耐心的等待。例如，华为为了获得俄罗斯的订单在俄罗斯待了足足 10 年；华为在巴西市场花费了 18 年才开始大规模地盈利。这种长期投资的耐心在很大程度上是因为母国市场和其他发展中国家市场（如非洲市场）所给予的财务上的支持。因此，我们可以清楚地看到不同海外市场之间的关系，对于国际化战略决策的制定有着重要的影响。这需要我们从全球的视角来看待企业所进行的多次海外投资，而不是局限于单个国家、单个市场的角度来进行战略决策。

第二，在全球化的背景下，组织变革需要关注很多特定的关系。母国组织变革和东道国组织变革也许存在一定的冲突。传统的组织变革都是关注母国的变革，忽略了东道国的变革。然而，对于跨国公司来说，需要面对不一样的制度环境，同时受到来自母国和东道国的压力。因此，对于跨国公司来说，需要正确处理双边的影响，当进行组织变革的时候需要考虑到母国和东道国之间潜在的冲突。华为的实践为我们提供了一个很好的例子。为了公平激励中国籍员工和外籍员工，华为变革了只有中国籍员工才能享受的员工持股计划，提出了全员享有的 TUP 计划。这使得整个变革更加灵活和高效，能够促使所有员工为了公司共同的目标而奋斗。在国际化的过程中，由于文化的多元性、不同国家对制度的要求以及管理多元的国际化运营，组织变革的复杂性会逐渐增加。华为为了更好地进行管理，成立了职能明确的研发部门，并且通过建立 IT 平台来汇聚来自世界各地的知识，从而有力地促进了创新活动的开展。

第三，华为同时也是克服外来者劣势的典范。对于新兴跨国公司而言，只要做出走出去的决定，与东道国当地企业相比必然会遭遇到外来者劣势（Zaheer, 1995）。在最开始国际化的时候，华为也不例外。在我们看到的华为的例子中，外来者劣势来自三个方面，不熟悉风险、歧视风险和关系风险（Eden & Miller, 2004）。为了在海外市场中生存下来，跨国公司必须克服这些风险。华为采取了渐进式的海外市场进入策略。尽管华为在早期十分艰难，但它依然能够尽力去争取每一个机会。通过利用在母国建立的关系，获取东道国市场的相关信息和制度环境信息（Mathews, 2006）。在很多情况下，华为刚进入海外市场的时候并不一定受当地政府、消费者或者公众欢迎（Henisz & Williamson, 1999; Balabanis, 2001）。为了应对，华为不得不与本地的供应商尝试建立信任关系，向它们的顾客提供有价值的产品，雇用当地员工。华为会像当地企业那样思考和行动，尊重当地文化，遵守当地法规。此外，由于需要管理不同组织间利益相关者的关系，华为需要管理关系风险，如华为要管理文化和制度环境不同的员工之间的关系（Buckley & Casson, 1998）。华为始终坚持"以客户为中心"的价值观，建立通用的流程和 IT 平台，从而促使全球所有的员工能够向共同的目标努力，提高公司内部的沟通和协作效率。

最后，国际化的整个过程是一个动态的变化过程，随着时间推进不断面临新的挑战（Andersen, 1993; Bilkey & Tesar, 1977; Jackson & Deeg, 2008; Johanson & Vahlne, 1977; Welch & Luostarinen, 1988）。因此，为了适应多变和复杂的外部环境，跨国公司需要灵活地进行变革以适应在不同阶段发生的挑战（Teece, Pisano & Shuen, 1997）。对于华为来说，在最开始时克服外来者劣势是首要的困难，如何克服它以及获得顾客的信任是组织变革的重要目标。然而，随着华为国际化的不断发展，如何管理复杂的管理体系以提升管理效率成为下一个阶段的重点。因此，这个时候华为需要建立一个有效率的组织架构和IT体系。当华为成为行业领导者的时候，又必须转变战略观念，从原来的强调竞争逐渐转向强调构建生态系统式的合作，目标就是建立一个开放的商业生态系统。在这当中我们能够清楚地看到，新兴跨国企业需要灵活地调整变革战略，以适应不同阶段国际扩张的要求。

值得注意的是，以上提到的发展过程并不意味着一些挑战不会发生在其他阶段。相反，我们认为可能有一些挑战在三个阶段中都会出现，但是，对华为来说在每一个阶段哪个问题是最主要的是十分清晰的。例如，为了克服外来者劣势，华为将澳大利亚前任官员引入董事会，尽管这发生在我们定义的第二个阶段。所以，我们希望企业在进行国际化的过程中，需要用迭代循环的方式来思考。

附录A。

华为 1987—2016 年的员工数和销售收入明细

年份	员工数（名）	销售收入（百万美元）	销售收入（亿元）	人均销售收入（百万元）
1987	14			
1988	20	1		
1989		2		
1990		4		
1991	50	6		
1992	270	13	1	0.37
1993	400	29	4	1.03
1994		67	8	
1995	800	106	15	1.88
1996	2 500	150	26	

（续表）

年份	员工数（名）	销售收入（百万美元）	销售收入（亿元）	人均销售收入（百万元）
1997	5 600	388	41	0.73
1998	8 000	720	89	0.94
1999	15 000	930	120	0.80
2000		1 915	220	
2001		2 383	225	
2002		2 110	221	
2003	22 000	2 694	317	1.44
2004		3 827	462	
2005		5 982	667	
2006		8 504	664	
2007	81 000	12 560	938	1.16
2008	87 502	18 300	1 252	1.43
2009	95 000	21 800	1 466	1.54
2010	110 000	28 000	1 825	1.66
2011	140 000	32 400	2 039	1.46
2012		34 900	2 202	
2013	150 000	39 463	2 390	1.59
2014	160 000	46 515	2 882	1.80
2015	170 000	60 839	3 902	2.30
2016	180 000	75 103	5 216	2.90

注：数据来源为吴春波（2014）和华为历年年报。

附录B

本书写作过程中的相关访谈明细

受访者	在华为的职务	访谈日期	访谈地点
孙业林	前高级副总裁	2015.08.11	深圳
		2015.12.03	深圳
		2016.05.06	电话访谈
郭世栈	前全球法律部部长	2015.08.10	深圳
		2015.12.03	深圳
范厚华	前海外区域市场副总裁	2016.04.11	电话访谈
		2016.07.05	电话访谈
李奕概	前 IPD（集成产品开发）变革项目核心组成员	2015.08.10	深圳
		2015.12.04	深圳
		2016.05.06	电话访谈
		2016.07.06	电话访谈
娄　鹏	前高级副总裁	2015.12.04	香港
唐继跃	前无线产品线干部部部长	2016.05.10	电话访谈
		2016.10.10	电话访谈

（续表）

受访者	在华为的职务	访谈日期	访谈地点
刘红革	前 IPD 变革项目副经理	2015.08.10	深圳
彭志军	前财经管理部副总裁	2016.04.26	电话访谈
		2016.07.18	电话访谈
		2016.10.11	电话访谈
于东海	前供应链运作支持部部长	2016.04.26	电话访谈
		2016.07.05	电话访谈
宋海兵	前财经体系干部部部长	2016.10.12	电话访谈
胡彦平	前高级副总裁	2016.11.08	电话访谈

附录C。

《华为公司基本法》（华为，1998）

第一章　公司的宗旨

一、核心价值观

（追求）第一条　华为的追求是在电子信息领域实现顾客的梦想，并依靠点点滴滴、锲而不舍的艰苦追求，使我们成为世界级领先企业。为了使华为成为世界一流的设备供应商，我们将永不进入信息服务业。通过无依赖的市场压力传递，使内部机制永远处于激活状态。

（员工）第二条　认真负责和管理有效的员工是华为最大的财富。尊重知识、尊重个性、集体奋斗和不迁就有功的员工，是我们事业可持续成长的内在要求。

（技术）第三条　广泛吸收世界电子信息领域的最新研究成果，虚心向国内外优秀企业学习，在独立自主的基础上，开放合作地发展领先的核心技术体系，用我们卓越的产品自立于世界通信列强之林。

（精神）第四条　爱祖国、爱人民、爱事业和爱生活是我们凝聚力的源泉。责任意识、创新精神、敬业精神与团结合作精神是我们企业文化的精髓。实事求是是我们行为的准则。

（利益）第五条　华为主张在顾客、员工与合作者之间结成利益共同体。努力探索按生产要素分配的内部动力机制。我们决不让雷锋吃亏，奉献者定当得到合理的回报。

（文化）第六条　资源是会枯竭的，唯有文化才会生生不息。一切工业产品都是人类智慧创造的。华为没有可以依存的自然资源，唯有在人的头脑中挖掘出大油田、大森林、大煤矿……精神是可以转化成物质的，物质文明有利于巩固精神文明。我们坚持以精神文明促进物质文明的方针。这里的文化，不仅仅包含知识、技术、管理、情操，也包含了一切促进生产力发展的无形因素。

（社会责任）第七条　华为以产业报国和科教兴国为己任，以公司的发展为所在社区做出贡献。为伟大祖国的繁荣昌盛，为中华民族的振兴，为自己和家人的幸福而不懈努力。

二、基本目标

（质量）第八条　我们的目标是以优异的产品、可靠的质量、优越的终生效能费用比和有效的服务，满足顾客日益增长的需要。质量是我们的自尊心。

（人力资本）第九条　我们强调人力资本不断增值的目标优先于财务资本增值的目标。

（核心技术）第十条　我们的目标是发展拥有自主知识产权的世

界领先的电子和信息技术支撑体系。

（利润）第十一条　我们将按照我们的事业可持续成长的要求，设立每个时期的合理的利润率和利润目标，而不单纯追求利润的最大化。

三、公司的成长

（成长领域）第十二条　我们进入新的成长领域，应当有利于提升公司的核心技术水平，有利于发挥公司资源的综合优势，有利于带动公司的整体扩张。顺应技术发展的大趋势，顺应市场变化的大趋势，顺应社会发展的大趋势，就能使我们避免大的风险。

只有当我们看准了时机和有了新的构想，确信能够在该领域中对顾客做出与众不同的贡献时，才进入市场广阔的相关新领域。

（成长的牵引）第十三条　机会、人才、技术和产品是公司成长的主要牵引力。这四种力量之间存在着相互作用。机会牵引人才，人才牵引技术，技术牵引产品，产品牵引更多更大的机会。加大这四种力量的牵引力度，促进它们之间的良性循环，就会加快公司的成长。

（成长速度）第十四条　我们追求在一定利润率水平上的成长的最大化。我们必须达到和保持高于行业平均的增长速度和行业中主要竞争对手的增长速度，以增强公司的活力，吸引最优秀的人才，和实现公司各种经营资源的最佳配置。在电子信息产业中，要么成为领先者，要么被淘汰，没有第三条路可走。

（成长管理）第十五条　我们不单纯追求规模上的扩展，而是要使自己变得更优秀。因此，高层领导必须警惕长期高速增长有可能给公司组织造成的脆弱和隐藏的缺点，必须对成长进行有效的管理。在促进公司迅速成为一个大规模企业的同时，必须以更大的管理努力，促使公司更加灵活和更为有效。始终保持造势与做实的协调发展。

四、价值的分配

（价值创造）第十六条　我们认为，劳动、知识、企业家和资本创造了公司的全部价值。

（知识资本化）第十七条　我们是用转化为资本这种形式，使劳动、知识以及企业家的管理和风险的累积贡献得到体现和报偿；利用股权的安排，形成公司的中坚力量和保持对公司的有效控制，使公司可持续成长。知识资本化与适应技术和社会变化的有活力的产权制度，是我们不断探索的方向。我们实行员工持股制度。一方面，普惠认同华为的模范员工，结成公司与员工的利益与命运共同体。另一方面，将不断地使最有责任心与才能的人进入公司的中坚层。

（价值分配形式）第十八条　华为可分配的价值，主要为组织权力和经济利益；其分配形式是：机会、职权、工资、奖金、安全退休金、医疗保障、股权、红利，以及其他人事待遇。我们实行按劳分配与按资分配相结合的分配方式。

（价值分配原则）第十九条　效率优先，兼顾公平，可持续发展，是我们价值分配的基本原则。按劳分配的依据是：能力、责任、贡献和工作态度。按劳分配要充分拉开差距，分配曲线要保持连续和不出现拐点。股权分配的依据是：可持续性贡献、突出才能、品德和所承担的风险。股权分配要向核心层和中坚层倾斜，股权结构要保持动态合理性。按劳分配与按资分配的比例要适当，分配数量和分配比例的增减应以公司的可持续发展为原则。

（价值分配的合理性）第二十条　我们遵循价值规律，坚持实事求是，在公司内部引入外部市场压力和公平竞争机制，建立公正客观的价值评价体系并不断改进，以使价值分配制度基本合理。衡量价值分配合理性的最终标准，是公司的竞争力和成就，以及全体员工的士气和对公司的归属意识。

第二章　基本经营政策

一、经营重心

（经营方向）第二十一条　我们中短期经营方向集中在通信产品的技术与质量上，重点突破、系统领先，摆脱在低层次市场上角逐的被动局面，同时发展相关信息产品。公司优先选择资源共享的项目，产品或事业领域多元化紧紧围绕资源共享展开，不进行其他有诱惑力的项目，避免分散有限的力量及资金。我们过去的成功说明，只有大市场才能孵化大企业。选择大市场仍然是我们今后产业选择的基本原则。但是，成功并不总是一位引导我们走向未来的可靠向导。我们要严格控制进入新的领域。对规划外的小项目，我们鼓励员工的内部创业活动，并将拨出一定的资源，支持员工把出色的创意转化为顾客需要的产品。

（经营模式）第二十二条　我们的经营模式是，抓住机遇，靠研究开发的高投入获得产品技术和性能价格比的领先优势，通过大规模的席卷式的市场营销，在最短的时间里形成正反馈的良性循环，充分获取“机会窗”的超额利润。不断优化成熟产品，驾驭市场上的价格竞争，扩大和巩固在战略市场上的主导地位。我们将按照这一经营模式的要求建立我们的组织结构和人才队伍，不断提高公司的整体运作能力。

在设计中构建技术、质量、成本和服务优势，是我们竞争力的基础。日本产品的低成本，德国产品的稳定性，美国产品的先进性，是我们赶超的基准。

（资源配置）第二十三条　我们坚持“压强原则”，在成功关键因素和选定的战略生长点上，以超过主要竞争对手的强度配置资源，要么不做，要做，就极大地集中人力、物力和财力，实现重点突破。在资源的分配上，应努力消除资源合理配置与有效利用的障碍。我们认识到对人、财、物这三种关键资源的分配，首先是对优秀人才的分配。我们的方针是使最优秀的人拥有充分的职权和必要的资源去实现分派给他们的任务。

（战略联盟）第二十四条　我们重视广泛的对等合作和建立战略伙伴关系，积极探索在互利基础上的多种外部合作形式。

（服务网络）第二十五条　华为向顾客提供产品的终生服务承诺。我们要建立完善的服务网络，向顾客提供专业化和标准化的服务。顾客的利益所在，就是我们生存与发展的最根本的利益所在。我们要以服务来定队伍建设的宗旨，以顾客满意度作为衡量一切工作的准绳。

二、研究与开发

（研究开发政策）第二十六条　顾客价值观的演变趋势引导着我们的产品方向。我们的产品开发遵循在自主开发的基础上广泛开放合作的原则。在选择研究开发项目时，敢于打破常规，走别人没有走过的路。我们要善于利用有节制的混沌状态，寻求对未知领域研究的突破；要完善竞争性的理性选择程序，确保开发过程的成功。我们保证按销售额的10%拨付研发经费，有必要且可能时还将加大拨付的比例。

（研究开发系统）第二十七条　我们要建立互相平行、符合大公司战略的三大研究系统，即产品发展战略规划研究系统，产品研究开发系统，以及产品中间试验系统。随着公司的发展，我们还会在国内外具有人才和资源优势的地区，建立分支研究机构。在相关的基础技术领域中，不断地按“窄频带、高振幅”的要求，培养一批基础技术尖子。在产品开发方面，培养一批跨领域的系统集成带头人。把基础技术研究作为研究开发人员循环流程的一个环节。

没有基础技术研究的深度，就没有系统集成的高水准；没有市场和系统集成的牵引，基础技术研究就会偏离正确的方向。

（中间试验）第二十八条　我们十分重视新产品、新器件和新工艺的品质论证及测试方法研究。要建立一个装备精良、测试手段先进、由众多“宽频带、高振幅”的优秀工程专家组成的产品中间试验中心。为了使我们中间试验的人才和装备水平居世界领先地位，我们在全世界只建立一个这样的大型中心。要经过集中的严格筛选过滤新产品和新器件，通过不断的品质论证提高产品的可靠性，持续不断地进行容差设计试验和改进工艺降低产品成本，加快技术开发成果的商品化进程。

三、市场营销

（市场地位）第二十九条　华为的市场定位是业界最佳设备供应商。市场地位是市场营销的核心目标。我们不满足于总体销售额的增长，我们必须清楚公司的每一种主导产品的市场份额是多大，应该达到多大。特别是新产品、新兴市场的市场份额和销售份额更为重要。品牌、营销网络、服务和市场份额是支撑市场地位的关键要素。

（市场拓展）第三十条　战略市场的争夺和具有巨大潜力的市场的开发，是市场营销的重点。我们既要抓住新兴产品市场的快速渗透和扩展，也要奋力推进成熟产品在传统市场与新兴市场上的扩张，形成绝对优势的市场地位。作为网络设备供应商，市场战略的要点是获取竞争优势，控制市场主导权的关键。市场拓展是公司的一种整体运作，我们要通过影响每个员工的切身利益传递市场压力，不断提高公司整体响应能力。

（营销网络）第三十一条　营销系统的构架是按对象建立销售系统，按产品建立行销系统，形成矩阵覆盖的营销网络。

（营销队伍建设）第三十二条　我们重视培育一支高素质的、具有团队精神的销售工程师与营销管理者队伍，重视发现和培养战略营销管理人才和国际营销人才。我们要以长远目标来建设营销队伍，以共同的事业、责任、荣誉来激励和驱动。

（资源共享）第三十三条　市场变化的随机性、市场布局的分散性和公司产品的多样性，要求前方营销队伍必须得到及时强大的综合支援，要求我们必须能够迅速调度和组织大量资源抢夺市场先机和形成局部优势。因此营销部门必须采取灵活的运作方式，通过事先策划与现场求助，实现资源的动态最优配置与共享。

四、生产方式

（生产战略）第三十四条　我们的生产战略是在超大规模销售的基础上建立敏捷生产体系。因地制宜地采用世界上先进的制造技术和管理方法，坚持永无止境的改进，不断提高质量，降低成本，缩短交货期和增强制造柔性，使公司的制造水平和生产管理水平达到世界级大公司的基准。

（生产布局）第三十五条　顺应公司事业领域多元化和经营地域国际化的趋势，我们将按照规模经济原则、比较成本原则和贴近顾客原则，集中制造关键基础部件和分散组装最终产品，在全国和世界范围内合理规划生产布局，优化供应链。

五、理财与投资

（筹资战略）第三十六条　我们努力使筹资方式多样化，继续稳健地推行负债经营。开辟资金来源，控制资金成本，加快资金周转，逐步形成支撑公司长期发展需求的筹资合作关系，确保公司战略规划的实现。

（投资战略）第三十七条　我们中短期的投资战略仍坚持产品投资为主，以期最大限度地集中资源，迅速增强公司的技术实力、市场地位和管理能力。我们在制定重大投资决策时，不一定追逐今天的高利润项目，同时要关注有巨大潜力的新兴市场和新产品的成长机会。我们不从事任何分散公司资源和高层管理精力的非相关多元化经营。

（资本经营）第三十八条　我们在产品领域经营成功的基础上探索资本经营，利用产权机制更大规模地调动资源。实践表明，实现这种转变取决于我们的技术实力、营销实力、管理实力和时机。外延的扩张依赖于内涵的做实，机会的捕捉取决于事先的准备。资本知识化是加速资本经营良性循环的关键。我们在进行资本扩充时，重点要选择那些有技术、有市场，以及与我们有互补性的战略伙伴，其次才是金融资本。资本经营和外部扩张，应当有利于潜力的增长，有利于效益的增长，有利于公司组织和文化的统一性。公司的上市应当有利于巩固我们已经形成的价值分配制度的基础。

第三章　基本组织政策

一、基本原则

（组织建立的方针）第三十九条　华为组织的建立和健全，必须：1. 有利于强化责任，确保公司目标和战略的实现；2. 有利于简化流程，快速响应顾客的需求和市场的变化；3. 有利于提高协作的效率，降低管理成本；4. 有利于信息的交流，促进创新和优秀人才的脱颖而出；5. 有利于培养未来的领袖人才，使公司可持续成长。

（组织结构的建立原则）第四十条　华为将始终是一个整体。这要求我们在任何涉及华为标识的合作形式中保持控制权。战略决定结构是我们建立公司组织的基本原则。具有战略意义的关键业务和新事业生长点，应当在组织上有一个明确的负责单位，这些部门是公司组织的基本构成要素。

组织结构的演变不应当是一种自发的过程，其发展具有阶段性。组织结构在一定时期内的相对稳定，是稳定政策、稳定干部队伍和提高管理水平的条件，是提高效率和效果的保证。

（职务的设立原则）第四十一条　管理职务设立的依据是对职能和业务流程的合理分工，并以实现组织目标所必须从事的一项经常性工作为基础。职务的范围应设计得足够大，以强化责任、减少协调和提高任职的挑战性与成就感。设立职务的权限应集中。对设立职务的目的、工作范围、隶属关系、职责和职权，以及任职资格应做出明确规定。

（管理者的职责）第四十二条　管理者的基本职责是依据公司的宗旨主动和负责地开展工作，使公司富有前途，工作富有成效，员工富有成就。管理者履行这三项基本职责的程度，决定了他的权威与合法性被下属接受的程度。

（组织的扩张）第四十三条　组织的成长和经营的多元化必然要求向外扩张。组织的扩张要抓住机遇，而我们能否抓住机遇和组织能够扩张到什么程度，取决于公司的干部队伍素质和管理控制能力。当依靠组织的扩张不能有效地提高组织的效率和效果时，公司将放缓对外扩张的步伐，转而致力于组织管理能力的提高。

二、组织结构

（基本组织结构）第四十四条　公司的基本组织结构将是一种二维结构：按战略性事业划分的事业部和按地区划分的地区公司。事业部在公司规定的经营范围内承担开发、生产、销售和用户服务的职责；地区公司在公司规定的区域市场内有效利用公司的资源开展经营。事业部和地区公司均为利润中心，承担实际利润责任。

（主体结构）第四十五条　职能专业化原则是建立管理部门的基本原则。对于以提高效率和加强控制为主要目标的业务活动领域，一般也应按此原则划分部门。公司的管理资源、研究资源、中试资源、认证资源、生产管理资源、市场资源、财政资源、人力资源和信息资源……是公司的公共资源。为了提高公共资源的效率，必须进行审计。按职能专业化原则组织相应的部门，形成公司组织结构的主体。

（事业部）第四十六条　对象专业化原则是建立新事业部门的基本原则。事业部的划分原则可以是以下两种原则之一，即产品领域原则和工艺过程原则。按产品领域原则建立的事业部是扩张型事业部，按工艺过程原则建立的事业部是服务型事业部。扩张型事业部是利润中心，实行集中政策，分权经营。应在控制有效的原则下，使之具备开展独立经营所需的必要职能，既充分授权，又加强监督。对于具有相对独立的市场，经营已达到一定规模，相对独立运作更有利于扩张和强化最终成果责任的产品或业务领域，应及时选择更有利于它发展的组织形式。

（地区公司）第四十七条　地区公司是按地区划分的、全资或由总公司控股的、具有法人资格的子公司。地区公司在规定的区域市场和事业领域内，充分运用公司分派的资源和尽量调动公司的公共资源寻求发展，对利润承担全部责任。在地区公司负责的区域市场中，总公司及各事业部不与之进行相同事业的竞争。各事业部如有拓展业务的需要，可采取会同或支持地区公司的方式进行。

（矩阵结构的演进）第四十八条　当按职能专业化原则划分的部门与按对象专业化原则划分的部门交叉运作时，就在组织上形成了矩阵结构。公司组织的矩阵结构，是一个不断适应战略和环境变化，从原有的平衡到不平衡，再到新的平衡的动态演进过程。不打破原有的平衡，就不能抓住机会，快速发展；不建立新的平衡，就会给公司组织运作造成长期的不确定性，削弱责任建立的基础。为了在矩阵结构下维护统一指挥原则和责权对等原则，减少组织上的不确定性和提高组织的效率，我们必须在以下几方面加强管理的力度：1. 建立有效的高层管理组织；2. 实行充分授权，加强监督；3. 加强计划的统一性和权威性；4. 完善考核体系；5. 培育团队精神。

（求助网络）第四十九条　我们要在公司的纵向等级结构中适当

地引入横向和逆向的网络动作方式，以激活整个组织，最大限度地利用和共享资源。我们既要确保正向直线职能系统制定和实施决策的政令畅通，又要对逆向和横向的求助系统做出及时灵活的响应，使最贴近顾客，最先觉察到变化和机会的高度负责的基层主管和员工，能够及时得到组织的支援，为组织目标做出与众不同的贡献。

（组织的层次）第五十条　我们的基本方针是减少组织的层次，以提高组织的灵活性。减少组织层次一方面要减少部门的层次，另一方面要减少职位的层次。

三、高层管理组织

（高层管理组织）第五十一条　高层管理组织的基本结构为三部分：公司执行委员会、高层管理委员会与公司职能部门。公司的高层管理委员会有：战略规划委员会，人力资源委员会，财经管理委员会。

（高层管理职责）第五十二条　公司执行委员会负责确定公司未来的使命、战略与目标，对公司重大问题进行决策，确保公司可持续成长。高层管理委员会是由资深人员组成的咨询机构。负责拟制战略规划和基本政策，审议预算和重大投资项目，以及审核规划、基本政策和预算的执行结果。审议结果由总裁办公会议批准执行。公司职能部门代表公司总裁对公司公共资源进行管理，对各事业部、子公司、业务部门进行指导和监控。公司职能部门应归口设立，以尽量避免多头领导现象。高层管理任务应以项目形式予以落实。高层管理项目完成后，形成具体工作和制度，并入某职能部门的职责。

（决策制度）第五十三条　我们遵循民主决策，权威管理的原则。高层重大决策需经高层管理委员会充分讨论。决策的依据是公司的宗旨、目标和基本政策；决策的原则是，从贤不从众。真理往往掌握在少数人手里，要造成一种环境，让不同意见存在和发表。一经形成决议，就要实行权威管理高层委员会集体决策以及部门首长负责制下的办公会议制度，是实行高层民主决策的重要措施。我们的方针是，放开高层民主，使智慧充分发挥；强化基层执行，使责任落在实处。各部门首长隶属于各个专业委员会，这些委员会议事而不管事，对形成的决议有监督权，以防止一长制中的片面性。各部门首长的日常管理决策，应遵循部门首长办公会确定的原则，对决策后果承担个人责任。各级首长办公会的讨论结果，以会议纪要的方式向上级呈报。报告上必须有三分之二以上的正式成员签名，报告中要特别注明讨论过程中的不同意见。公司总裁有最后的决策权，在行使这项权力时，要充分听取意见。

（高层管理者行为准则）第五十四条　高层管理者应当做到：1. 保持强烈的进取精神和忧患意识；对公司的未来和重大经营决策承担个人风险；2. 坚持公司利益高于部门利益和个人利益；3. 倾听不同意见，团结一切可以团结的人；4. 加强政治品格的训练与道德品质的修养，廉洁自律；5. 不断学习。

第四章　基本人力资源政策

一、人力资源管理准则

（基本目的）第五十五条　华为的可持续成长，从根本上靠的是组织建设和文化建设。因此，人力资源管理的基本目的，是建立一支宏大的高素质、高境界和高度团结的队伍，以及创造一种自我激励、自我约束和促进优秀人才脱颖而出的机制，为公司的快速成长和高效运作提供保障。

（基本准则）第五十六条　华为全体员工无论职位高低，在人格上都是平等的。人力资源管理的基本准则是公正、公平和公开。

（公正）第五十七条　共同的价值观是我们对员工做出公平评价的准则；对每个员工提出明确的挑战性目标与任务，是我们对员工的绩效改进做出公正评价的依据；员工在完成本职工作中表现出的能力和潜力，是比学历更重要的评价能力的公正标准。

（公平）第五十八条　华为奉行效率优先，兼顾公平的原则。我们鼓励每个员工在真诚合作与责任承诺基础上，展开竞争；并为员工的发展，提供公平的机会与条件。每个员工应依靠自身的努力与才干，争取公司提供的机会；依靠工作和自学提高自身的素质与能力；依靠创造性地完成和改进本职工作满足自己的成就愿望。我们从根本上否定评价与价值分配上的短视、攀比与平均主义。

（公开）第五十九条　我们认为遵循公开原则是保障人力资源管理的公正和公平的必要条件。公司重要政策与制度的制定，均要充分征求意见与协商。抑侥幸，明褒贬，提高制度执行上的透明度。我们从根本上否定无政府、无组织、无纪律的个人主义行为。

（人力资源管理体制）第六十条　我们不搞终身雇佣制，但这不等于不能终身在华为工作。我们主张自由雇佣制，但不脱离中国的实际。

（内部劳动力市场）第六十一条　我们通过建立内部劳动力市场，在人力资源管理中引入竞争和选择机制。通过内部劳动力市场和外部劳动力市场的置换，促进优秀人才的脱颖而出，实现人力资源的合理配置和激活沉淀层，并使人适合于职务，使职务适合于人。

（人力资源管理责任者）第六十二条　人力资源管理不只是人力资源管理部门的工作，而且是全体管理者的职责。各部门管理者有责任记录、指导、支持、激励与合理评价下属人员的工作，负有帮助下属人员成长的责任。下属人员才干的发挥与对优秀人才的举荐，是决定管理者的升迁与人事待遇的重要因素。

二、员工的义务和权利

（员工的义务）第六十三条　我们鼓励员工对公司目标与本职工作的主人翁意识与行为。

每个员工主要通过干好本职工作为公司目标做贡献。员工应努力扩大职务视野，深入领会公司目标对自己的要求，养成为他人做贡献的思维方式，提高协作水平与技巧。另一方面，员工应遵守职责间的制约关系，避免越俎代庖，有节制地暴露因职责不清所掩盖的管理漏洞与问题。员工有义务实事求是地越级报告被掩盖的管理中的弊端与错误。允许员工在紧急情况下便宜行事，为公司把握机会，躲避风险，以及减轻灾情做贡献。但是，在这种情况下，越级报告者或便宜行事者，必须对自己的行为及其后果承担责任。员工必须保守公司的秘密。

（员工的权利）第六十四条　每个员工都拥有以下基本权利，即咨询权、建议权、申诉权与保留意见权。员工在确保工作或业务顺利开展的前提下，有权利向上司提出咨询，上司有责任做出合理的解释与说明。员工对改善经营与管理工作具有合理化建议权。员工有权对认为不公正的处理，向直接上司的上司提出申诉。申诉必须实事求是，以书面形式提出，不得影响本职工作或干扰组织的正常运作。各级主管对下属员工的申诉，都必须尽早予以明确的答复。员工有权保留自己的意见，但不能因此影响工作。上司不得因下属保留自己的不同意见而对其歧视。

三、考核与评价

（基本假设）第六十五条　华为员工考评体系的建立依据下述假设：1. 华为绝大多数员工是愿意负责和愿意合作的，是高度自尊和有强烈成就欲望的；2. 金无足赤，人无完人，优点突出的人往往缺点也很明显；3. 工作态度和工作能力应当体现在工作绩效的改进上；4. 失败铺就成功，但重犯同样的错误是不应该的；5. 员工未能达到考评标准要求，也有管理者的责任。员工的成绩就是管理者的成绩。

（考评方式）第六十六条　建立客观公正的价值评价体系是华为人力资源管理的长期任务。

员工和干部的考评，是按明确的目标和要求，对每个员工和干部的工作绩效、工作态度与工作能力的一种例行性的考核与评价。工作绩效的考评侧重在绩效的改进上，宜细不宜粗；工作态度和工作能力的考评侧重在长期表现上，宜粗不宜细。考评结果要建立记录，考评要素随公司不同时期的成长要求应有所侧重。在各层上下级主管之间要建立定期述职制度。各级主管与下属之间都必须实现良好的沟通，以加强相互的理解和信任。沟通将列入对各级主管的考评。员工和干部的考评实行纵横交互的全方位考评。同时，被考评者有申诉的权利。

四、人力资源管理的主要规范

（招聘与录用）第六十七条　华为依靠自己的宗旨和文化，成就与机会，以及政策和待遇，吸引和招揽天下一流人才。我们在招聘和录用中，注重人的素质、潜能、品格、学历和经验。按照双向选择的原则，在人才使用、培养与发展上，提供客观且对等的承诺。

我们将根据公司在不同时期的战略和目标，确定合理的人才结构。

（解聘与辞退）第六十八条　我们利用内部劳动力市场的竞争与淘汰机制，建立例行的员工解聘和辞退程序。对违反公司纪律和因牟取私利而给公司造成严重损害的员工，根据有关制度强行辞退。

（报酬与待遇）第六十九条　我们在报酬与待遇上，坚定不移向优秀员工倾斜。工资分配实行基于能力主义的职能工资制；奖金的分配与部门和个人的绩效改进挂钩；安全退休金等福利的分配，依据工作态度的考评结果；医疗保险按贡献大小，对高级管理和资深专业人员与一般员工实行差别待遇，高级管理和资深专业人员除享受医疗保险外，还享受医疗保健等健康待遇。我们不会牺牲公司的长期利益去满足员工短期利益分配的最大化，但是公司保证在经济景气时期与事业发展良好阶段，员工的人均年收入高于区域行业相应的最高水平。

（自动降薪）第七十条　公司在经济不景气时期，以及事业成长暂时受挫阶段，或根据事业发展需要，启用自动降薪制度，避免过度裁员与人才流失，确保公司渡过难关。

（晋升与降格）第七十一条　每个员工通过努力工作，以及在工作中增长的才干，都可能获得职务或任职资格的晋升。与此相对应，保留职务上的公平竞争机制，坚决推行能上能下的干部制度。公司遵循人才成长规律，依据客观公正的考评结果，让最有责任心的明白人担负重要的责任。我们不拘泥于资历与级别，按公司组织目标与事业机会的要求，依据制度性甄别程序，对有突出才干和突出贡献者实施破格晋升。但是，我们提倡循序渐进。

（职务轮换与专长培养）第七十二条　我们对中高级主管实行职务轮换政策。没有周边工作经验的人，不能担任部门主管。没有基层工作经验的人，不能担任科以上干部。我们对基层主管、专业人员和操作人员实行岗位相对固定的政策，提倡爱一行，干一行；干一行，专一行。爱一行的基础是要通得过录用考试，已上岗的员工继续爱一行的条件是要经受岗位考核的筛选。

（人力资源开发与培训）第七十三条　我们将持续的人力资源开发作为实现人力资源增值目标的重要条件。实行在职培训与脱产培训相结合，自我开发与教育开发相结合的开发形式。

为了评价人力资源开发的效果，要建立人力资源开发投入产出评价体系。

第五章　基本控制政策

一、管理控制方针

（方针）第七十四条　通过建立健全管理控制系统和必要的制度，确保公司战略、政策和文化的统一性。在此基础上对各级主管充分授权，造成一种既有目标牵引和利益驱动，又有程序可依和制度保证的活跃、高效和稳定的局面。

（目标）第七十五条　公司管理控制系统进一步完善的中短期目标是：建立健全预算控制体系、成本控制体系、质量管理和保证体系、业务流程体系、审计监控体系、文档体系以及项目管理系统，对关系公司生存与发展的重要领域，实行有效的控制，建立起大公司的规范运作模式。

（原则）第七十六条　公司的管理控制遵循下述原则：分层原则。管理控制必须分层实施，越级和越权控制将破坏管理控制赖以建立的责任基础。例外原则。凡具有重复性质的例常工作，都应制订出规则和程序，授权下级处理。上级主要控制例外事件。分类控制原则。针对部门和任务的性质，实行分类控制。对高中层经营管理部门实行目标责任制的考绩控制；对基层作业部门实行计量责任制的定额控制；对职能和行政管理部门实行任务责任制的考事控制。成果导向原则。管理控制系统对部门绩效的考核，应促使部门主管能够按公司整体利益最大化的要求进行决策。公司坚决主张强化管理控制。同时也认识到，偏离预算（或标准）的行动未必一定是错误的；单纯奖励节约开支的办法不一定是一种好办法。公司鼓励员工和部门主管在管理控制系统不完善的地方，在环境和条件发生了变化的时候，按公司宗旨和目标的要求，主动采取积极负责的行动。经过周密策划，共同研究，在实施过程中受到挫折，应得到鼓励，发生的失败不应受到指责。

（持续改进）第七十七条　部门和员工绩效考核的重点是绩效改进。公司的战略目标和顾客满意度是建立绩效改进考核指标体系的两个基本出发点。在对战略目标层层分解的基础上确定公司各部门的目标，在对顾客满意度节节展开的基础上，确定流程各环节和岗位的目标。绩效改进考核指标体系应起到牵引作用，使每个部门和每个员工的改进努力朝向共同的方向。绩效改进考核指标必须是可度量的和重点突出的。指标水平应当是递进的和具有挑战性的。只要我们持续地改进，就会无穷地逼近高质量、低成本和高效率的理想目标。

二、质量管理和质量保证体系

（质量形成）第七十八条　优越的性能和可靠的质量是产品竞争力的关键。我们认为质量形成于产品寿命周期的全过程，包括研究设计、中试、制造、分销、服务和使用的全过程。因此，必须使产品寿命周期全过程中影响产品质量的各种因素，始终处于受控状态；必须实行全流程的、全员参加的全面质量管理，使公司有能力持续提供符合质量标准和顾客满意的产品。我们的质量方针是：

1. 树立品质超群的企业形象，全心全意地为顾客服务；2. 在产品设计中构建质量；3. 依合同规格生产；4. 使用合格供应商；5. 提供安全的工作环境；6. 质量系统符合 ISO9001 的要求。

（质量目标）第七十九条　我们的质量目标是：

1. 技术上保持与世界潮流同步；2. 创造性地设计、生产具有最佳性能价格比的产品；3. 产品运行实现平均 2 000 天无故障；4. 从最细微的地方做起，充分保证顾客各方面的要求得到满足；5. 准确无误的交货，完善的售后服务，细致的用户培训，真诚热情的订货与退货。

我们通过推行 ISO9001，并定期通过国际认证复审，建立健全全公司的质量管理体系和质量保证体系，使我们的质量管理和质量保证体系与国际接轨。

三、全面预算控制

（性质与任务）第八十条　全面预算是公司年度全部经营活动的依据，是我们驾驭外部环境的不确定性，减少决策的盲目性和随意性，提高公司整体绩效和管理水平的重要途径。全面预算的主要任务是：1. 统筹协调各部门的目标和活动；2. 预计年度经营计划的财务效果和对现金流量的影响；3. 优化资源配置；4. 确定各责任中心的经营责任；5. 为控制各部门的费用支出和评价各部门的绩效提供依据。

公司设立多级预算控制体系。各责任中心的一切收支都应纳入预算。

（管理职责）第八十一条　公司级预算和决算由财经管理委员会审议，由公司总裁批准。公司级预算由财务部负责编制并监督实施和考核实施效果。各级预算的编制和修改必须按规定的程序进行。收入中心和利润中心预算的编制，应按照有利于潜力和效益增长的原则合理确定各项支出水平；成本或费用中心的预算编制，应当贯彻量入为出、厉行节约的方针。公司以及事业部和子公司的财务部门，应定期向财经管理委员会提交预算执行情况的分析报告。根据预算目标实现程度和预算实现偏离程度，考核财务部预算编制和预算控制效果。

四、成本控制

（控制重点）第八十二条　成本是市场竞争的关键制胜因素。成本控制应当从产品价值链的角度，权衡投入产出的综合效益，合理地确定控制策略。应重点控制的主要成本驱动因素包括：1. 设计成本；2. 采购成本和外协成本；3. 质量成本，特别是因产品质量和工作质量问题引起的维护成本；4. 库存成本，特别是由于版本升级而造成的呆料和死料；5. 期间费用中的浪费。

（控制机制）第八十三条　控制成本的前提是正确地核算产品和项目的成本与费用。应当根据公司经营活动的特点，合理地分摊费用。公司对产品成本实行目标成本控制，在产品的立项和设计中实行成本否决。目标成本的确定依据是产品的竞争性市场价格。必须把降低成本的绩效改进指标纳入各部门的绩效考核体系，与部门主管和员工的切身利益挂钩，建立自觉降低成本的机制。

五、业务流程重整

（指导思想）第八十四条　推行业务流程重整的目的是，更敏捷地响应顾客需求，扩大例行管理，减少例外管理，提高效率，堵塞漏洞。业务流程重整的基本思路是，将推行ISO9001标准与业务流程重整和管理信息系统建设相结合，为公司所有经营领域的关键业务确立有效且简捷的程序和作业标准；围绕基本业务流程，理顺各种辅助业务流程的关系；在此基础上，对公司各部门和各种职位的职责准确定位，不断缩小审批数量，不断优化和缩短流程，系统地改进公司的各项管理，并使管理体系具有可移植性。

（流程管理）第八十五条　流程管理是按业务流程标准，在纵向直线和职能管理系统授权下的一种横向的例行管理，是以目标和顾客为导向的责任人推动式管理。处于业务流程中各个岗位上的责任人，无论职位高低，行使流程规定的职权，承担流程规定的责任，遵守流程的制约规则，以下道工序为用户，确保流程运作的优质高效。建立和健全面向流程的统计和考核指标体系，是落实最终成果责任和强化流程管理的关键。顾客满意度是建立业务流程各环节考核指标体系的核心。提高流程管理的程序化、自动化和信息集成化水平，不断适应市场变化和公司事业拓展的要求，对原有业务流程体系进行简化和完善，是我们的长期任务。

（管理信息系统）第八十六条　管理信息系统是公司经营运作和管理控制的支持平台和工具，旨在提高流程运作和职能控制的效率，增强企业的竞争能力，开发和利用信息资源，并有效支持管理决策。管理信息系统的建设，坚持采用先进成熟的技术和产品，以及坚持最小化自主系统开发的原则。

六、项目管理

（必然性）第八十七条　公司的高速增长目标和高技术企业性质，决定了必须在新技术、新产品、新市场和新领域等方面不断提出新的项目。而这些关系公司生存与发展的、具有一次性跨部门特征的项目，靠已有的职能管理系统按例行的方式管理是难以完成的，必须实行跨部门的团队运作和项目管理。因此，项目管理应与职能管理共同构成公司的基本管理方式。

（管理重点）第八十八条　项目管理是对项目生命周期全过程的管理，是一项系统工程。项目管理应当参照国际先进的管理模式，建立一整套规范的项目管理制度。项目管理进一步改进的重点是，完善项目的立项审批和项目变更审批、预算控制、进度控制和文档建设。对项目管理，实行“日落法”[①]控制。控制项目数量以实现资源有效利用和提高组织整体运作效率。项目完成验收后，按既定程序转入例行组织管理系统。

七、审计制度

（职能）第八十九条　公司内部审计是对公司各部门、事业部和子公司经营活动的真实性、合法性、效益性及各种内部控制制度的科学性和有效性进行审查、核实和评价的一种监控活动。公司审计部门

① “日落法”即 sunset law，又称“夕阳法”，指在批准成立一个新的行政机构或批准一个计划项目时，明确规定该机构或项目的终止日期。——编者注

除了履行财务审计、项目审计、合同审计、离任审计……基本内部审计职能外，还要对计划、关键业务流程及主要管理制度等关系公司目标的重要工作进行审计，把内部审计与业务管理的进步结合起来。

（体系）第九十条　公司实行以流程为核心的管理审计制度。在流程中设立若干监控与审计点，明确各级管理干部的监控责任，实现自动审计。我们坚持推行和不断完善计划、统计、审计既相互独立运作，又整体闭合循环的优化再生系统。这种三角循环，贯穿每一个部门，每一个环节和每一件事。在这种众多的小循环基础上组成中循环，由足够多的中循环组成大循环。公司只有管理流程闭合，才能形成管理的反馈制约机制，不断地自我优化与净化。通过全公司审计人员的流动，促进审计方法的传播与审计水平的提高。形成更加开放、透明的审计系统，为公司各项经营管理工作的有效进行提供服务和保障。

（权限）第九十一条　公司审计机构的基本权限包括：1. 直接对总裁负责并报告工作，不受其他部门和个人的干涉；2. 具有履行审计职能的一切必要权限。

八、事业部的控制

（方针）第九十二条　事业部管理方针是：1. 有利于潜力的增长；2. 有利于效益的增长；3. 有利于公司组织与文化的统一性。

（绩效考核）第九十三条　事业部是利润中心，在公司规定的经营范围内自主经营，承担扩张责任、利润责任和资产责任。对事业部的考核指标主要为销售收入、销售收入增长率、市场份额和管理利润。考核销售指标的目的是鼓励事业部扩张；考核管理利润的目的是兼顾扩张、效益和资产责任。公司将按照对各事业部的不同发展要求，通过调节与事业部销售收入、销售收入增长率和管理利润各部分挂钩的利益分配系数，影响事业部的经营行为。事业部的全部利润由公司根据战略和目标统一分配。

（自主权）第九十四条　我们的方针是，只要符合事业部控制的“三个有利于”原则，就对之实行充分的授权。事业部总经理的自主权主要包括：预算内的支出决定权和所属经营资源支配权，以及在公司统一政策指导下的经营决策权、人事决定权和利益分配权。

（控制与审计）第九十五条　公司对事业部的控制与审计主要包括：1. 事业部的总经理、财务总监、人力资源总监、审计总监由公司任免；2. 依据经过批准的事业部预算对事业部的收支进行总量控制；3. 公司统一融资，事业部对资金实行有偿占用；4. 对现金实行集中管理，事业部对自身的现金流量平衡负责；5. 事业部定期向公司财经管理委员会提交财务绩效报告；6. 公司审计部对事业部履行审计职能。

（服务型事业部）第九十六条　服务型事业部的职能是以低利方式提供内部服务，以促进整体扩张实力。内部运作实行模拟市场机制。

（联利计酬）第九十七条　事业部实行按虚拟利润联利计酬的报酬制度。在事业部的报酬政策上，公司遵循风险和效益与报酬对等的原则。

九、危机管理

（危机意识）第九十八条　高技术的刷新周期越来越短，所有高科技企业的前进路程充满了危机。华为公司由于成功，公司组织内部蕴含的危机也越来越多，越来越深刻。我们应该看到，公司处于危机点时既面临危机又面临机遇。危机管理的目标就是变危险为机遇，使企业越过陷阱进入新的成长阶段。

（预警与减灾）第九十九条　公司应建立预警系统和快速反应机制，以敏感地预测和感知由竞争对手、客户、供应商及政策法规等造成的外部环境的细微但重大的变化；处理公司高层领导不测事件和产品原因造成的影响公司形象的重大突发事件。

第六章　接班人与基本法修改

（继承与发展）第一百条　华为经年积累的管理方法和经验是公司的宝贵财富，必须继承和发展，这是各级主管的责任。只有继承，才能发展；只有量变的积累，才会产生质变。承前启后，继往开来，是我们的事业兴旺发达的基础。

（对接班人的要求）第一百零一条　进贤与尽力是领袖与模范的区别。只有进贤和不断培养接班人的人，才能成为领袖，成为公司各级职务的接班人。高、中级干部任职资格的最重要一条，是能否举荐和培养出合格的接班人。不能培养接班人的领导，在下一轮任期时应该主动引退。仅仅使自己优秀是不够的，还必须使自己的接班人更优秀。我们要制度化地防止第三代、第四代及以后的公司接班人腐化、自私和得过且过。当我们的高层领导人中有人利用职权谋取私利时，就说明我们公司的干部选拔制度和管理出现了严重问题，如果只是就事论事，而不从制度上寻找根源，那我们距离死亡就已经不远了。

（接班人的产生）第一百零二条　华为公司的接班人是在集体奋斗中从员工和各级干部中自然产生的领袖。公司高速成长中的挑战性机会，以及公司的民主决策制度和集体奋斗文化，为领袖人才的脱颖而出创造了条件；各级委员会和各级部门首长办公会议，既是公司高层民主生活制度的具体形式，也是培养接班人的温床。要在实践中培养人、选拔人和检验人。要警惕不会做事却会处世的人受到重用。我们要坚定不移地向第一、二代创业者学习。学习他们在思想上的艰苦奋斗精神，勇于向未知领域探索；学习他们的团队精神和坦荡的胸怀，坚持和不断完善我们公正合理的价值评价体系；学习他们强烈的进取精神和责任意识，勇于以高目标要求和鞭策自己；学习他们实事求是的精神，既具有哲学、社会学和历史学的眼界，又具有一丝不苟的工作态度。走向世界，实现我们的使命，是华为一代一代接班人矢志不渝的任务。

（基本法的修订）第一百零三条　每十年基本法进行一次修订。修订的过程贯彻从贤不从众的原则。

在管理者、技术骨干、业务骨干、基层干部中推选出 10% 的员工，进行修改的论证，拟出清晰的提案。然后从这 10% 的员工中，再推选 20% 的员工，与董事会、执行委员会一同审议修改部分的提案。并将最终的提案公布，征求广大员工意见。最后，由董事会、执行委员会、优秀员工组成三方等额的代表进行最终审批。《华为公司基本法》是公司宏观管理的指导原则，是处理公司发展中重大关系的对立统一的度。其目的之一是培养领袖。高、中级干部必须认真学习《华为公司基本法》，领会其精神实质，掌握其思想方法。

参考文献

第一章

Becker, M. C., N. Lazaric, R. R. Nelson and S. G. Winter. Applying Organizational Routines in Understanding Organizational Change [J]. *Industrial and Corporate Change*, 2005, 14(5): 775-791.

Breznitz, D. and M. Murphree. *Run of the Red Queen : Government, Innovation, Globalization, and Economic Growth in China*[M]. New Haven [Conn.]: Yale University Press, 2011.

Buenstorf, G. and J. P. Murmann. Ernst Abbe's Scientific Management: Theoretical Insights From A Nineteenth-Century Dynamic Capabilities Approach[J]. *Industrial and Corporate Change*, 2005, 14(4): 543-578.

Burgelman, R. A. Intraorganizational Ecology of Strategy Making and Organizational Adaptation: Theory and Field Research[J]. *Organization Science*, 1991, 2(3): 239-262.

Burgelman, R. A. *Strategy Is Destiny: How Strategy-Making Shapes A Company's Future*[M]. New York: Free Press, 2002.

Burgelman, R. A. and A. S. Grove. Let Chaos Reign, Then Rein in Chaos—

Repeatedly: Managing Strategic Dynamics for Corporate Iongevity[J]. *Strategic Management Journal*, 2007, 28(10): 965-979.

Chi-Yue Chiu, S. Liou and L. Y.-Y. Kwan. Institutional and Cultural Contexts of Creativity and Innovation in China[M]. *China's Innovation Challenge: Overcoming the Middle Income Trap*. A. Y. Lewin, M. Kenney and J. P. Murmann. Cambridge, UK: Cambridge University Press, 2016: 368-393.

De Cremer, D. and T. Tian. Huawei's Culture Is the Key to Its Success." [J/OL]. *Harvard Business Review*. [2016-06-11]. https://hbr.org/2015/06/huaweis-culture-is-the-key-to-its-success.

Dittmer, L. The Structural Evolution of "Criticism and Self-criticism" [J]. *The China Quarterly*, 1973, 53: 708-729.

Drucker, P. F. *Management: Tasks, Responsibilities, Practices*[M]. New York: Harper & Row, 1974.

Who's Afraid of Huawei?[J/OL]. *Economist*, 2012,4: 4. [2016-04-17]. http://www.economist.com/node/21559922.

Mr Ren, Opens Up[J/OL]. *Economist*, 2014a, 5: 2. [2016-04-17]. http://www.economist.com/blogs/schumpeter/2014/05/huawei.

Schumpeter: The English Empire - A growing Number of Firms Worldwide Are Adopting English as Their Official Language[J/OL]. *Economist*, 2014b, 2: 14. [2016-10-22]. http://econ.st/LWVT4A.

Edmondson, A. C., R. M. Bohmer and G. P. Pisano. Disrupted Routines: Team Learning and New Technology Implementation in Hospitals[J]. *Administrative Science Quarterly*, 2001, 46(4): 685-716.

European Patent Office. Annual Report. [EB/OL]. Applicants(2016) [2017-05-08]. https://www.epo.org/about-us/annual-reports-statistics/annual-report/2016/statistics/applicants.html#tab1.

Fama, E. and M. C. Jensen. Separation of Ownership and Control[J]. *Journal of Law and Economics*, 1983, 26: 301-325.

Fang, T. Yin Yang: A New Perspective on Culture[J]. *Management and Organization Review*, 2012, 8(01): 25-50.

Feldman, M. S., B. T. Pentland, L. D'Adderio and N. Lazaric. Beyond Routines as Things: Introduction to the Special Issue on Routine Dynamics[J]. *Organization Science*, 2016, 27(3): 505-513.

Friedman, M. The Social Responsibility of Business Is to Increase Its Profits[J]. *New York Times Magazine*, 1970.

Fu, X. *China's Path to Innovation*[M]. Cambridge: Cambridge University Press, 2015.

Gavetti, G., D. A. Levinthal and J. W. Rivkin. Strategy Making in Novel and Complex Worlds: The Power of Analogy[J]. *Strategic Management Journal*, 2005, 26(8): 691-712.

Gedda, R. Huawei Unveils First Android Smartphone[J/OL]. *PC World*, 2009. [2016-05-15]. http://www.pcworld.com/article/159647/android_phone.html.

Gerstner, L. V. *Who Says Elephants Can't Dance? How I Turned Around IBM*[M]. New York: Harper Collins, 2003.

Ginglinger, E., W. Megginson and T. Waxin. Employee Ownership, Board Representation, and Corporate Financial Policies[J]. *Journal of Corporate Finance*, 2011, 17(4): 868-887.

Gittell, J. H. *The Southwest Airlines Way: Using the Power of Relationships to Achieve High Performance*[M]. New York : McGraw-Hill, 2003.

Hallowell, R. Southwest Airlines: A Case Study Linking Employee Needs Satisfaction and Organizational Capabilities to Competitive Advantage[J]. *Human Resource Management*, 1996, 35(4): 513-534.

Hitt, M., R. D. Ireland and R. Hoskisson. *Strategic Management: Competitiveness and Globalization, Cases*[M]. Boston: Cengage Learning, 2008.

Huawei (2016a). Board of Directors[EB/OL]. [2016-08-27]. http://www.huawei.com/en/executives/board-of-directors/ren-zhengfei.

Huawei (2016b). Corporate Information [EB/OL]. [2016-04-17]. http://www.huawei.com/en/about-huawei.

Huawei (2016c). Products and Solutions[EB/OL]. [2016-04-17]. http://www.huawei.com/en/.

Hyde, A., Defense of Employee Ownership[J]. *Chicago-Kent Law Review*, 1991, 67: 159.

Ibisworld, Smart Phone Manufacturing in China: Market Research Report[EB/OL]. [2016-05-14]. http://www.ibisworld.com/industry/china/smart-phone-manufacturing.html.

IDC (2017). Smartphone Vendor Market Share, 2016 Q4 [EB/OL]. [2017-05-08]. http://www.idc.com/getdoc.jsp?containerId=prUS42268917.

IPO (2015). Top 300 US Patent Owners [EB/OL]. [2016-11-22]. http://www.ipo.org/wp-content/uploads/2016/06/2015-Top-300-Patent-Owners.pdf.

Jensen, M. C. and W. H. Meckling. Theory of the Firm: Managerial Behavior, Agency Costs, and Capital Structure[J]. *Journal of Financial Economics*, 1976, 3[(Or *Journal of Business* 52,469-06)]: 305-360.

Jiang, H. and J. P. Murmann. Regional Institutions, Ownership Transformation, and Migration of Industrial Leadership in China[J]. *Industrial and Corporate Change*, 2012, 21(4): 933-970.

Kipping, M. and G. Westerhuis. *Strategy, Ideology, and Structure: The Political Processes of Introducing the M-form in Two Dutch Banks*[M]. Bingley: History and Strategy, Emerald Group Publishing Limited. 2012, 29: 187-237.

Klepper, S. *Experimental Capitalism: The Nanoeconomics of American High-Tech Industries*[M]. Princeton: Princeton University Press, 2015.

Kotter, J. P. *Leading Change*[M]. Brighton: Harvard Business School Press, 1996.

Lewin, A. Y., M. Kenney and J. P. Murmann, Eds. *China's Innovation Challenge: Overcoming the Middle Income Trap*[M]. Cambridge, UK: Cambridge University Press, 2016.

Li, C. China's Telecom Industry on The Move: Domestic Competition, Global Ambition, and Leadership Transition[J]. *China Leadership Monitor*, 2016, 19: 1-23.

Li, P. P. The Unique Value of Yin-Yang Balancing: A Critical Response[J]. *Management and Organization Review*, 2014, 10(2): 321-332.

Li, P. P. Both Converging Toward and Diverging from Global Paradigms: The Perspective of Yin-Yang Balancing for the Unity-in-Diversity Duality[J]. *Management and Organization Review*, 2015, 11(04): 807-813.

Li, X. Can Yin-Yang Guide Chinese Indigenous Management Research?[J]. *Management and Organization Review*, 2014, 10(01): 7-28.

Lindbloom, C. The Science of "Muddling Through" [J]. *Public Administration Review*, 1945, 19: 79-88.

Liu, H. Interviewed by Can HUANG, Ziyi ZHAO, Haoyu ZHANG & Hongqi XU in Shenzhen, 2015.

March, J. G. and T. Weil. *On Leadership*[M]. Weinheim : Wiley, 2009.

McKenna, C. *Strategy Followed Structure: Management Consulting and the Creation of a Market for Strategy, 1950-2000*[M].// Bingley: History and Strategy, Emerald Group Publishing Limited. 2012, 29: 153-186.

Murmann, J. P. *Knowledge and Competitive Advantage: The Coevolution of Firms, Technology, and National Institutions*[M]. New York: Cambridge University Press, 2003.

Murmann, J. P. *Scaffolding in Economics, Management, and the Design of Technologies*[M].// L. R. Caporael, J. R. Griesemer and W. C. Wimsatt: Vienna Series in Theoretical Biology : Developing Scaffolds in Evolution, Culture, and Cognition. Cambridge, MA, USA: The MIT Press: 287-306.

Nee, V. and S. Opper. *Capitalism from Below: Markets and Institutional Change in China*[M]. Cambridge, MA, USA: Harvard University Press, 2012.

Nelson, R. R. and S. G. Winter. *An Evolutionary Theory of Economic Change*[M].

MA: The Belknap Press of Harvard University Press, 1982.

Nigam, A., R. Huising and B. Golden. Explaining the Selection of Routines for Change during Organizational Search[J]. *Administrative Science Quarterly*, 2016.

Nokia (2016). Our Story[EB/OL]. [2016-05-15]. http://company.nokia.com/en/about-us/our-company/our-story.

Parmigiani, A. and J. Howard-Grenville. Routines Revisited: Exploring the Capabilities and Practice Perspectives[J]. *The Academy of Management Annals*, 2011, 5(1): 413-453.

Peng, M. W. *Global Business*[M]. Boston: Cengage Learning, 2011.

Pullar-Strecker, T. Huawei Founder Gives First Ever Interview[EB/OL]. [2016-05-15]. http://www.stuff.co.nz/business/industries/8651260/Huawei-founder-gives-first-ever-interview. businessday.co.nz.

Quinn, J. B. Strategies for Change: Logical Incrementalism[J]. *Academy of Management Review*, 1982, 7(2): 324-325.

Rao, H. and R. I. Sutton. *Scaling Up Excellence*[M]. New York: Random House, 2014.

Reckoner (2013). Huawei and the Fear of the Unknown [EB/OL]. [2016-05-15]. http://reckoner.com.au/2013/11/huawei/.

Shenzhen Standard (2014), Shenzhen Ranks Fifth in the World in Terms of Population Density[EB/OL].[2016-05-12]. http://www.shenzhen-standard.com/2014/03/25/shenzhen-ranks-fifth-in-the-world-in-terms-of-population-density/.

Sherr, I., D. Benoit and S. Thurm. Dell Makes Case to Go Private in Grim Filing[J]. *Wall Street Journal*. New York, 2013.

Statista (2016a). Number of Mobile Cell Phone Subscribers in China from February 2015 to February 2016 (in millions) [EB/OL]. [2016-05-12]. http://www.statista.com/statistics/278204/china-mobile-users-by-month/.

Statista (2016b) .Statistics and Market Data on Technology & Telecommunications[EB/OL]. [2016-05-12]. http://www.statista.com/markets/418/technology-telecommunications/.

Szulanski, G. and R. J. Jensen. Growing Through Copying: The Negative Consequences of Innovation on Franchise Network Growth[J]. *Research Policy*, 2008, 37(10): 1732-1741.

Tian, T. and C. Wu. *The Huawei Story*[M]. Thousand Oaks: SAGE Publications Pvt. Ltd, 2015.

Tushman, M. and C. A. O'Reilly. *Winning Through Innovation: A Practical Guide to Leading Organizational Change and Renewal*[M]. Boston, Mass.: Harvard Business School Press, 1997.

U.S. International Trade Commission (1998). Telecommunications Equipment: U.S. Performance in Selected Major Markets [EB/OL].[2016-05-12]. https://www.usitc.gov/publications/332/pub3150.pdf. Publication 3050.

US Census Bureau (1992). 1992 Enterprise Statistics[EB/OL].[2016-08-27]. http://www2.census.gov/econ/esp/1992/es92.pdf.

Vogel, E. F. *Deng Xiaoping and the Transformation of China*[M]. Cambridge, MA, USA: Belknap Press of Harvard University Press, 2013.

Wan, F., P. J. Williamson and E. Yin. Antecedents and Implications of Disruptive Innovation: Evidence from China[J]. *Technovation*, 2015, 39–40(0): 94-104.

Williamson, P. J. Cost Innovation: Preparing for A "Value-for-Money" Revolution[J]. *Long Range Planning*, 2010, 43(2–3): 343-353.

Williamson, P. J. Interview with Johann Peter Murmann, Cambridge University, 2015.

Winter, S. and G. Szulanski. Replication as Strategy[J]. *Organization Science*, 2001, 12(6): 730-743.

Winter, S. G. Organizing for Continuous Improvement: Evolutionary Theory Meets the Quality Revolution[M].// J. Baum and J. Singh. *The Evolutionary*

Dynamics of Organizations. New York, Oxford University Press, 2001: 90-108.

Winter, S. G. Understanding Dynamic Capabilities[J]. *Strategic Management Journal*, 2003, 24(10): 991-995.

Winter, S. G. The Replication Perspective on Productive Knowledge[M].// H. Itami, K. Kusunoki, T. Numagami and A. Takeishi. *Dynamics of Knowledge, Corporate System and Innovation*. Heidelberg: Springer, 2001: 95-124.

Yang, L. A Garden Chat With Huawei Founder Ren Zhengfei[J]. *Forbes*, 2015.

Zhang, M. From Public to Private: The Newly Enacted Chinese Property Law and the Protection of Property Rights in China[J]. *Berkeley Business Law Journal*, 2008, 5.

Zhang, Y. *Alliance-Based Network View on Chinese Firms' Catching-up: Case Study of Huawei Technologies Co.Ltd.*[M]. United Nations University - Maastricht Economic and Social Research and Training Centre on Innovation and Technology, 2009.

Zhang, Z.-X. and W. Zhong. *Barriers to Organizational Creativity in Chinese Companies*[M].// A. Y. Lewin, M. Kenney and J. P. Murmann. *China's Innovation Challenge: Overcoming the Middle Income Trap*. Cambridge, UK: Cambridge University Press, 2016: 339-367.

吴春波 . 华为没有秘密 [M]. 北京：中信出版社 , 2014.

余胜海 . 华为还能走多远 [M]. 北京：中国友谊出版公司 , 2013.

张利华 . 华为研发 [M]. 北京：机械工业出版社 , 2009.

黄卫伟 . 走出混沌 [M]. 北京：人民邮电出版社 , 2002.

黄卫伟 . 以奋斗者为本 [M]. 北京：中信出版社 , 2014.

华为，2014. 华为公司 2014 年年报 [EB/OL]. [2016-05-15]. http://www.huawei.com/en/about- huawei/annual-report.

华为，2015. 华为公司 2015 年年报 [EB/OL]. [2016-05-15]. http://www.huawei.com/en/about- huawei/annual-report.

华为，2016. 华为公司 2016 年年报 [EB/OL]. [2017-05-07]. http://www.huawei.

com/en/about- huawei/annual-report.
华为,1998. 华为公司基本法（定稿）.《华为人报》第 66 期 . 1998 年 4 月 6 日 .

第二章

Bartunek, J., Krim, R., Necochea, R., & Humphries, M. Sensemaking, Sensegiving, and Leadership in Strategic Organizational Development[J]. *Advances in Qualitative Organizational Research*, 1999, 2: 37-71.

Hannan, M. T., & Freeman, J. Structural Inertia and Organizational Change[J]. *American Sociological Review*, 1984,49(2): 149-164.

Miller, D., & Chen, M. J. Sources and Consequences of Competitive Inertia: A Study of the US Airline Industry[J]. *Administrative Science Quarterly*, 1994, 39(1): 1-23.

Porter, M. E., & Van der Linde, C. Toward a New Conception of the Environment-Competitiveness Relationship[J].*The Journal of Economic Perspectives*, 1995, 9(4): 97-118.

Tian, T. and C. Wu. *The Huawei Story*[M]. Thousand Oaks: SAGE Publications Pvt. Ltd, 2014.

Weick, K. E., Sutcliffe, K. M., & Obstfeld, D. Organizing and the Process of Sensemaking[J]. *Organization Science*, 2005, 16(4): 409-421.

阿里巴巴 , 阿里巴巴合伙人制度 (英文版) 介绍 [EB/OL]. [2016-07-30]. http://www.alibabagroup.com/cn/ir/governance_9.

范海涛 . 华为离职事件落幕，任正非主动退休接受返聘 [N/OL]. 北京青年报，2007-12-25. [2017-04-08]. http://news.xinhuanet.com/legal/2007-12/25/content_7308473.htm.

郭平 . 拥抱变化、担负使命 [EB/OL].[2016-05-31]. http://support.huawei.com/huaweiconnect/portal.php?mod=view&aid=247.

胡彦平 . 高管团队与组织变革：基于制度化变革视角的解读 . 访谈人：郭斌，

赵子溢 . 电话访谈 . 2016 年 11 月 .

华为，2010. 华为公司 2010 年年报 [EB/OL]. [2016-05-30]. http://www.huawei.com/en/about-huawei/annual-report.

华为，2011. 华为公司 2011 年年报 [EB/OL]. [2016-05-30]. http://www.huawei.com/en/about-huawei/annual-report.

华为，2015. 华为公司 2015 年年报 [EB/OL]. [2016-05-30]. http://www.huawei.com/en/about-huawei/annual-report.

刘劲松，胡必刚 . 华为能，你也能：IPD 重构产品研发 [M]. 北京 : 北京大学出版社 , 2016.

刘祖轲 . 深圳基因 [M]. 深圳：海天出版社 , 2013.

鲁桐，党印 . 阿里“合伙人制度”与战略董事会建设 [J]. 清华管理评论 , 2015, 7:54-59.

任正非 . 自强不息，荣辱与共，促进管理的进步 [EB/OL]. [2016-10-11]. http://www.aiweibang.com/yuedu/117139106.html.

任正非 . 不做昙花一现的英雄 [EB/OL]. [2016-05-31]. http://dy.qq.com/article.htm?id=20151225A00NMH00.

任正非 . 华为的冬天 [EB/OL]. [2016-05-31]. http://money.163.com/10/0625/14/6A1G9KH300253G87.html.

任正非 . 活下去是企业的硬道理 [J]. 通信企业管理 , 2001,7.

任正非 . 解读华为核心价值观 [EB/OL]. [2016-05-31]. http://fiber.ofweek.com/2014-05/ART-210001-8440-28832080.html.

任正非 . 辞职信 [EB/OL]. [2016-05-31]. http://mt.sohu.com/20151214/n431255914.shtml.

任正非 . 不要做一个完人 [EB/OL]. [2016-05-31]. http://tech.hexun.com/2014-05-30/165286692.html.

任正非 . 让听得见炮声的人来决策 [EB/OL]. [2016-06-04]. http://www.iceo.com.cn/zazhi/2009/0412/191547.shtml.

任正非 . 管理的灰度 [J]. 商业 (评论), 2010, 4: 48-50.

任正非 . 一江春水向东流 [EB/OL]. [2016-05-31]. http://finance.ifeng.com/news/people/20120227/5667533.shtml.

任正非 . 董事会领导下的 CEO 轮值制度辨 [M]. 通信世界 , 2012, 16: 5.

任正非 . 用乌龟精神，追上龙飞船 [EB/OL]. [2016-06-01]. http://tech.ifeng.com/telecom/detail_2013_12/31/32631215_0.shtml.

田涛 . 变革之道：华为的哲学与实践 (文字版)[R]. 华为论坛讲话，2015.4.

吴春波 . 华为没有秘密 [M]. 北京 : 中信出版社 , 2014.

第三章

华为,1998. 华为公司基本法（定稿）.《华为人报》第 66 期 . 1998 年 4 月 6 日 .

黄卫伟 . 以客户为中心：华为公司业务管理纲要 [M]. 北京：中信出版社 . 2016.

李亦概 . 采访 . 采访人：赵子溢，张好雨，许宏啟 . 深圳 . 2015.12.

李亦概 . 电话采访 . 参访人：黄灿，张紫涵 . 2016.5.10.

李正道，许凌志 . 华为的企业战略 [M]. 深圳：海天出版社 , 2010.

刘红革 . 采访文稿 . 采访人：赵子溢，张好雨，许宏啟 . 深圳 . 2015.10.

刘劲松，胡必刚 . 华为能，你也能：IPD 重构产品研发 [M]. 北京：北京大学出版社，2015.

欧阳剑鸿 . 华为的研发管理变革 [R]. 在由浙江大学睿华研究所主办的华为论坛上发表 . 浙江杭州 . 2015.

任正非 . 华为会怎么失败，华为会怎么垮掉 [EB/OL]. https://www.huxiu.com/article/34331/1.html?f=member_article. 2014.

任正非 . 华为为什么要学习“蓝血十杰”[EB/OL]. https://www.huxiu.com/article/35680/1.html.

任正非 . 我们向美国人民学习什么 [J]. 中国企业家，2003(11):34-35.

任正非 . 以创新为核心竞争力，为祖国百年科技振兴而奋斗 [R]. 华为技术有限公司 . 2016.

孙科炎 . 华为项目管理法 [M]. 北京：机械工业出版社 . 2014.

孙业林 . 华为的集成产品开发变革 . 访谈人：黄灿，张紫涵 . 2016 年 5 月 .

田涛，吴春波 . 下一个倒下的会不会是华为 [M]. 北京：中信出版社，2012.

田涛，殷志峰 . 枪林弹雨中成长：华为人讲自己的故事 (一)[M]. 生活 · 读书 · 新知三联书店，2016.

王军 . 对华为基于集成产品开发的产品研发管理研究 [D]. 合肥：合肥工业大学，2007.

王伟立，李慧群 . 华为的管理模式 [M]. 北京：中信出版社，2010.

吴春波 . 华为没有秘密 [M]. 北京：中信出版社，2014.

杨少龙 . 华为靠什么 [M]. 北京：中信出版社，2014.

余胜海 . 华为还能走多远 [M]. 北京：中国友谊出版公司，2013.

余胜海 . 解密华为：中国制造的通信技术帝国余胜海 [M]. 北京：中信出版社，2011.

张继辰，文丽颜 . 华为的人力资源管理 [M]. 深圳：海天出版社，2010.

张利华 . 华为研发 [M]. 北京：机械工业出版社，2009.

周俊宏 . 华为教典：成就华为技术帝国的 14 个管理法则 [M]. 武汉：华中科技大学出版社 . 2012.

第四章

Chen, H., Daugherty, P. J., &Roath, A. S. Defining and Operationalizing Supply Chain Process Integration[J]. *Journal of Business Logistics*, 2009, 30(1): 63-84.

Flynn B. B., Huo B., & Zhao X. The Impact of Supply Chain Integration on Performance: A Contingency and Configuration Approach[J]. *Journal of Operations Management*, 2010, 28 (1): 58-71.

Frohlich, M. T., & Westbrook R. Arcs of Integration: An International Study of Supply Chain Strategies[J]. *Journal of Operations Management*, 2001, 19 (2): 185-200.

Gartner. 2012. Gartner Announces Ranking of Top Asia Pacific Supply Chain Organizations for 2012 [EB/OL]. [2016-06-06]. http://www.gartner.com/newsroom/id/2090615.

Kaplan R S, & Norton D P. Linking the Balanced Scorecard to Strategy[J]. *California Management Review*, 1996, 39(1): 53-79.

Lenny Koh, S. C., Saad, S., &Arunachalam, S. Competing in the 21st Century Supply Chain Through Supply Chain Management and Enterprise Resource Planning Integration[J]. *International Journal of Physical Distribution & Logistics Management*, 2006, 36(6): 455-465.

Malakooti B. *Operations and Production Systems with Multiple Objectives*[M]. Chichester: John Wiley & Sons, 2013.

Nils-Göran O, Jan R, & Magnus W. *Performance Drivers: A Practical Guide to Using the Balanced Scorecard*[M]. Chichester: John Wiley & Sons, 1999.

Plossl, G. W., & Orlicky, J. *Orlicky's Material Requirements Planning*[M]. New York: McGraw-Hill Professional, 1994.

Poluha, R. G. *Application of the SCOR Model in Supply Chain Management*[M]. New York: Cambria Press, 2007.

Wong, C. Y., Boon-Itt, S., & Wong, C. W. The Contingency Effects of Environmental Uncertainty on the Relationship between Supply Chain Integration and Operational Performance[J]. *Journal of Operations Management*, 2011, 29(6): 604-615.

Sheikh, K. *Manufacturing Resource Planning (MRP II): with Introduction to ERP, SCM and CRM*[M]. New York: McGraw-Hill Professional Publishing, 2003.

郭建新．海外 ERP 变革：艰辛与美好的四年 [N]. 华为人报，282 期，2014.8.18.

华为，2016. 华为公司 2016 年年报 [EB/OL]. http://www.huawei.com/cn/about-huawei/annual-report.

ISC 项目组．由内而外的压力，由外而内的变革 [N]. 华为人报，109 期，

2009.9.22.

李瀛寰 . 穿一双正宗的美国鞋：挖掘华为经验到底有何价值？ [EB/OL]. [2016-07-15]. http://www.c114.net/news/126/a876871.html.

任正非 . 我们向美国人民学习什么 ?[J]. 中国企业家，2003，11: 34-35.

吴春波 . 华为没有秘密 [M]. 北京 : 中信出版社，2014.

喜子 . 从制造工程师到供应链交付专员 [N]. 华为人报，240 期，2011.9.29.

尧力 . 在非洲舞动火红青春——访南非供应链业务部优秀员工朱彤 [N]. 华为人报，2014 年，208 期，1 月 20 日 .

于东海，2016a. 华为的集成供应链变革 . 访谈人：黄灿，李盈 . 杭州 . 2016 年 8 月 28 日 .

第五章

Brealey, R., Myers, S. and Marcus, A., *Fundamentals of Corporate Finance*[M]. New York: McGraw-Hill Education, 2011.

Druskat, V.U. and Kubzansky, P.E., Measuring the Psychological Sense of Ownership in the Workplace[R]. In Annual Meeting of the Academy of Management, Canada: Vancouver, 1995.

Dunning, J.H., Trade, Location of Economic Activity and the MNE: A Search for an Eclectic Approach[M].// *In the International Allocation of Economic Activity*. London: Palgrave Macmillan UK, 1977: 395-418.

Edmondson, A.C., Bohmer, R.M. and Pisano, G.P., Disrupted Routines: Team Learning and New Technology Implementation in Hospitals[J]. *Administrative Science Quarterly*, 2001,46(4): 685-716.

Greiner, L.E., Evolution and Revolution as Organizations Grow[J]. *Harvard Business Review*, 1997,76(3): 55-60.

IPTV NEWS, Alcatel and Lucent Technologies to Merge[R]. p.3rd April.

ITU 2006. World Telecommunication/ICT Development Report, 2006.

Janssen, M., Joha, A. Motives for Establishing Shared Service Centers in Public Administrations[J]. *International Journal of Information Management*. 2006, 26, 102-115.

Jones, D.C. and Kato, T. The Productivity Effects of Employee Stock-Ownership Plans and Bonuses: Evidence from Japanese Panel Data[J]. *The American Economic Review*, 1995: 391-414.

Katz, R. The Effects of Group Longevity on Project Communication and Performance[J]. *Administrative Science Quarterly*, 1982: 81-104.

Kieso D E, Weygant J J, Warfield T D. *Intermediate Accounting, 12th edition*[M]. New York: John Willey and Sons. 2007.

Kubzansky, P.E. and Druskat, V.U. Psychological Sense of Ownership in the Workplace: Conceptualization and Measurement. In annual meeting of the American Psychological Association, Toronto, Ontario. 1993.

Kumbhakar, S.C. and Dunbar, A.E. The Elusive ESOP—Productivity Link: Evidence from US Firm-Level Data[J]. *Journal of Public Economics*, 1993, 52(2): 273-283.

Lamont, O. Cash Flow and Investment: Evidence from Internal Capital Markets[J]. *The Journal of Finance*,1997, 52(1), pp.83-109.

Leonard-Barton, D. and Deschamps, I. Managerial Influence in the Implementation of New Technology[J]. *Management science* , 1988, 34(10): 252-1265.

Lightwave. Telecom Equipment Market to Reach $51 Billion in 2001. 1997, 14: 86.

Minnaar, R.A., Vosselman, E.G. Shared Service Centres and Management Control Structure Change: Exploring the Scope and Limitations of a Transaction Cost Economics Approach[J]. *Journal of Accounting & Organizational Change* 2013(9): 74-98.

Mudambi, R. A Review of International Financial Management. J Finance, 1998,

53(3): 1194-1197.

Mudambi, R. MNE Internal Capital Markets and Subsidiary Strategic Independence[J]. *International Business Review*, 1999, 8(2): 197-211.

Nelson, R.R. and Winter, S.G. Evolutionary Theorizing in Economics[J]. *The Journal of Economic Perspectives*, 2002, 16(2): 23-46.

Pierce, J.L., Kostova, T. and Dirks, K.T. Toward a Theory of Psychological Ownership in Organizations[J]. *Academy of Management review*, 2001, 26(2): 298-310.

Pierce, J.L., Rubenfeld, S.A. and Morgan, S. Employee Ownership: A Conceptual Model of Process and Effects[J]. *Academy of Management Review*, 1991, 16(1): 121-144.

Robson, S. 2008. Telecom Equipment Sales Reach $139bn. Arabian Business.

Stein, J.C. Internal Capital Markets and the Competition for Corporate Resources[J]. *The Journal of Finance*, 1997, 52(1): 111-133.

Su, N., Akkiraju, R., Nayak, N., Goodwin, R. Shared Services Transformation: Conceptualization and Valuation from the Perspective of Real Options[J]. *Decision Sciences*, 2009(40): 381-402.

Zhu, Z., Hoffmire, J., Hoffmire, J. and Wang, F. Employee Stock Ownership Plans and Their Effect on Productivity: The Case of Huawei[J]. *International Journal of Business and Management Invention*, 2013, 2(8): 17-22.

范厚华 . 华为财务管理访谈，2016.

李云杰 . 任正非的财务转型 . CEO CIO, China, 2009, 23-24.

华为, 1998，华为公司基本法（定稿）《华为人报》第 66 期 . 1998 年 4 月 6 日 .

华为 . 华为公司 2000—2017 年年报 .

华为 . 2016a. 公司信息：http://www.huawei.com/en/about-huawei.

华为 . 2016b. 华为年报：http://www.huawei.com/cn/about-huawei/annual-report.

华为 . 2016c. 公司的长期发展和有效发展，华为财经管理纲要 2.0.

胡彦平 . 华为的组织变革 [R]. 华为论坛，浙江大学管理学院睿华创新管理研究所，2016.

彭志军 . 华为财务管理访谈，2016.

吴春波 . 华为没有秘密 [M]. 北京：中信出版社 . 2014.

徐直军 . 珍惜机会，站在全球化的高起点与华为共成长，谱写壮丽的人生篇章 [R/OL]. 2016 年 7 月 13 日与应届班新员工座谈的纪要 . http://xinsheng.huawei.com/cn/index.php?app=forum&mod=Detail&act=index&id=3136083.

严薇 . 华为员工将如何革新全员持股 [EB/OL]. http://finance.sina.com.cn/zl/management/20140618/154319450543.shtml.

第六章

De Cremer D. & Tian, T. Huawei: A Case Study of When Profit Sharing Works[J/OL]. *Harvard Business Review*. [2016-10-30]. https://hbr.org/2015/09/huawei-a-case-study-of-when-profit-sharing-works.

Peterson, S. J., Walumbwa, F. O., Byron, K. & Myrowitz, J. CEO Positive Psychological Traits, Transformational Leadership, and Firm Performance in High-Technology Start-up and Established Firms[J]. *Journal of Management*, 2009, 35 (2): 348-368.

Tichy N M. GE's Crotonville: A Staging Ground for Corporate Revolution [J]. *The Academy of Management Executive*, 1989, 3(2): 99-106.

Welch, J., & Welch, S. *Winning (Enhanced Edition)*[M]. New York: HarperCollins, 2009.

陈海燕 . 2014. “学习、技术与人才发展大会”的演讲 [EB/OL]. [2017-05-19]. https://wenku.baidu.com/view/06f449916edb6f1afe001f4c.html.

华为 . 2016. Huawei Milestones: http://www.huawei.com/en/about-Huawei/milestone.

华为 . 2010. 华为公司 2010 年报 [EB/OL]. [2017-06-19]. http://www.huawei.com/cn/about-huawei/annual-report.

任正非 . 1998. 不做昙花一现的英雄 [EB/OL]. [2017-06-19]. http://dy.qq.com/article.htm?id=20151225A00NMH00

任正非 . 2011. 华为大学干部高级管理研讨班上的讲话 [EB/OL]. [2017-06-19]. http://wenku.baidu.com/link?url=giZCiie9vUhx0kZeMabNGMF_Pzo8tI-f8BNoQxu8C04Ifi7BgE_U7570iBPiTWCtj0Qthna57k86nKyr9va9l8UT_JB8g8SmGTLKbuJTXm.

任正非 . 2012. 一江春水向东流 [EB/OL]. [2017-06-19]. http://xinsheng.huawei.com/cn/index.php?app=forum&mod=Detail&act=index&id=561865

任正非 . 2014. 一杯咖啡吸收宇宙的能量 [EB/OL]. [2017-07-19]. http://xinsheng.huawei.com/cn/index.php?app=forum&mod=Detail&act=index&id=1935701

任正非 . 2015. 在变革战略预备队及进展汇报座谈上的讲话 [EB/OL]. [2017-07-19]. http://xinsheng.huawei.com/cn/index.php?app=forum&mod=Detail&act=index&id=2425669

任正非 . 2016. 公司必须持续不断的、永恒的促进组织血液流动，增强优秀干部、专家的循环赋能——任总在战略预备队建设汇报的讲话 [EB/OL]. [2017-07-19]. http://xinsheng.huawei.com/cn/index.php?app=forum&mod=Detail&act=index&id=3197297

宋海兵 . 2016. 华为的人力资源体系变革。访谈人：黄灿，许宏啟 . 电话访谈 . 2016 年 10 月 .

唐继跃 . 华为的人力资源体系变革 . 访谈人：黄灿，许宏啟 . 电话访谈 . 2016 年 5 月 .

田涛 . 2016. 万字长文解读华为的创新和成功 [EB/OL]. [2017-08-19]. https://www.huxiu.com/article/145154/1.html

文丽颜，张继辰 . 华为的人力资源管理 (第三版)[M]. 深圳：海天出版社 , 2012.

吴建国 . 2015. TUP 很简单，为什么要 TUP 却很不简单 [EB/OL]. [2017-09-19]. http://www.builast.com/zhuanyewenzhang-195321-15879-item-108269.html

张继辰，文丽颜 . 华为的人力资源管理 (实战版)[M]. 深圳：海天出版社，2015.

第七章

Anderson, B., Klein, E., & Stuart, J. Why Change Is A Consciousness Choice[J]. *The Journal for Quality and Participation*, 2000, 23(1), 32.

Appelbaum, S. H., Habashy, S., Malo, J. L., & Shafiq, H. Back to the Future: Revisiting Kotter's 1996 Change Model[J]. *Journal of Management Development*, 2012, 31(8): 764-782.

Burnes, B. *Managing Change: A Strategic Approach to Organisational Dynamics, 4th edn*[M]. Harlow: Prentice Hall, 2004.

Edmondson, A. C., Bohmer, R. M., & Pisano, G. P. Disrupted Routines: Team Learning and New Technology Implementation in Hospitals[J]. *Administrative Science Quarterly*, 2001, 46(4): 685-716.

Feldman, M. S., & Pentland, B. T. Reconceptualizing Organizational Routines as A Source of Flexibility and Change[J]. *Administrative Science Quarterly*, 2003, 48(1): 94-118.

Ford, R., Heisler, W. and McCreary, W. Leading Change with the 5-p Model: 'Complexing'. the Swan and Dolphin Hotels at Walt Disney World[J]. *Cornell Hospitality Quarterly*, Vol. 49. 2008(2): 191-205.

Hannan, M. T., & Freeman, J. Structural Inertia and Organizational Change[J]. *American Sociological Review*, 1984: 149-164.

Luecke, R. *Managing Change and Transition*[M]. Boston, MA: Harvard Business School Press, 2003.

Moran J.W., Brightman B K. Leading Organizational Change[J]. *Journal of Workplace Learning*, 2000, 12(2): 66-74.

Murphy, S.A. and Kumar, V. The Front End of New Product Development: A Canadian Survey[J]. *R&D Management*, 1997(27): 5-15.

Nelson RR, Winter SG. *An Evolutionary Theory of Economic Change*[M]. Cambridge, MA: Harvard University Press, 1983.

Pettigrew, A. M. and Whipp, R. *Managing Change for Competitive Success*[M]. Cambridge: Blackwell, 1993.

Raza S. A, Standing C. A Systemic Model for Managing and Evaluating Conflicts in Organizational Change[J]. *Systemic Practice and Action Research*, 2011, 24(3): 187-210.

Rieley, J. & Clarkson, I. The Impact of Change on Performance[J]. *Journal of Change Management*, 2001,2(2): 160-172.

Senior, B. *Organisational* Change *2nd edn*[M]. London: Prentice Hall, 2002.

Winter, S. G. The Satisficing Principle in Capability Learning[J]. *Strategic Management Journal*, 2000, 21(10-11): 981-996.

蔡云飞 . 战略与结构演变研究——以华为技术有限公司为例 [D]. 广州：中山大学，2009.

胡红卫 . 研发困局 : 研发管理变革之路 [M]. 北京：电子工业出版社，2009.

李奕概 . 华为研发管理变革 . 访谈人：郭斌，吴东，李兰花 . 2016.

华为，2016. 华为公司 2016 年年报 [EB/OL]. [2017-05-15]. http://www.huawei.com/en/about-huawei/annual-report.

华为人报 . 1991 年我们在蚝业村 [N/OL]. 2006. http://huangzhiguang.blog.sohu.com/11906499.html.

欧阳剑鸿 . 华为研发组织变革分享 [R]. 浙江大学睿华创新管理研究所，2015.

丘慧慧 . 华为十年用人制度蜕变：不再讲献身与传纸条 [N]. 21 世纪经济报道，2006.

任正非 . 我们向美国人民学什么 [J]. 中国企业家，2003(11): 2.

Ru-chy. 任正非自曝奋斗史：华为的第一个 1 亿来自于哪里？ [EB/OL]. [2016-05-30]. http://mt.sohu.com/20151217/n431557427.shtml.

孙业林 . 华为的集成产品开发变革 . 访谈人：黄灿，张紫涵 . 2016.

田涛 . 不创新就会被消灭，华为的创新理念与实践 [EB/OL]. [2016-05-30]. http://www.chuangyejia.com/top/2015/0529/150070.shtml.

吴建国，冀勇庆 . 华为的世界 [M]. 北京：中信出版社，2012.

邢雪 . 华为全球“美学研究中心”在巴黎落成 [EB/OL]. [2016-05-30]. http://news.xinhuanet.com/world/2015-03/13/c_1114627421.htm.

新华社 . 28 年只对准一个城墙口冲锋——与任正非面对面 [EB/OL]. [2016-05-30]. http://news.xinhuanet.com/info/2016-05/09/c_135344953.htm.

新浪博客 . 华为的研发管理体系，如何有效的管理研发人员 [EB/OL]. [2016-05-30]. http://blog.sina.com.cn/s/blog_53bbdb8c0101rnnd.html.

亚峰 . 揭秘中国最神秘研究基地：华为 2012 实验室 [EB/OL]. [2016-05-30]. http://www.ithome.com/html/it/248441.htm.

约翰 P. 科特 . 领导变革 [M]. 北京：机械工业出版社，2014.

张利华 . 华为研发 [M]. 北京：机械工业出版社，2009.

第八章

Andersen, O. On the Internationalization Process of Firms: A Critical Analysis[J]. *Journal of International Business Studies,* 1993, (24)2: 209-231.

Balabanis, G., Diamantopoulos, A., Mueller, R. D., & Melewar, T. C. The Impact of Nationalism, Patriotism and Internationalism on Consumer Ethnocentric Tendencies[J]. *Journal of International Business Studies*, 2001, 32(1): 157-175.

Bilkey, W.J., & Tesar, G. The Export Behavior of Small-sized Wisconsin Manufacturing Firms[J]. *Journal of International Business Studies,* 1977, 8(1): 93-98.

Buckley, P. J., & Casson, M. C. Analyzing Foreign Market Entry Strategies: Extending the Internalization Approach[J]. *Journal of International Business Studies*, 1998, 29(3): 539-561.

Cuervo-Cazurra, A. “Selecting the Country in Which to Start Internationalization: The Non-Sequential Internationalization Model” [J]. *Journal of World Business*, 2011, 46(4): 426-437.

Eden, L., & Miller, S. R. Distance Matters: Liability of Foreignness, Institutional

Distance and Ownership Strategy[J]. *Advances in International Management*, 2004, 16(4): 187-221.

Huawei, Huawei Appointed Three Non-executive Director to Join the English Huawei Board[EB/OL]. [2016-05-30]. http://tech.sina.com.cn/t/2015-02-16/doc-iawzuney0145708.shtml.

Hymer, S. H. *The International Operations of National Firms: A Study of Direct Foreign Investment Vol. 14* [M]. Cambridge, MA: MIT press, 1976.

Jackson, G. & Deeg, R. Comparing Capitalisms: Understanding Institutional Diversity and Its Implications for International Business[J]. *Journal of International Business Studies*. 2008, 39(4): 540-561.

Johanson, J., & Vahlne, J. E. The Internationalization Process of the Firm - A Model of Knowledge Development and Increasing Foreign Market Commitments[J]. *Journal of International Business Studies*, 1977, 8(1): 23-32.

Li, P. P. Toward an Integrated Theory of Multinational Evolution: The Evidence of Chinese Multinational Enterprises as Latecomers[J]. *Journal of International Management*, 2007, 13 (3): 296-318.

Luo, Y., & Tung, R. L. International Expansion of Emerging Market Enterprises: A Springboard Perspective[J]. *Journal of International Business Studies*, 2007, 38(4): 481-498.

Mathews, J. A. Dragon Multinationals: New Players in 21st Century Globalization[J]. *Asia Pacific Journal of Management*, 2006, 23 (1): 5-27.

Rogers, M. & Ruppersberger, D. 2012. Investigative Report on the U.S. National Security Issues Posed by Chinese Telecommmunications Companies Huawei and ZTE[R/OL]. Washington: Permanent Select Committee on Intelligence. House of Representatives, 112th Congress. [2016-04-17]. http://jpm.li/158.

Teece, D. J., Pisano, G., & Shuen, A. Dynamic Capabilities and Strategic Management [J], *Strategic Management Journal*, 1997, 18(7): 509-533.

Zaheer, S. Overcoming the Liability of Foreignness[J]. *Academy of Management*

Journal, 1995, 38 (2): 341-363.

Welch, L. S., & Luostarinen, R. Internationalization: Evolution of a Concept[J]. *Journal of General Management*, 1988, 14(2): 44-60.

Henisz, W. J., & Williamson, O. E. Comparative Economic Organization—within and between Countries[J]. *Business and Politics*, 1999, 1(3): 261-278.

Ma, Y. 2014 华为中国企业业务服务合作伙伴大会上的讲话 [R/OL]. [2016-05-25]. http://www.enet.com.cn/article/2014/1020/A20141020418328.shtml.

白宁，务实 . 华为特色的企业信息化建设 [EB/OL]. [2016-05-15]. http://net.zol.com.cn/337/3372717.html?utm_source=tuicool&utm_medium=referral .

任正非 . 华为只有到棺材钉时才能松口气 [J/OL]. 标杆企业考察 . [2017-03-09].

蔡英华 . 2016 华为中国合作伙伴大会 ISV 分论坛上的讲话 [R/OL]. [2016-05-15]. http://www.enet.com.cn/article/2016/0315/A20160315504429.shtml.

陈姝 . 2012. 华为海外营收 12 年增长 200 倍 [EB/OL]. [2016-05-15]. http://finance.ifeng.com/roll/20121008/7113252.shtml.

程东升，刘丽丽 . 任正非谈国际化经营 [M]. 杭州：浙江人民出版社，2007.

范厚华 . 2016a. 接受浙江大学郭斌教授、杜健副教授和博士生常晓然的电话访谈 . 2016.4.28.

范厚华 . 2016b. 接受浙江大学博士生常晓然和李文的电话访谈 . 2016.7.5.

Frieslaar, J. 华为在英国成立安全认证中心接受媒体采访时的讲话 [R]. [2016-05-15]. http://www.antpedia.com/news/19/n-114419.html.

财富 . 2015 年财富世界五百强排行榜 [EB/OL].[2016-05-15] http://www.fortunechina.com/fortune500/c/2015-07/22/content_244435.htm.

傅军 . 华为如何让全球 15 万名员工协同起来？[EB/OL].[2016-05-25]. http://fiber.ofweek.com/2012-12/ART-210007-8470-28657994.html.

郭局 . 赵科林回归华为终端 为何“外脑”频繁加入华为 [EB/OL].[2016-05-25]. http://guoju.baijia.baidu.com/article/257935.

汪宏 . 非洲大陆上的华为人 [N]. 华为人报 . 105 期，2001.

胡左治 . 华为铁三角——聚焦客户需求的一线共同作战单元 [J]. 清华管理评

论 . 2015(11): 84-91.

胡厚华 . 接受凤凰科技等媒体采访时的讲话 [R/OL]. [2016-05-25]. http://tech.ifeng.com/a/20150718/41334022_0.shtml.

胡厚华 . 2015b. 2015 世界移动大会上的讲话 [R/OL]. [2016-05-25]. http://tech.sina.com.cn/t/2015-07-17/doc-ifxfccux2740182.shtml.

华为，2007. 华为公司 2007 年年报 [EB/OL]. [2016-05-15]. http://www.huawei.com/en/about- huawei/annual-report.

华为，2011. 华为公司 2011 年年报 [EB/OL]. [2016-05-15]. http://www.huawei.com/en/about- huawei/annual-report.

华为，2012. 华为公司 2012 年年报 [EB/OL]. [2016-05-15]. http://www.huawei.com/en/about- huawei/annual-report.

华为，2013. 华为公司 2013 年年报 [EB/OL]. [2016-05-15]. http://www.huawei.com/en/about- huawei/annual-report.

华为，2015. 华为公司 2015 年年报 [EB/OL]. [2016-05-15]. http://www.huawei.com/en/about- huawei/annual-report.

堀越功 . 华为故事 : 安全担忧已成称霸全球的最大障碍 [EB/OL]. [2016-05-25]. http://fiber.ofweek.com/2012-11/ART-210007-8500-28650198.html.

兰涛 . 成功不是神话：华为国际化的坎坷历程 [EB/OL]. [2016-05-25]. http://www.builast.com/zhuanyewenzhang-195321-15879-item-102765.html.

蓝血研究 . TUP, 华为激励机制的新杀器 , 实操最佳！ [EB/OL]. [2016-05-30]. http://mp.weixin.qq.com/s?__biz=MzA3NDQxNjg5OQ==&mid=402729482&idx=1&sn=9015b227efdfd01b9e4ae41f14ee828d&scene=2&srcid=01173lULxSzK4lqZWf4GMvj6&from=timeline&isappinstalled=0#wechat_redirect.

李娜 . 谷歌“引路”华为再探美国市场 [EB/OL]. [2016-05-30]. http://www.yicai.com/news/4692380.html.

李珣 . 华为中兴向印度政府提供软件源代码 [EB/OL]. [2016-05-25]. http://tech.ifeng.com/telecom/detail_2012_11/26/19551583_0.shtml.

刘文栋 . 华为的国际化 [M]. 深圳：海天出版社，2010.

刘育英 . 华为 2013 年收入首超爱立信成全球最大设备商 [EB/OL]. [2016-05-30]. http://finance.chinanews.com/it/2014/03-31/6013574.shtml.

孟晚舟 . 2014 年华为经营业绩发布会上上的讲话 [R/OL]. [2016-05-25]. http://tech.huanqiu.com/comm/2015-01/5408614.html.

任正非 . 上海电话信息技术和业务管理研讨会讲话，1995.

任正非 . 赴俄参展杂记，1996.

任正非 . 北国之春 (第 4 版). 华为人，118 期，2001.6.29.

任正非 . 让听到炮声的人呼唤炮火 [R/OL]. [2016-04-30]. http://tech.sina.com.cn/t/2009-03-18/10512920001.shtml.

任正非 . 雄赳赳气昂昂跨国太平洋——在欢送海外将士出征大会上的讲话 [R]. 2011.

任正非 . 2013 年 12 月 19 日在企业业务座谈会上的讲话 [R/OL]. [2016-05-25]. http://tech.sina.com.cn/t/2014-02-09/10279147017.shtml.

绍洋 . 2015 国际消费电子产品展上接受腾讯科技现场采访时的讲话 [R/OL]. [2016-05-25]. http://tech.qq.com/a/20150107/004357.htm.

孙茂录 . 2014 华为中国企业业务服务合作伙伴大会上的讲话 [R/OL]. [2016-05-25]. http://server.zol.com.cn/484/4849642_all.html.

田涛，吴春波 . 下一个倒下的会不会是华为？ [M]. 北京：中信出版社，2012.

田涛 . 模式选择：华为的全球扩张战略 [R]. 华为季度论坛 . 浙江大学管理学院睿华研究所 .

田涛，殷志峰 . 枪林弹雨中成长：华为人讲自己的故事 (一)[M]. 生活 · 读书 · 新知三联书店 , 2016.

王爽 . 华为真的要“退出”美国吗 ?[EB/OL]. [2016-05-30]. http://www.fortunechina.com/column/c/2013-07/26/content_168086.htm.

文慧 . 华为首个全球培训中心落户马来西亚 [EB/OL]. [2016-05-25]. http://tech.163.com/12/0615/09/841GFH1R000915BE.html.

吴春波 . 华为没有秘密 [M]. 北京 : 中信出版社 , 2014.

吴建国 . TUP 的背后，是华为激励模式的重大变革 [EB/OL]. [2016-05-15]. http://www.builast.com/zhuanyewenzhang-195321-15879-item-108269.html.

谢泽群．再度进军美国市场，疑华为 P9 获 FCC 认证 [EB/OL]. [2016-05-25]. http://mobile.zol.com.cn/571/5713663.html.

项兵．华为的全球化战略 [EB/OL]. [2017-02-13]. http://tech.163.com/09/0401/12/55QJB3000009387A.html.

蒋飞．任正非狼性不改 [R/OL]. 第一财经日报，新浪财经．http://finance.sina.com.cn/g/20071231/23394353338.shtml.

徐直军．2015 年华为云计算大会上的讲话 [EB/OL]. [2016-05-30]. http://news.xinhuanet.com/2015-09/18/c_134637041.htm.

余承东．华为终端董事长谈中国企业海外投资经验 [EB/OL]. [2016-05-15]. http://international.caixin.com/2012-01-27/100350941.html?NOJP.

张顺茂．2015 华为网络大会的讲话 [R/OL]. [2016-05-30]. http://www.csdn.net/article/a/2015-07-01/15825807.

郑叶来．2015 华为云计算大会上的讲话 [R/OL]. [2016-05-30]. http://server.zol.com.cn/542/5420069.html.

钟啸灵．华为如何管理全球 IT?[R]. IT 经理世界 .2012(19): 94-95.